农户质量安全控制技术采纳行为研究

——基于陕西省猕猴桃主产区的调查

NONGHU ZHILIANG ANQUAN KONGZHI JISHU CAINAXINGWEI YANJIU
JIYU SHANXISHENG MIHOUTAO ZHUCHANQU DE DIAOCHA

耿宇宁◎著

经济管理出版社
ECONOMY & MANAGEMENT PUBLISHING HOUSE

图书在版编目（CIP）数据

农户质量安全控制技术采纳行为研究——基于陕西省猕猴桃主产区的调查／耿宇宁著．—北京：经济管理出版社，2021.1
ISBN 978－7－5096－7748－3

Ⅰ．①农…　Ⅱ．①耿…　Ⅲ．①猕猴桃—质量管理—农业技术—研究—陕西　Ⅳ．①F326.13

中国版本图书馆CIP数据核字（2021）第025460号

组稿编辑：高　娅
责任编辑：高　娅
责任印制：黄章平
责任校对：王淑卿

出版发行：经济管理出版社
（北京市海淀区北蜂窝8号中雅大厦A座11层　100038）
网　　址：www. E-mp. com. cn
电　　话：（010）51915602
印　　刷：北京虎彩文化传播有限公司
经　　销：新华书店
开　　本：710mm×1000mm/16
印　　张：13
字　　数：200千字
版　　次：2021年1月第1版　　2021年1月第1次印刷
书　　号：ISBN 978-7-5096-7748-3
定　　价：68.00元

前　言

猕猴桃质量安全问题是制约我国猕猴桃产业可持续发展的重要"瓶颈"。当前,我国猕猴桃质量安全问题主要集中在生产环节,大量分散的小规模猕猴桃种植户长期过量和不规范施用化学农药和膨大剂等农业化学投入品,导致猕猴桃农药残留和氯吡脲残留超标现象突出,严重影响了消费者健康、猕猴桃出口与政府公信力。因此,亟待解决生产环节的猕猴桃质量安全问题,核心是提升广大猕猴桃种植户的质量安全管理水平。然而,目前我国猕猴桃种植户普遍面临质量安全生产能力与质量安全生产动力不足的双重困境。一方面,果农普遍缺乏能够有效替代化学农药的猕猴桃病虫害防控技术手段,进而导致其对化学农药的依赖性;另一方面,由于猕猴桃质量安全信息不对称问题的普遍存在,使猕猴桃优质优价的市场甄别机制尚未完全形成,进而导致果农缺乏生产优质安全猕猴桃的内在动力。因此,要想从根源上提升猕猴桃种植户的质量安全管理水平,就必须着力解决猕猴桃病虫害防控难题以及由猕猴桃质量安全信息不对称所诱发的"市场失灵"问题。以猕猴桃绿色防控技术和猕猴桃质量安全追溯体系为核心的猕猴桃质量安全控制技术是保障猕猴桃质量安全的重要技术手段。其中,猕猴桃绿色防控技术旨在解决猕猴桃病虫害防控难题,进而从生产角度控制和减少猕猴桃农药残留;猕猴桃质量安全追溯体系旨在解决猕猴桃质量安全信息不对称难题,进而从管理角度控制和减少猕猴桃农药残留和氯吡脲残留。提升我国猕猴桃种植户质量安全管理水平的关键就在于积极引导果农采纳上述猕猴桃质量安全控制技术。通过深入研究果农采纳猕猴桃质量安全控制技术的成本收益、采纳意愿、采纳决定和采纳效果,可以揭示猕猴桃种植户质量安全控制技术采纳行为决策的内在机理及其行为规律,提升广大猕猴桃种植户的质量安全管理水平,推进猕猴桃产业供给侧改革,对促进猕猴桃产业可持续发展具有重要意义。本书立足农户行为决策理论、农户技术选择理论和信息不对称理论，利用陕西省猕猴桃主产区 603 户猕猴桃种植户调查数据，采用规范分析与实证分析相结合的方法，构建猕猴桃种植户质量安全控制技术采纳行为的理论分析框架，沿着猕猴桃种植户质量安全控制技术采纳意愿—质量安全控制技术采纳决定—质量安全控制技术采纳效果这一脉络展开研究。首先，在核算和分析果农采纳全套猕猴桃质量安全控制技术的投资成本与预期收益基础上，运用条件估值法和 Heckman 样本选择模型揭示果农在政府发放补贴条件下采纳全套猕猴桃安全生产技术的受偿意愿、受偿金额及其影响因素；其次，分别运用 Ordered Logistic 模型和 Binary Logistic 模型深入探讨影响果农采纳不同类型猕猴桃质量安全控制技术行为的关键驱动因素；再次，定量评价果农采纳不同类型猕猴桃质量安全控制技术的实际效果；最后，根据研究结论提出构建猕猴桃种植户质量安全控制技术采纳经济激励机制的设想和相关政策建议。

本书的研究结论如下：第一，果农采纳全套猕猴桃质量安全控制技术的总投资成本约为 487~702 元/亩·年。然而，果农采纳全套猕猴桃质量安全控制技术的预期市场收益平均仅为 300 元/亩·年，显然市场收益不足以弥补果农新技术投资成本，因此亟待通过政府补贴政策调动果农采纳新技术的积极性。调研区域大多数样本户对于猕猴桃质量安全控制技术推广补贴政策持支持态度，样本户愿意采纳全套猕猴桃质量安全控制技术的平均受偿金额介于 249.32~311.92 元/亩·年，其可以作为政府制定猕猴桃质量安全控制技术推广补贴标准的参考依据。第二，经济激励和社会网络是影响果农采纳猕猴桃绿色防控技术行为的关键驱动因素。其中，经济激励通过价格机制和补贴机制显著促进了果农对猕猴桃绿色防控技术的采纳，但由于果农更关注猕猴桃市场价值以及绿色防控补贴政策的完善，使市场激励机制在促进果农绿色防控技术采纳方面的作用明显大于政府激励机制；社会网络通过信息获取机制和社会学习机制显著促进了果农对猕猴桃绿色防控技术的采纳，但由于绿色防控技术兼具科学性、系统性与复杂性，使异质性社会网络在促进果农绿色防控技术采纳方面的作用明显大于同质性社会网络。第三，技术供给主体特征与技术需求主体特征是影响果农参与猕猴桃质量安全追溯体系行为的关键驱动因素。在技术供给主体特征方面,供应链组织与政府共同促进了果农参与猕猴桃质量安全追溯体系的行为。但相对而言,供应链组织在促进果农参与追溯体系方面的作用明显大于政府,前者不仅赋予了果农参与追溯体系的资格,而且构成了果农参与追溯体系的外部压力与内在动力;在技术需求主体特征方面,户主种植经验、文化程度、是否为科技示范户、家庭务农劳力数、对可追溯猕猴桃价格预期、对参与追溯体系风险预期、猕猴桃种植规模和猕猴桃质量认证等级是影响果农参与猕猴桃质量安全追溯体系行为的主要因素。第四,猕猴桃质量安全控制技术具有显著的安全效果和经济效果。在安全效果方面:猕猴桃绿色防控技术在减少果农农药施用方面的作用效果十分显著,猕猴桃质量安全追溯体系在减少和规范果农农药施用和膨大剂施用方面的作用效果十分显著;在经济效果方面:猕猴桃绿色防控技术和猕猴桃质量安全追溯体系在提高果农猕猴桃亩均收入方面的作用效果十分显著。

目　录

第一章 导 论

第一节 研究背景

猕猴桃原产于中国，是一种口味独特、营养丰富、医疗保健作用好的特色功能水果，被誉为“水果之王”。自20世纪90年代以来，中国猕猴桃产业发展迅速，猕猴桃种植面积由1990年的0.6万公顷增长至2016年的16万公顷，猕猴桃总产量由1990年的0.5万吨增长至2016年的237万吨①。目前，中国已发展成为猕猴桃种植面积和总产量位居世界第一的猕猴桃生产大国。但在我国猕猴桃产业快速发展的同时，却呈现出优质安全猕猴桃供给不足与普通猕猴桃供过于求的结构性矛盾，亟待推进猕猴桃产业供给侧改革。一方面，随着我国人均收入水平的提高与中产阶级数量的激增，消费者对无公害、绿色、有机等优质安全猕猴桃的需求日益走高；另一方面，与意大利、新西兰等国相比，我国猕猴桃的整体质量安全水平相对较低，主要体现在果品氯吡脲②和农药残留超标、果实综合品质较低等方面（陈永安，2013），这不仅严重影响了我国猕猴桃的出口竞争力，使我国猕猴桃的出口量与出口单价远低于意大利、新西兰等国③，而且极大影响了国内消费者信心，导致大量消费者向进口猕猴桃的分流，从而出现了进口猕猴桃销售火爆和国产猕猴桃销售遇冷并存的现象。因此，亟待提升我国猕猴桃的整体质量安全水平。

从供应链管理视角看，目前我国猕猴桃质量安全问题主要集中在供应链

---

① 资料来源：《世界猕猴桃年鉴2011》《中国猕猴桃产业发展报告2017》。

② 氯吡脲是膨大剂的化学名称，其化学成分为1-（2-氯-4-吡啶）-3-苯基脲，是一种植物生长调节剂，具有细胞分裂素活性，能够加速细胞分裂，促进细胞增大和蛋白质合成，提高光合作用和增强作物抗逆性。膨大剂在猕猴桃上使用效果尤为明显，不仅能够促进花芽分化、保花保果、提高坐果率，而且能够有效提高猕猴桃单果重量和亩产。

③ 资料来源：联合国粮食及农业组织。

的上游，即生产和流通环节。在生产环节，大量分散的小规模猕猴桃种植农户（以下简称果农）长期过量使用化学农药和膨大剂等农业化学投入品，导致猕猴桃农药残留和氯吡脲残留超标现象突出，不仅破坏了猕猴桃品质，损害了消费者健康，而且导致果树抗逆性降低、土壤肥力下降、病虫抗药性上升、病虫害暴发概率增加、产地环境污染加剧等问题，并迫使果农不断增加化学农药和膨大剂的使用量，形成了病虫害、化学农药、膨大剂、食品安全与环境污染之间的恶性循环。在流通环节，猕猴桃在成熟上市以后无法在短期内全部销售完毕，需要进入冷库贮藏。在经济利益驱动下，部分冷库经营者为延长猕猴桃贮藏期而盲目过量使用化学保鲜剂①，严重破坏了果实品质。但与小农户相比，冷库经营者数量有限。政府可以通过加强对冷库经营者的监管解决猕猴桃保鲜剂滥用问题，因此本书不关注流通环节的猕猴桃质量安全问题，而是重点关注生产环节的猕猴桃质量安全问题。近年来，一些学者主张通过培育新型农业经营主体，推进农业规模化经营、农业产业化经营，以及推进农产品供应链一体化等方式解决中国农产品质量安全问题（胡定寰等，2006；汪普庆等，2009；彭建仿，2012；章力建，2013）。从长远看，这一思路符合猕猴桃产业的未来发展趋势，世界猕猴桃生产强国新西兰的经验也证明了这一点。但从短期看，在现阶段条件下，由于我国猕猴桃种植业的主要生产经营主体仍是大量分散的小规模猕猴桃种植户，因此解决我国猕猴桃质量安全问题的最大难点和关键点在于对猕猴桃种植户生产行为的管理，核心是提升广大猕猴桃种植户的质量安全管理水平。

事实上，经过政府多年的食品安全教育，多数猕猴桃种植户已经意识到化学农药和膨大剂的危害性，但迫于产量和市场竞争的压力仍然在猕猴桃生产中过量使用化学农药和膨大剂，从而出现了果农质量安全生产意愿与其实际生产行为的背离，究其原因，果农普遍缺乏提升猕猴桃质量安全水平的生产能力与生产动力。

---

① 目前猕猴桃使用较多的保鲜剂主要为 1-MCP。1-MCP 的中文名称为 1-甲基环丙烯，主要用于花卉、果蔬保鲜。1-MCP 在适量范围内使用有利于延长猕猴桃贮藏期，但在过量或不规范使用条件下，阻碍了乙烯与受体的正常结合，干扰了猕猴桃的正常生理后熟过程，导致果实皮层变厚、果心变硬、果实不能正常后熟变软，严重影响猕猴桃果实品质。

（1）在果农质量安全生产能力方面：小农户普遍受到学习能力与信息获取能力等因素的制约，使他们常常不知道应当如何科学、安全、合理使用农业化学投入品（钟真等，2013；王建华等，2015），导致果农盲目、过量、低效使用化学农药和膨大剂的现象十分普遍。更为重要的是，即使果农主观上希望减少对化学农药和膨大剂的依赖性，客观上也缺乏能够替代化学农药的更加有效的猕猴桃病虫害防控技术手段以及能够替代膨大剂的更加有效的猕猴桃增产技术手段。特别是近年来，随着我国猕猴桃种植面积的持续扩大以及全球气候的改变，猕猴桃病虫害问题日趋严峻（陈永安，2013）。病虫害的高发与频发直接导致了猕猴桃大面积减产，进而导致果农对化学农药的依赖性。

（2）在果农质量安全生产动力方面：国内外研究指出，农产品质量安全问题产生的根源在于信息不对称所诱发的农产品市场失灵（Antle，2000；周应恒等，2008），因此解决农产品质量安全问题的关键在于增加信息的透明度，通过优质优价的激励机制和明确责任的潜在惩罚机制使农产品生产经营者提升其质量安全管理水平（周洁红等，2007；黄彬红等，2015）。对果农而言，要想提升其质量安全管理水平，必须要降低化学农药和膨大剂的使用量，但这样做不仅要承受猕猴桃产量损失风险，而且可能导致猕猴桃外观品质变差，影响其商品价值实现。因此，除非生产优质安全猕猴桃的果农能够获得足够的经济补偿，否则果农不大可能主动提升其质量安全管理水平。然而，目前我国猕猴桃优质优价的市场甄别机制尚未完全形成，优质安全猕猴桃不优价的现象普遍存在，这就导致果农普遍缺乏生产优质安全猕猴桃的内在动力。除有效的激励机制以外，必要的惩罚机制也是必不可少的。如果果农过量或违规使用农业化学投入品的行为能够被有效识别，并予以惩罚，那么果农就会更加注重猕猴桃的内在安全性。但目前，我国猕猴桃产业链条十分松散，以大量分散小规模果农和大量零散果商为代表的传统供应链由于组织化程度低、中间环节多、供应链各环节之间缺乏有效整合连接等原因，导致猕猴桃质量安全问题发生以后的责任不可追溯性，进而诱发了果农过量和不规范使用农业化学投入品的“道德风险”问题。

由此可见，提升我国广大猕猴桃种植户质量安全管理水平的关键在于提升其质量安全生产能力与激发其质量安全生产动力（王玉环等，2005）。

（1）在提升果农质量安全生产能力方面，关键要引导果农采用能够有效替代化学农药和膨大剂的现代农业技术手段，以使果农能够在减少农药使用量和膨大剂使用量的同时，有效控制猕猴桃病虫害，提高猕猴桃产量与品质，实现猕猴桃质量安全与果农经济利益的双赢。在农药替代型技术方面，目前猕猴桃绿色防控技术正逐渐取代化学农药成为控制猕猴桃病虫害的重要技术手段（韩养贤，2013）。区别于传统的单一化学农药防治技术，猕猴桃绿色防控技术综合利用生物防治、物理防治、农业防治、科学用药等多项技术措施去控制病虫害，从而最大限度降低果农对化学农药的依赖性，提升果农农药利用效率，以实现减少果农农药使用量和保障猕猴桃质量安全的目的（管荣，2009；喻永红等，2012）。在膨大剂替代型技术方面，令人遗憾的是现阶段尚未有成熟的且经济可行的膨大剂替代型技术。尽管目前我国已经出现了以新西兰海藻素为代表的膨大剂替代产品，然而海藻素不仅投资成本较高，而且尚处于试验阶段①，并未进入大规模商业化生产阶段。鉴于此，本书不关注膨大剂替代型技术，而是重点关注以猕猴桃绿色防控技术为代表的农药替代型技术。

（2）在激发果农质量安全生产动力方面，关键要解决猕猴桃质量安全信息不对称问题，构建猕猴桃优质优价的市场甄别机制和责任明确的惩罚机制。食品质量安全追溯体系正是解决上述问题的有效措施（Hobbs，2004；周洁红等，2013）。随着消费者食品安全诉求的日益走高，可追溯农产品的市场价格通常明显高于普通农产品的市场价格（陈红华等，2016），进而形成了农户对可追溯农产品的高价格预期（王慧敏等，2012）。因此，通过建设猕猴桃质量安全追溯体系有利于构建猕猴桃优质优价的市场甄别机制。此外，欧美发达国家的经验表明：食品质量安全追溯体系通过将食品供应链全过程的信息衔接起来进行监控，增加了食品供应环节的信息透明度，不仅能够降低供应链各成员之间的信息不对称程度，而且能够依据跟踪和追溯信息明确食品质量安全问题的相关责任人，准确识别食品质量安全问题的根源并及时采取有效

① 2016年，眉县果业技术推广中心联合齐峰果业公司在田家寨等猕猴桃生产基地试验新西兰海藻素替代膨大剂的效果，然而由于眉县与新西兰土壤环境、气候条件等方面的差异，导致海藻素并未达到预期试验效果，不能很好地替代膨大剂，因此目前海藻素仍处于试验和改造适应阶段。

措施（Hobbs，2004；黄彬红等，2015）。因此，通过建设猕猴桃质量安全追溯体系有利于构建责任明确的惩罚机制，从而有效解决果农过量和不规范使用农业化学投入品的“道德风险”问题。

综上所述，猕猴桃绿色防控技术和猕猴桃质量安全追溯体系是解决我国猕猴桃质量安全问题的重要技术手段。其中，猕猴桃绿色防控技术旨在解决猕猴桃病虫害防控难题，进而从生产角度控制和减少猕猴桃农药残留；猕猴桃质量安全追溯体系旨在解决猕猴桃质量安全信息不对称难题，进而从管理角度控制和减少猕猴桃农药残留和氯吡脲残留。上述两项新技术相辅相成、缺一不可。因此，提升我国广大猕猴桃种植户质量安全管理水平的关键就在于积极引导果农采纳以猕猴桃绿色防控技术和猕猴桃质量安全追溯体系为核心的猕猴桃质量安全控制技术。

目前，上述两项新技术已经在我国广大猕猴桃主产区逐步推广。然而，新技术在实际推广过程中面临以下难题：第一，果农对新技术的需求反应普遍较弱，进而限制了新技术的实际推广规模。究其原因，作为市场经济条件下的理性经济人，果农是否决定采纳一项新技术主要取决于技术采纳成本与技术预期收益的比较。由于猕猴桃质量安全控制技术的实施必然导致果农生产成本的增加，因此如果没有足够的经济激励，则果农缺乏采纳新技术的内在动力。然而，一方面，我国猕猴桃优质优价的市场甄别机制尚未完全形成，因此单纯依靠市场激励机制难以充分调动果农采纳新技术的积极性；另一方面，与猕猴桃质量安全控制技术推广相关的政府补贴政策尚不完善，使政府激励机制在调动果农新技术采纳积极性方面的作用十分有限，因此亟待构建猕猴桃种植户质量安全控制技术采纳的经济激励机制。第二，目前国内外关于猕猴桃质量安全控制技术投资成本核算的研究尚处于空白，这导致政府在制定猕猴桃质量安全控制技术推广补贴标准时缺乏理论依据，因此亟待核算猕猴桃质量安全控制技术的投资成本。

本书通过开展猕猴桃种植户质量安全控制技术采纳行为研究拟回答以下问题：果农采纳全套猕猴桃质量安全控制技术的投资成本是多少？技术预期收益如何？市场收益是否足以弥补果农采纳全套猕猴桃质量安全控制技术的总投资成本？如果市场收益不足以弥补果农新技术投资成本，那么相应的政府补贴标准应为多少，才能有效激励果农采纳这套新技术？果农采纳不同类型猕猴桃质量安全控制技术的实际行为如何？其行为背后的驱动因素是什么？果农采纳不同类型猕猴桃质量安全控制技术的实际效果如何？如何构建猕猴桃种植户质量安全控制技术采纳的经济激励机制？上述问题的答案，直接关系到我国猕猴桃质量安全管理政策的制定与实施。

陕西省不仅是中国最大的猕猴桃主产区，同时也是率先推广猕猴桃绿色防控技术和率先建设猕猴桃质量安全追溯体系的主要省份之一，在推广猕猴桃绿色防控技术和建设猕猴桃质量安全追溯体系方面累积了丰富经验。因此，以陕西省为例开展猕猴桃种植户质量安全控制技术采纳行为研究具有典型性和代表性。

基于上述背景，本书以猕猴桃种植户为研究基本单元，以猕猴桃种植户质量安全控制技术采纳行为为研究主题，利用陕西省猕猴桃主产区 603 户猕猴桃种植户调查数据，采用规范分析与实证分析相结合的方法，在构建猕猴桃种植户质量安全控制技术采纳行为理论分析框架的基础上，通过核算和分析果农采纳全套猕猴桃质量安全控制技术的投资成本与预期收益，揭示果农在政府发放补贴条件下采纳全套猕猴桃质量安全控制技术的受偿意愿、受偿金额及其影响因素，深入探讨影响果农采纳不同类型猕猴桃质量安全控制技术行为的关键驱动因素，定量评价果农采纳不同类型猕猴桃质量安全控制技术的安全效果与经济效果，以期能够有效揭示猕猴桃种植户质量安全控制技术采纳行为决策的内在机理及其行为规律。在此基础上，提出构建猕猴桃种植户质量安全控制技术采纳的经济激励机制的设想与相关政策建议，从而为提升我国广大猕猴桃种植户的质量安全管理水平，推进猕猴桃产业供给侧改革，促进猕猴桃产业绿色可持续发展提供决策依据与借鉴意义。

第二节　研究目的和意义

一、研究目的

（1）通过核算和分析果农采纳全套猕猴桃质量安全控制技术的投资成本与预期收益，揭示果农在政府发放补贴条件下采纳全套猕猴桃质量安全控制技术的受偿意愿、受偿金额及其影响因素，以期为政府制定合理的猕猴桃质量安全控制技术推广补贴标准提供决策依据。

（2）通过实证分析影响果农采纳猕猴桃绿色防控技术行为和影响果农参与猕猴桃质量安全追溯体系行为的因素，从而辨识出影响果农采纳不同类型猕猴桃质量安全控制技术行为背后的关键驱动因素，以期为提升果农新技术采用率，改进和完善猕猴桃绿色防控技术推广政策和猕猴桃质量安全追溯体系建设政策提供决策依据。

（3）通过定量评价果农采纳猕猴桃质量安全控制技术的实际效果，重点考察不同类型猕猴桃质量安全控制技术在减少和规范果农农药使用和膨大剂使用方面的安全效果及其在提高果农猕猴桃亩均收入方面的经济效果，以期为科学评价猕猴桃绿色防控技术推广效果和猕猴桃质量安全追溯体系建设效果提供决策依据。

二、研究意义

（一）理论意义

（1）有利于实现人文学科与自然学科在农产品质量安全领域的交叉。已有的关于农户质量安全控制技术采纳行为的研究更多运用经济学、管理学等社会学科理论进行研究，但较少运用自然学科理论，这导致现有研究较少考虑不同农作物的生物学特点、病虫害防控特点以及质量安全控制技术手段的差异性。本书在咨询相关园艺学专家、植保学专家的基础上，结合猕猴桃病虫害防控特点，筛选出一整套猕猴桃质量安全控制技术措施，并对其进行成本收益分析，这有利于实现经济学、管理学等社会学科与园艺学、植保学等自然学科在农产品质量安全领域的交叉。

（2）有利于深化农业补贴政策理论在农产品质量安全领域的应用。目前，国内外关于绿色防控技术推广补贴标准的研究很少，关于农户参与食品质量安全追溯体系的补贴标准研究则几乎为空白。本书运用条件估值法测算出果农采纳全套猕猴桃质量安全控制技术的受偿意愿与受偿金额，在此基础上得出合理的猕猴桃质量安全控制技术推广补贴标准，这有利于深化农业补贴政策理论在农产品质量安全领域的应用。

（二）现实意义

（1）有利于促进猕猴桃绿色防控技术推广和推进猕猴桃质量安全追溯体系建设。本书通过实证分析影响果农采纳猕猴桃绿色防控技术行为和影响果农参与猕猴桃质量安全追溯体系行为的关键驱动因素，有利于深入研究果农采纳不同类型猕猴桃质量安全控制技术行为的内在逻辑。对于促进果农新技术采纳的积极因素应予以巩固和加强，对于阻碍果农新技术采纳的消极因素应予以减缓和消除，这对于提升果农采纳猕猴桃绿色防控技术和参与猕猴桃质量安全追溯体系的积极性，促进猕猴桃绿色防控技术推广和推进猕猴桃质量安全追溯体系建设具有重要现实意义。

（2）有利于提升猕猴桃种植户质量安全生产能力与质量安全生产动力。本书从市场激励机制与政府激励机制两方面探讨构建猕猴桃种植户质量安全控制技术采纳的经济激励机制的有效途径，有利于实现“无形的手”与“有形的手”在提升猕猴桃种植户质量安全控制技术采纳积极性方面的良好合作，这对于提升广大猕猴桃种植户的质量安全生产能力与质量安全生产动力具有重要现实意义。

第三节　国内外研究动态

目前，国内外学者关于农户质量安全控制技术采纳行为的直接研究较少，相关研究包括农户安全农产品生产行为研究、农户绿色防控技术采纳行为研究和农户参与食品质量安全追溯体系行为研究三方面。农产品农药残留污染是产生农产品质量安全问题的最主要表征原因（钟真等，2013；童霞等，2014），而农户作为农产品的主要生产经营者，其生产行为是否安全直接关系到农产品质量安全水平的高低（华红娟等，2011），因此，国内外学者对农户安全农产品生产行为的相关研究成果对于本书开展猕猴桃种植户质量安全控制技术采纳行为研究具有重要借鉴意义。绿色防控技术和食品质量安全追溯体系是保障农产品质量安全的两项重要技术。其中，绿色防控技术作为典型的农药替代型技术，在控制农作物病虫害和保障农产品质量安全方面具有重要作用（杨普云，2014），因此农户绿色防控技术采纳行为研究是农户质量安全控制技术采纳行为研究的主要内容之一。农产品质量安全问题产生的根源在于“信息不对称”所诱发的市场失灵（Antle，2000；周应恒等，2008），而食品质量安全追溯体系是解决农产品质量安全信息不对称问题的根本措施（Hobbs，2004；周洁红等，2013；黄彬红等，2015），因此农户参与食品质量安全追溯体系行为研究是农户质量安全控制技术采纳行为研究的主要内容之一。

一、国外研究动态

（一）农户安全农产品生产行为研究

国外学者关于农户安全农产品生产行为的研究主要集中在对农户不安全农产品生产行为研究和如何规范农户安全农产品生产行为研究两方面。

在农户不安全农产品生产行为研究方面，近年来大量的研究主要集中在对发展中国家农户过量使用农药行为的分析上。大量研究表明：农户过量使用农药的主要原因包括农户内部因素和外部环境因素两个方面。首先，小农户由于受教育程度较低、信息获取渠道有限等原因，常常缺乏正确的农药知识和忽视农药的负外部性，进而导致其过量施用农药（Yang 等，2005；Chen 等，2013）；其次，小农户常常片面高估农药对农作物产量的贡献，进而导致其过量施用农药（Robinson，2007）；最后，小农户普遍具有较强的风险规避偏好，为了最大限度降低病虫害对农作物产量的负面影响而倾向于使用更多农药（Pingali 等，1995）。除农户自身因素以外，外部环境因素也是导致农户过量施用农药的重要原因，这些因素主要包括自然环境变化、农药补贴政策、农药供给体系等。例如，Cooper 等（2007）研究指出，气候变暖所带来的病虫害发生概率增加是导致农户高频使用农药的主要原因之一；Hashemi 等（2012）指出，伊朗农业部门通过实施农药补贴政策降低了农药价格，这是导致农户过量施用农药的主要诱因之一；Mengistie 等（2017）对埃塞俄比亚蔬菜种植户的研究表明，农户的农药购买与使用行为主要受到农药零售商推荐的影响。

在如何规范农户安全农产品生产行为研究方面，国外学者主要沿着两种思路展开研究：一种思路是强调法律法规与政府干预政策对农户安全农产品生产行为的引导作用。例如，Nam 等（2007）主张运用税收政策来调整引导农户规范使用农药；Goodhue 等（2010）主张通过强化对农户的安全农产品生产教育以引导农户规范使用农药，他利用美国加利福尼亚农户调研数据，实证分析了教育项目对农户农药使用行为的影响，结果表明教育项目的实施在减少农户农药使用量方面的作用效果十分显著；Matsuo（2013）通过总结日本政府治理农产品安全风险的经验指出，加强农产品安全检测是保障农产品质量安全的重要举措；Keener 等（2014）指出制定合理的农产品质量安全标准是保障农产品质量安全的根本措施。另一种思路是强调市场机制对农户安全农产品生产行为的引导作用。例如，Zhu 和 Wang（2006）指出，是否开展订单农业是影响农户农药施用量的重要因素之一；Asfaw 等（2009）基于对肯尼亚蔬菜种植户的调查，指出欧盟蔬菜进口标准是诱导农户使用低毒友好型农药的主要原因。

（二）农户 IPM 技术采纳行为研究

绿色防控技术源自国外的 IPM 技术理念。IPM 技术（Integrated Pest Management，病虫害综合防治技术）理念最早由 Stem 等学者在 20 世纪 50 年代末提出，这一技术目前已被广泛应用于欧美发达国家的农业生产领域，是一种典型的农药替代型技术（Timprasert 等，2014）。由于 IPM 技术在国外农业中的应用历史久、应用范围广，因此国外有关农户 IPM 技术采纳行为的研究成果较为丰硕，其研究主要集中在以下几方面：农户 IPM 技术采纳意愿、行为及其影响因素分析，农户 IPM 技术采纳效果评价等。

在农户 IPM 技术采纳意愿、行为及其影响因素分析方面，Samiee 等（2009）基于对伊朗小麦种植户的调查数据，研究指出，农户家庭收入、信息来源渠道、对农技推广员的认可度显著正向影响了农户 IPM 技术采纳行为；Eeden 等（2013）对南非农户的研究表明，受教育水平是影响农户 IPM 技术采纳行为的关键因素；Timprasert 等（2014）对泰国蔬菜种植户的研究表明，女性农户和小规模蔬菜种植户采纳 IPM 技术的比例明显高于男性农户和大规模蔬菜种植户。农户对 IPM 技术的认知水平、农业技术推广服务的可得性是影响其 IPM 技术采纳行为的主要因素。由于生物防治技术是 IPM 技术的重要组成部分，因此，近年来一些国外学者开始重点关注农户的生物防治技术采纳行为。Warner（2007）着重分析了社会学习对农户生物防治技术采纳行为的影响，其研究指出，农户与农业推广人员以及农业科学家之间形成的“农业生态合作关系”便利了成员间的社会学习，而社会学习是影响农户生物防治技术采纳决策的关键因素。Goldberger 等（2015）对美国胡桃与梨种植者的研究表明，拥有有机农产品认证标识、将环境影响纳入虫害管理决策以及主要依赖行业刊物和大学作为信息来源的农户更倾向于采纳生物防治技术。

在农户 IPM 技术采纳效果评价方面，已有研究主要从宏观和微观两个层面进行分析。从宏观层面来看，学者们普遍认为 IPM 技术具有显著的经济效应与环境效应。Yudelman（1998）对印度尼西亚水稻 IPM 技术推广项目的研究表明，1987~1990 年，IPM 技术推广项目和农药管制政策共同导致印度尼西亚的水稻农药施用量减少了 65%，同时水稻产量增幅达到 12%；Colette 等（2001）的研究表明，美国得克萨斯州的农户在采纳 IPM 技术以后共计节约了 1.73 亿美元的生产成本，同时实现了 0.99 亿美元的生态环境改善价值。从微观层面来看，学者们普遍认为 IPM 技术具有显著的农作物增产效应和农药减量使用效应。Cuyno 等（2001）对菲律宾洋葱种植户的研究表明，IPM 技术在显著提高洋葱产量的同时，使农户农药用量减少了 25%~65%；Maria 等（2007）对厄瓜多尔土豆种植户的研究表明，IPM 技术的应用显著降低了农户农业生产成本以及农户由于农药暴露所带来的健康风险；Muriithi 等（2016）基于肯尼亚芒果种植户的跟踪问卷调查发现，IPM 技术的应用显著降低了果农农药施用成本，并使虫害导致的芒果产量损失率平均减少了 19%。

（三）农户参与食品质量安全追溯体系行为研究

国外学者关于企业参与食品质量安全追溯体系行为的研究相对较多，但关于农户参与食品质量安全追溯体系行为的研究相对较少，且研究主要集中在农户参与食品质量安全追溯体系的意愿、行为及其影响因素分析等方面。已有研究指出，影响农户参与食品质量安全追溯体系行为的因素主要包括市场需求、同行竞争压力、农户组织化程度和政府管制等。例如，Monteir 等（1996）基于对葡萄牙梨种植户的研究表明，市场需求是决定农户是否参与食品质量安全追溯体系行为的关键驱动因素；Casewell 等（1998）指出，生产者是否参与食品质量安全追溯体系主要基于成本收益的比较，参与追溯体系的净收益越大，则生产者参与追溯体系的动力越足；Smyth 等（2002）基于对苏格兰小麦种植户的研究表明，不同阶段农户参与食品质量安全追溯体系的行为动因不同，早期加入追溯体系的农户主要是为了追求“价格溢出”（可追溯农产品超出普通农产品的价格增幅）效应，后期加入追溯体系的农户主要是受到了同行竞争压力。在农户组织化程度方面，Narrod 等（2009）指出，以农民专业合作社、农业协会、营销组织等为代表的农业生产经营组织为农户加入食品质量安全追溯体系提供了经济便利性，进而提升了农户参与追溯体系的内在动力。一些学者反向研究了农户不愿意参与食品质量安全追溯体系行为的影响因素。例如，Liao 等（2011）基于对中国台湾水果种植户和蔬菜种植户的实地调查，结果表明，农户实际参与农业与食品追溯项目（简称 TAFT 项目）的比例较低，农户对政府推广 TAFT 项目的意识以及农药残留检测使农户不参与追溯体系的比例分别降低了 28.2%和 21.9%。

二、国内研究动态

（一）农户安全农产品生产行为研究

近年来，我国农产品质量安全问题日趋严峻，其中以农产品农药残留问题最为突出（周应恒等，2008；米建伟等，2012；童霞等，2014）。因此，国内学者关于农户安全农产品生产行为的研究成果十分丰富，其研究主要集中在农户不安全农产品生产行为研究和如何规范农户安全农产品生产行为研究两方面。

在农户不安全农产品生产行为研究方面，国内学者主要分析了两类不安全农产品生产行为：一是过量和不规范使用农药行为（米建伟等，2012；王常伟等，2013）；二是使用不安全农药行为（王永强等，2012；侯建昀等，2013）。学者们认为，影响农户不安全农产品生产行为的主要因素既包括农户个体特征与农药认知水平、家庭生产经营特征等农户内部因素，同时也包括要素市场环境、生产组织模式、市场交易模式等外部环境因素。例如，周洁红等（2009）对浙江省蔬菜种植户的研究表明，选择分散零售商作为主要销售对象的农户更倾向于使用高毒农药；米建伟等（2012）对中国棉农进行的风险规避实验表明，风险规避程度越高的农户越倾向于多施用农药；王常伟等（2013）对江苏省蔬菜种植户的研究表明，市场收益保证类因素是影响菜农农药用量选择的关键因素；侯建昀等（2013）对苹果种植户的研究表明，较低的高毒农药价格是导致果农使用高毒农药行为的关键因素。此外，部分学者研究发现，农户的农药认知水平与其实际农药使用行为之间存在背离现象。例如，麻丽平等（2015）基于对全国苹果主产区苹果种植户的调查研究发现，农户普遍存在过量施用农药现象，其农药安全程度主观认知与实际农药使用行为之间存在一定偏差；王建华等（2015）基于对全国 5 个省份农户的调查，研究发现，农户普遍具有较强的安全农产品生产意愿，但在实际生产中却普遍过量施用农药。

在如何规范农户安全农产品生产行为研究方面，周峰（2007）、王建华（2015）等学者从政府干预视角分析了政府规制与激励政策对农户安全农产品生产行为的影响，结果表明，通过加强政府干预力度，有助于引导农户安全、规范使用农药以保障农产品质量安全；汪普庆（2009）、华红娟（2011）等学者从供应链管理视角分析了供应链组织模式对农户安全农产品生产行为的影响，结果表明，通过提高供应链一体化程度，有助于引导农户安全、规范使用农药以保障农产品质量安全；胡定寰（2006）、钟真（2011）等学者着重分析了交易模式对农户安全农产品生产行为的影响；应瑞瑶（2015）着重分析了农业技术培训方式对农户农药使用行为的影响，结果表明，农业技术培训和农技人员现场指导对于降低农户农药使用量有显著作用。

（二）农户绿色防控技术采纳行为研究

由于绿色防控技术在我国应用历史较短，因此目前国内关于农户绿色防控技术采纳行为的研究尚不多见，其研究主要集中在农户绿色防控技术采纳意愿、行为及其影响因素分析，农户绿色防控技术采纳效果评价和绿色防控技术投资成本分析等方面。

在农户绿色防控技术采纳意愿、行为及其影响因素分析方面，喻永红等（2009）以湖北省稻农调查数据为基础，研究指出，影响农户 IPM 技术采纳意愿的主要因素包括决策者年龄、受教育程度、工作性质、是否参加过农业技术培训以及家庭规模、耕地规模及其分散程度等因素；赵连阁等（2012）以安徽省芜湖市稻农调查数据为基础，将水稻 IPM 技术分为生物防治型 IPM 技术、物理防治型 IPM 技术和化学防治型 IPM 技术，研究指出，户主非农兼业、耕地规模、耕地块数、参加农民田间学校等因素对农户采纳不同类型的 IPM 技术有显著影响；储成兵（2015）基于对安徽省七县稻农的调查数据，研究指出，户主性别、文化程度、农业信息获取和农户风险偏好类型不仅影响其 IPM 技术采纳决策，同时也影响其 IPM 技术采纳密度。

在农户绿色防控技术采纳效果评价方面，刘道贵（2005）研究指出，IPM 技术在安徽省贵池棉区棉花生产中的应用使农户农药施用次数减少了 72.7%，同时使棉花产值提高了 10.7%；管荣（2009）基于河南省民权县棉花 IPM 技术示范区与非示范区的对比，发现 IPM 技术使农户的平均农药施用次数减少了 9.2 次，每公顷农药施用成本减少了 68.23%；赵连阁等（2013）基于对安徽省晚稻种植户的调查研究发现，生物防治型 IPM 技术与化学防治型 IPM 技术显著提高了农户水稻产量，物理防治型 IPM 技术与化学防治型 IPM 技术显著降低了农户农药施用成本。

在绿色防控技术投资成本分析方面，郑和斌（2012）对湖南省水稻绿色防控技术投资成本的研究表明，水稻绿色防控技术的总投资成本约为 270 元/亩·年；李凯（2015）对浙江省蔬菜绿色防控技术投资成本的研究表明，蔬菜绿色防控技术的总投资成本约为 1272~1546 元/亩·年。

（三）农户参与食品质量安全追溯体系行为研究

与西方发达国家不同，我国农业生产经营主体主要为大量分散的小规模家庭经营农户，这使农户成为实施食品质量安全追溯管理的重要源头环节，其参与追溯体系的意愿与行为直接关系到食品质量安全追溯体系能否有效实施和顺利推行。目前，国内已有的关于农户参与食品质量安全追溯体系行为的研究主要集中在以下几方面：农户参与食品质量安全追溯体系的意愿、行为及其影响因素分析，农户参与食品质量安全追溯体系的成本效益分析等方面。

在农户参与食品质量安全追溯体系的意愿、行为及其影响因素分析方面，周洁红等（2007）对浙江省蔬菜种植户的研究表明，农户是否参与蔬菜质量安全追溯体系主要取决于农户对蔬菜质量安全追溯制度本身的成本收益分析。产业化组织在促进菜农参与蔬菜质量安全追溯体系方面有着重要作用。王慧敏等（2011）基于对北京市蔬菜种植户的调查，指出蔬菜种植规模、价格预期、风险预期和相关政府政策是影响农户参与蔬菜质量安全追溯体系意愿的主要因素；孙致陆等（2011）基于对北京市生猪养殖户的调查，指出农户文化程度、对猪肉可追溯系统的认知水平、家庭收入结构、技术培训等因素是影响农户参与猪肉可追溯系统意愿的关键因素。由于农产品生产档案是实施食品质量安全可追溯管理的重要信息源，因此，近年来一些学者开始重点关注农户的生产档案记录行为及其影响因素。周洁红等（2013）利用 2008 年和 2012 年浙江省食品质量安全追溯体系建设试点地区的农户面板调查数据，研究发现农户兼业化程度提高、现代蔬菜流通渠道发展滞后、产业化组织的分化与非均衡发展、政府生产档案管理力度下降对农户生产档案记录行为产生了不利影响，而产业化组织生产档案管理力度加强则对农户生产档案记录行为产生了积极影响；李凯等（2013）对杭州市生猪养殖户的研究表明，户主文化程度、雇工规模、风险预期、政府培训和政府检查情况等因素显著影响了农户的生产档案记录行为。

在农户参与食品质量安全追溯体系的成本效益分析方面，王慧敏等（2011）通过对北京市参与蔬菜质量安全追溯体系农户的调查研究发现，农户在参与蔬菜质量安全追溯体系后，虽然规范了其农药使用行为，但同时也导致人工成本和肥料施用成本的上升，但由于交易费用的下降和产品价格的提高，使参与追溯体系的菜农生产效益增加；李凯（2015）基于对浙江省蔬菜种植户的调查研究指出，农户参与蔬菜质量安全追溯体系的主要成本为农户在生产档案记录过程中所耗费的人工成本，菜农每年记录生产档案的人工成本约为 800~1000 元/亩。

三、国内外研究动态评述

综上所述，国内外学者关于农户安全农产品生产行为、农户绿色防控技术采纳行为、农户参与食品质量安全追溯体系行为的研究成果较为丰硕，这对于本书开展猕猴桃种植户质量安全控制技术采纳行为研究具有重要参考价值，但仍存在一些需要进一步探讨的问题：

（1）已有的关于农户安全农产品生产行为的研究在分析农户安全农产品生产意愿时，大多强调农户主观层面的安全农产品生产意愿，强调农户应通过减少化学农药使用以保障农产品质量安全，但较少考虑农户客观层面的安全农产品生产能力与安全农产品生产动力，这就导致一些研究结论发现，农户的农药认知水平普遍较高，但仍然在农业生产中过量或不规范使用农药，从而出现了意愿与行为的背离。事实上，要想让农户生产出优质安全的农产品，不能仅凭其主观认知，而是必须采用相应的农产品质量安全控制技术，才能实现对农产品农药残留和其他有害物质残留的切实有效控制。因此，在分析农户安全农产品生产意愿时，应重点关注农户对农产品质量安全控制技术的采纳意愿。

（2）已有的关于农户绿色防控技术采纳行为与农户参与食品质量安全追溯体系行为的研究较少核算农户采纳新技术的投资成本。由于技术采纳成本与技术预期收益是影响农户技术采纳行为决策的关键因素（林毅夫，1991），因此若果农采纳猕猴桃质量安全控制技术的投资成本过高或收益过低，则果农缺乏采纳新技术的内在动力。因此，研究猕猴桃种植户质量安全控制技术采纳意愿的前提是：核算和分析果农采纳新技术的投资成本与预期收益。此外，已有研究大多通过直接询问农户是否愿意采纳绿色防控技术或是否愿意参与食品质量安全追溯体系的方式获取农户技术采纳意愿数据，很少运用条件估值法获取农户技术采纳意愿数据，这导致现行的绿色防控技术推广政策与食品质量安全追溯体系建设政策在制定过程中未能充分考虑农户实际需求，同时也很难调动起农户采纳上述新技术的积极性。因此，本书运用条件估值法揭示果农在政府发放补贴条件下采纳全套猕猴桃质量安全控制技术的受偿意愿与受偿金额，从而为政府制定合理的猕猴桃质量安全控制技术推广补贴标准提供决策依据。

(3) 已有的关于农户绿色防控技术采纳行为和农户参与食品质量安全追溯体系行为的研究未能很好地融合在一起。事实上，绿色防控技术与食品质量安全追溯体系相辅相成、缺一不可，前者从生产角度控制农产品农药残留，后者从管理角度控制农产品农药残留和其他有害物质残留。因此要想从根源上解决猕猴桃质量安全问题，必须将猕猴桃绿色防控技术和猕猴桃质量安全追溯体系进行有效融合与统一推广，探讨提升果农采纳全套猕猴桃质量安全控制技术积极性的有效途径。

第四节 研究思路与方法

一、研究思路

本书以猕猴桃种植户为研究基本单元，以猕猴桃种植户质量安全控制技术采纳行为为研究主题，利用陕西省猕猴桃主产区 603 户猕猴桃种植户调查数据，深入研究猕猴桃种植户质量安全控制技术采纳行为决策的内在机理及其行为规律。第一，在对核心概念进行清晰界定的基础上，立足农户行为决策理论、农户技术选择理论和信息不对称理论，构建猕猴桃种植户质量安全控制技术采纳行为的理论分析框架，沿着猕猴桃种植户质量安全控制技术采纳意愿—质量安全控制技术采纳决定—质量安全控制技术采纳效果的脉络展开研究。第二，通过分析陕西省猕猴桃产业发展现状、样本户质量安全生产现状和质量安全控制技术采纳现状，总结目前调研区域样本户质量安全生产过程中和质量安全控制技术采纳过程中存在的问题。第三，深入研究猕猴桃种植户质量安全控制技术采纳意愿，重点核算和分析果农采纳全套猕猴桃质量安全控制技术的投资成本与预期收益。在此基础上，深入考察果农在政府发放补贴条件下采纳全套猕猴桃质量安全控制技术的受偿意愿、受偿金额及其影响因素，探讨合理的猕猴桃质量安全控制技术推广补贴标准。第四，深入研究猕猴桃种植户质量安全控制技术采纳决定，分别探讨影响果农采纳猕猴桃绿色防控技术行为和影响果农参与猕猴桃质量安全追溯体系行为的关键驱动因素。第五，定量评价猕猴桃种植户质量安全控制技术采纳效果，重点考察不同类型猕猴桃质量安全控制技术在减少和规范果农农药使用和膨大剂使用方面的安全效果及其在提高果农猕猴桃亩均收入方面的经济效果。第六，在理论分析与实证研究基础上，提出构建猕猴桃种植户质量安全控制技术采纳的经济激励机制的设想和相关政策建议。

根据上述研究思路，猕猴桃种植户质量安全控制技术采纳行为研究的技术路线如图 1-1 所示。

二、研究方法

（1）规范研究法。本书运用农户行为决策理论、农户技术选择理论和信息不对称理论构建分析猕猴桃种植户质量安全控制技术采纳行为的理论框架，从而为全书开展实证研究提供理论基础。最后，根据研究结论提出构建猕猴桃种植户质量安全控制技术采纳的经济激励机制的设想和相关政策建议，从而为政府制定猕猴桃质量安全管理政策提供决策依据。

（2）实证研究法。①专家访谈法。本书在核算果农采纳全套猕猴桃质量安全控制技术的投资成本时，主要运用了专家访谈法，通过走访和咨询西北农林科技大学眉县猕猴桃试验站的相关园艺学专家与植保学专家、眉县和周至县农业局、眉县果业技术推广中心、齐峰果业公司、金桥果业合作社、周一有机猕猴桃专业合作社的相关技术人员与管理人员，掌握了猕猴桃绿色防控技术包中各项子技术的投资成本；通过走访和咨询参与猕猴桃质量安全追溯体系的猕猴桃企业、猕猴桃专业合作社和猕猴桃种植户，了解了果农参与猕猴桃质量安全追溯体系的主要投资成本。②农户问卷调查法。为深入研究猕猴桃种植户质量安全控制技术采纳行为，本书选取陕西省猕猴桃主产区周至县和眉县作为调研区域，采用概率比例规模抽样（PPS）与简单随机抽样相结合的方法选取样本，最终确定了 10 个样本乡镇、28 个样本村、670 户样本猕猴桃种植户作为调研对象。调研采用面对面调查方式，由调查员与农户进行一对一访谈，获得有效问卷 603 份，以此作为全书实证分析的数据来源。③经济计量模型。本书综合运用条件估值法、Heckman 样本选择模型、Ordered Logit 模型、Binary Logistic 模型、OLS 回归模型、泊松回归模型、负二项回归模型、Heckman Probit 模型等多种经济计量模型进行实证分析。具体而

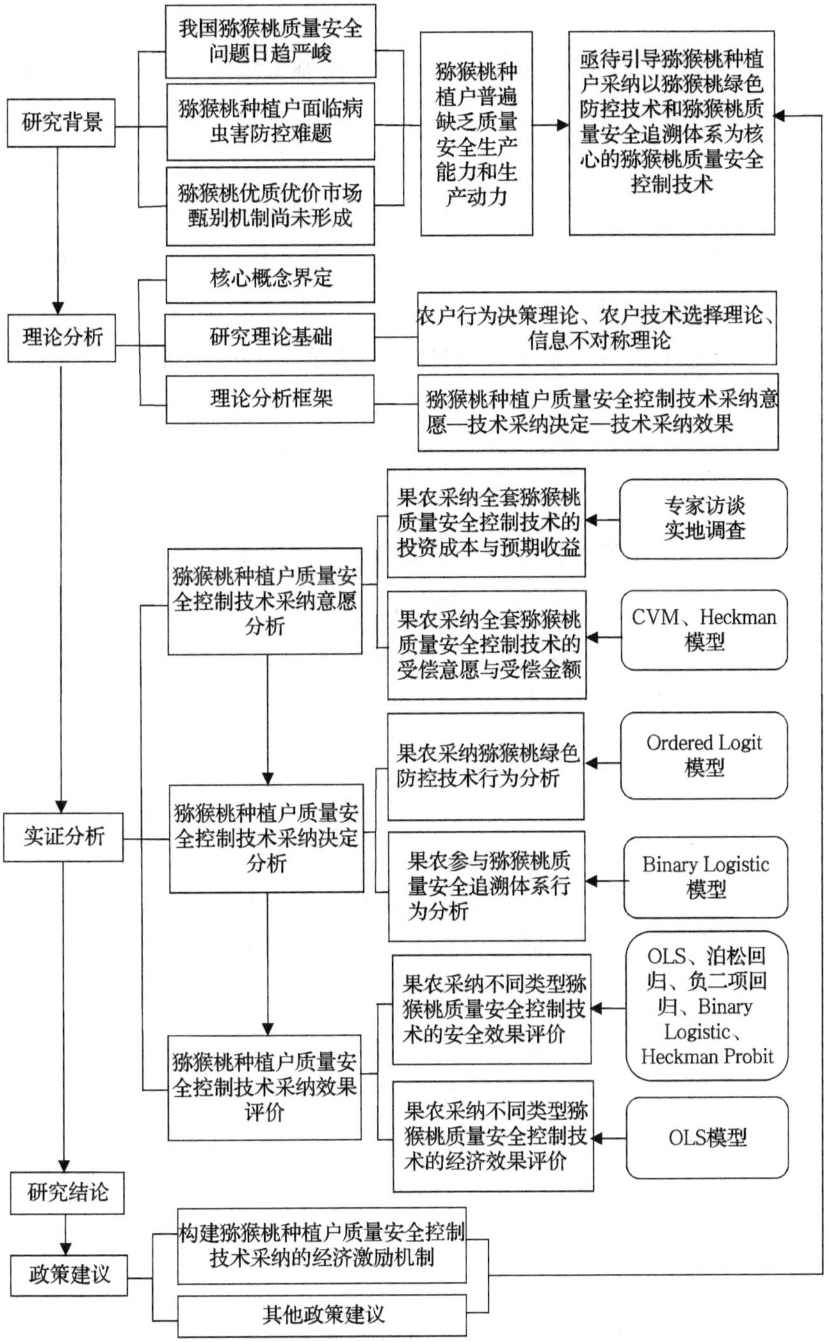
研究背景
我国猕猴桃质量安全问题日趋严峻
猕猴桃种植户面临病虫害防控难题
猕猴桃优质优价市场甄别机制尚未形成
猕猴桃种植户普遍缺乏质量安全生产能力和生产动力
亟待引导猕猴桃种植户采纳以猕猴桃绿色防控技术和猕猴桃质量安全追溯体系为核心的猕猴桃质量安全控制技术
理论分析
核心概念界定
研究理论基础
农户行为决策理论、农户技术选择理论、信息不对称理论
理论分析框架
猕猴桃种植户质量安全控制技术采纳意愿—技术采纳决定—技术采纳效果
实证分析
猕猴桃种植户质量安全控制技术采纳意愿分析
果农采纳全套猕猴桃质量安全控制技术的投资成本与预期收益
专家访谈
实地调查
果农采纳全套猕猴桃质量安全控制技术的受偿意愿与受偿金额
CVM、Heckman模型
猕猴桃种植户质量安全控制技术采纳决定分析
果农采纳猕猴桃绿色防控技术行为分析
Ordered Logit模型
果农参与猕猴桃质量安全追溯体系行为分析
Binary Logistic模型
猕猴桃种植户质量安全控制技术采纳效果评价
果农采纳不同类型猕猴桃质量安全控制技术的安全效果评价
OLS、泊松回归、负二项回归、Binary Logistic、Heckman Probit
果农采纳不同类型猕猴桃质量安全控制技术的经济效果评价
OLS模型
研究结论
政策建议
构建猕猴桃种植户质量安全控制技术采纳的经济激励机制
其他政策建议

图 1-1 技术路线

言，运用条件估值法测算了果农在政府发放补贴条件下采纳全套猕猴桃质量安全控制技术的受偿意愿与受偿金额，在此基础上运用 Heckman 样本选择模型实证分析了影响果农受偿意愿与受偿金额的因素；运用 Ordered Logit 模型实证分析了影响果农采纳猕猴桃绿色防控技术行为的因素；运用 Binary Logistic 模型实证分析了影响果农参与猕猴桃质量安全追溯体系行为的因素；运用 OLS 回归模型、泊松回归模型、负二项回归模型、Binary Logistic 模型、Heckman Probit 模型对果农质量安全控制技术采纳的安全效果进行了定量评价；运用 OLS 回归模型对果农质量安全控制技术采纳的经济效果进行了定量评价。

第五节　本书创新之处

（1）本书掌握了猕猴桃质量安全控制技术的成本收益情况，得出了合理的猕猴桃质量安全控制技术推广补贴标准。通过核算和分析果农采纳全套猕猴桃质量安全控制技术的投资成本与预期收益，得出果农采纳全套猕猴桃质量安全控制技术的总投资成本约为 487~702 元/亩·年。其中，果农采纳全套猕猴桃绿色防控技术的投资成本约为 352~514 元/亩·年；果农参与猕猴桃质量安全追溯体系的投资成本约为 135~188 元/亩·年。然而，果农采纳全套猕猴桃质量安全控制技术的预期市场收益平均仅为 300 元/亩·年，显然市场收益不足以弥补果农新技术投资成本，因此亟待通过政府补贴政策调动果农采纳新技术的积极性。通过调研和测算果农采纳全套猕猴桃质量安全控制技术的受偿意愿与受偿金额，发现调研区域大多数样本户愿意采纳全套猕猴桃质量安全控制技术，其平均受偿金额介于 249.32~311.92 元/亩·年，这可以作为政府制定猕猴桃质量安全控制技术推广补贴标准的参考依据。

（2）本书揭示了果农采纳不同类型猕猴桃质量安全控制技术行为的关键驱动因素。在实证分析影响果农采纳不同类型猕猴桃质量安全控制技术行为的因素时，重点关注了“无形的手”（市场）与“有形的手”（政府）对果农技术采纳行为的影响，结果表明，市场激励机制与政府激励机制共同促进了果农对猕猴桃绿色防控技术的采纳，但市场激励机制在促进果农绿色防控技术采纳方面的作用明显大于政府激励机制；供应链组织与政府共同促进了果农参与猕猴桃质量安全追溯体系的行为，但供应链组织在促进果农参与追溯体系方面的作用明显大于政府。这表明“无形的手”是决定果农是否实际采纳猕猴桃质量安全控制技术行为的根本驱动力。

（3）本书构建了猕猴桃种植户质量安全控制技术采纳的经济激励机制。在理论分析与实证研究基础上，将猕猴桃种植户质量安全控制技术采纳的经济激励机制分为市场激励机制和政府激励机制。其中，猕猴桃种植户质量安全控制技术采纳的市场激励机制的核心是构建猕猴桃优质优价的市场甄别机制，具体途径包括培育合格的供应链组织、完善猕猴桃质量认证制度和发展现代猕猴桃销售渠道；猕猴桃种植户质量安全控制技术采纳的政府激励机制的核心是利用政府补贴政策降低果农采纳猕猴桃质量安全控制技术的投资成本，以弥补“市场补偿”不足的问题，从而有效激励果农主动采纳新技术。

第二章　猕猴桃种植户质量安全控制技术采纳行为研究理论基础

本章在对猕猴桃种植户、猕猴桃质量安全、猕猴桃质量安全控制技术、猕猴桃种植户质量安全控制技术采纳行为等核心概念的内涵与外延进行清晰界定的基础上，对与本书有密切关联的农户行为决策理论、农户技术选择理论、信息不对称理论进行简要分析。最后，在借鉴相关理论和结合猕猴桃种植户生产实际的基础上，构建本书的理论分析框架，从而为研究猕猴桃种植户质量安全控制技术采纳行为提供理论基础。

第一节　核心概念界定

一、猕猴桃种植户

农户是我国农业生产经营的基本单元。目前，学术界比较公认的农户定义是：居住在广大农村地区，以家庭契约关系为基础，主要依靠家庭劳动力从事农业生产经营，并且家庭拥有独立生产经营决策权的一种多功能社会经济组织（尤小文，1999；卜范达等，2003）。随着我国农业产业的发展、城镇化进程的推进以及劳动力的非农就业转移，传统农户正逐渐分化为专业农户和兼业农户两种类型（赵佳等，2015）。其中，专业农户是指以某一农业产业的专业化生产为主，且其产品主要面向市场销售的农户（王静，2013）。本书中的猕猴桃种植户就是专业农户中的一类，是指为了从猕猴桃生产中获取利润，而专业从事猕猴桃生产经营，且其产品主要面向市场销售的农户。

二、猕猴桃质量安全

猕猴桃是生鲜农产品中的一种，因此，对猕猴桃质量安全概念的界定可以从农产品质量安全的概念中延伸。农产品质量安全的概念有广义和狭义之分。广义的农产品质量安全包括农产品质量与农产品安全两方面的内涵。其中，农产品质量是指农产品的外观和内在品质，包括大小、色泽、形状、气味、新鲜度、口感、营养成分、加工特性、包装特性等多个维度（Caswell等，1998；钟真等，2012）；农产品安全是指农产品体内的有害物质（如重金属、农药、兽药、植物生长激素等）残留量不应对人体健康造成现实危害和潜在危害（金发忠，2005；王庆等，2010）。农产品质量鉴定的是农产品好不好吃的问题，主要强调了农产品的搜寻品和经验品属性，而农产品安全鉴定的是农产品能不能吃的问题，主要强调了农产品的信任品属性（Nelson，1970；黄彬红等，2015）。狭义的农产品质量安全特指农产品质量中的安全品质，其主要判断指标为农产品体内的有害物质残留量是否危害人体健康（王庆等，2010）。例如，2016 年颁布的《中华人民共和国农产品质量安全法》对农产品质量安全的定义如下：农产品质量安全是指农产品质量符合保障人的健康、安全的要求。目前，我国农产品质量安全问题突出表现在农产品安全层面。因此，现阶段我国农产品质量安全监管的重点是农产品安全问题。

本书借鉴狭义农产品质量安全概念，将猕猴桃质量安全的概念界定如下：猕猴桃质量安全是指猕猴桃质量中的安全品质达到食品安全标准，即猕猴桃体内各类有害物质残留量控制在国家规定或行业规定的允许范围内，以保证消费者在食用猕猴桃后不会对身体健康造成现实危害和潜在危害。现阶段我国猕猴桃质量安全问题突出表现在：农药残留超标和氯吡脲残留超标两个方面。因此，本书在探讨猕猴桃质量安全问题时，重点关注由猕猴桃农药残留超标和氯吡脲残留超标所引发的质量安全问题。

三、猕猴桃质量安全控制技术

农产品质量安全控制技术是指为了保障农产品质量安全所采用的一系列现代农业生产技术手段与管理技术手段，主要包括产地环境控制技术和产中病虫害防治、施肥、灌溉及管理过程控制技术以及产后加工、贮藏、包装和运输过程控制技术等（《中国食品安全报告》，2007）。由此可见，农产品质量安全控制技术贯穿于农产品供应链全程，包括产前质量安全控制技术、产中质量安全控制技术、产后质量安全控制技术三大类。由于本书的研究重点是如何解决猕猴桃生产过程中由猕猴桃农药残留和氯吡脲残留超标所引发的质量安全问题，因此本书中的猕猴桃质量安全控制技术特指产中质量安全控制技术，且主要侧重于农药控制技术和膨大剂控制技术。

本书对猕猴桃质量安全控制技术的概念界定如下：猕猴桃质量安全控制技术是指猕猴桃种植户为了实现猕猴桃质量安全保障目标，在猕猴桃生产过程中所采用的一系列有助于降低猕猴桃农药残留量和氯吡脲残留量的现代农业技术手段。从技术内容来看，猕猴桃质量安全控制技术主要包括以下两项子技术，即猕猴桃绿色防控技术和猕猴桃质量安全追溯体系。

（一）猕猴桃绿色防控技术

由于猕猴桃绿色防控技术是应用于猕猴桃病虫害管理的一种绿色防控技术，因此对猕猴桃绿色防控技术概念的界定可以从绿色防控技术的概念中延伸。绿色防控技术，又称病虫害综合防治技术（Integrated Pest Management，IPM），是我国正在推广的一项资源节约型与环境友好型病虫害管理技术。绿色防控技术是指以确保农业安全生产、农产品质量安全和农业生态环境安全为目标，以减少化学农药使用为目的，综合利用生物防治、物理防治、农业防治、科学用药等环境友好型技术措施控制农作物病虫危害的综合技术体系（杨普云，2014）。绿色防控技术的基本目标是在保证农作物产量增长的同时，最大限度减少农户化学农药使用量，以实现农户经济效益、质量安全与环境效益的多赢。目前，绿色防控技术已经成为保障我国农产品质量安全的重要生产技术手段。本书对猕猴桃绿色防控技术的概念界定如下：猕猴桃绿色防控技术是指以确保猕猴桃质量安全为核心，以减少化学农药使用为目的，综合利用生物防治、物理防治、农业防治、科学用药等环境友好型技术措施控制猕猴桃病虫危害的综合技术体系。

（二）猕猴桃质量安全追溯体系

由于猕猴桃质量安全追溯体系是应用于猕猴桃供应链管理的一种食品质量安全追溯体系，因此对猕猴桃质量安全追溯体系概念的界定可以从食品质量安全追溯体系的概念中延伸。食品质量安全追溯体系，简称食品追溯体系（Food Traceability System，FTS），是一种贯穿于食品供应链全程的食品质量安全监控模式（王慧敏等，2011），主要用于披露食品质量安全信息和防范食品质量安全风险（Hobbs，2004；黄彬红等，2015）。食品追溯体系的核心是“可追溯性”。根据食品标准委员会（Codex）对可追溯性的定义，可追溯性是指能够追溯食品供应链全过程中任一特定阶段食品质量安全信息的能力。为了保障食品质量安全信息的可追溯性，必须建立食品可追溯管理系统。食品可追溯管理系统是指在食品供应链的生产、加工、流通环节，跟踪和追溯食品的过程信息和相关责任人信息的一种文本记录存储系统（T. Moe，1998；叶俊焘等，2012）。目前，食品质量安全追溯体系已成为解决我国农产品质量安全问题的重要管理技术手段。

本书对猕猴桃质量安全追溯体系的概念界定如下：猕猴桃质量安全追溯体系是指为了保障猕猴桃质量安全，对贯穿于猕猴桃供应链全过程（从生产、收购、加工、贮藏、运输到销售）的相关猕猴桃质量安全信息（产地环境信息、投入品来源信息、生产过程信息以及猕猴桃产销信息等）进行跟踪记录，并可实现追溯查询的猕猴桃质量安全监控模式。由于实施猕猴桃质量安全可追溯管理的最重要依据是果园生产管理档案，其记录信息的准确性与完整性直接关系到猕猴桃质量安全可追溯的实现程度（周洁红等，2013），因此本书以果农是否填写果园生产管理档案作为判断其是否参与猕猴桃质量安全追溯体系的重要依据。

综上所述，猕猴桃质量安全控制技术包括猕猴桃绿色防控技术和猕猴桃质量安全追溯体系两项子技术。其中，猕猴桃绿色防控技术旨在解决猕猴桃病虫害防控难题，降低果农对化学农药的依赖性，提升果农农药利用效率，进而从生产角度控制和减少猕猴桃农药残留，其实质是一种质量安全生产技术；猕猴桃质量安全追溯体系旨在解决猕猴桃质量安全信息不对称问题，规范果农农业化学投入品使用行为，克服果农“道德风险”问题，进而从管理角度控制和减少猕猴桃农药残留和氯吡脲残留，其实质是一种质量安全管理技术。猕猴桃质量安全控制技术是生产技术与管理技术的有机组合。

四、猕猴桃种植户质量安全控制技术采纳行为

农户行为是指农户为了满足自身需求，在一定动机驱使下，为实现预期目标而表现出的一系列活动（徐家鹏，2011）。本书借鉴农户技术采纳行为概念，并结合猕猴桃质量安全控制技术特点，对猕猴桃种植户质量安全控制技术采纳行为的概念界定如下：猕猴桃种植户质量安全控制技术采纳行为是指猕猴桃种植户为了实现效用最大化目标，在自身资源禀赋和外部社会经济环境条件制约下，通过对猕猴桃质量安全控制技术与传统猕猴桃生产管理技术的成本收益比较，决定是否采纳以及在多大程度上采纳猕猴桃质量安全控制技术的一种技术选择行为（林毅夫，1993；孔祥智等，2004；王静等，2013）。由于猕猴桃质量安全控制技术是一个包括猕猴桃绿色防控技术和猕猴桃质量安全追溯体系在内的技术包，因此，该技术不仅要求果农综合运用生物防治、物理防治、农业防治和科学用药等多项猕猴桃绿色防控技术措施，而且要求果农严格按照猕猴桃质量安全追溯体系规定的技术标准进行生产操作，并如实记录果园生产管理档案，以实现保障猕猴桃质量安全和兼顾果农经济利益的双重目标。

第二节　研究理论基础

一、农户行为决策理论

农户是农业生产经营的基本决策单元。农户行为研究一直是国内外农业经济学研究的焦点问题。目前，国内外学者关于农户行为的理论研究主要沿着两种思路展开：一种思路是从传统经济学角度研究农户行为，另一种思路是从行为经济学角度研究农户行为。

（一）从传统经济学角度研究农户行为

传统经济学对农户行为的理论研究大致可以分为三大学派：理性小农学派、组织生产学派和历史学派。

理性小农学派代表人物西奥多·W. 舒尔茨（1964）在《改造传统农业》一书中运用新古典经济学理论研究农户生产行为，他认为农户生产行为严格遵循“理性经济人”假设，即农户生产的主要目的是为了实现利润最大化。他认为传统农业增长停滞的根源在于其技术状况长期保持不变，进而导致增加生产要素投入的边际产值递减，这使农户缺乏增加投资的内在动力。因此，舒尔茨认为改造传统农业的关键在于增加对农业的投资，引入现代生产要素，核心是要向农户推广先进生产技术和提升农户人力资本水平。沿着舒尔茨的分析逻辑，林毅夫（1993）基于对中国农户生产行为的大量研究，指出传统小农已经实现了他们在外部限制条件下的经济理性，改变农户行为的关键在于改变限制农户行为选择范围的外部条件。可见，上述研究脉络更多强调小农的理性动机。

组织生产学派代表人物恰亚诺夫（1924）在《农民经济组织》一书中指出，小农行为具有非理性、保守性和低效率等特征。他根据对俄国20世纪20年代农村经济状况的分析指出，以家庭式劳动为基础的小农农场，其生产的主要目的在于满足家庭消费需求，因此它追求生产上的风险最小化而非经济利益最大化。他指出，小农对劳动的投入并不取决于“边际收益等于边际成本”法则，而是取决于劳动辛苦程度与家庭消费需求满足程度之间的某种均衡。沿着恰亚诺夫的分析逻辑，以 Lipton（1968）为代表的风险规避学派和以 Scott（2001）为代表的道义小农学派均认为，贫穷小农具有典型的风险规避动机，其在进行生产经营行为决策时大多追求风险最小化目标，而不是追求高风险高收益。可见，上述研究脉络更多强调小农的生存逻辑。

历史学派代表人物黄宗智（1986）在《华北的小农经济与社会变迁》一书中指出，中国小农兼具三重身份：利润追求者、维持生计的生产者和受剥削的耕作者，同时中国农户还是一个不断分化的群体，不同阶层的农户其理性表现不同。此外，黄宗智还提出了中国农业“过密化”理论。他指出中国农业始终存在“过密化”现象，即大量的小规模农户为维持生存不得不在劳动边际报酬接近于零的情况下继续投入劳动，从而出现了劳动投入密集度增加、劳动边际生产率递减和劳动边际报酬递减的现象。这一现象看似违背了舒尔茨的“理性小农”假设，但它是中国巨大人口压力下的现实选择，是由中国人多地少的现实资源禀赋条件所决定的。因此，黄宗智（2009）认为小规模农业是中国农业的长期现实选择，未来的小农场应更多运用生物技术生产绿色农产品，从而实现农业可持续发展之路。

综上所述，不同理论学派提出了关于农户行为的不同观点。由于不同学派所处的历史阶段和社会经济环境不同，其对农户行为的解读均有其合理性。从共同点来看，三大理论学派均主要考察了成本、收益、风险等经济因素对农户行为决策的影响，其争论的焦点主要在于农户行为是否具有理性。其中，理性小农学派依据新古典经济学理论认为农户是完全理性的利润最大化目标追逐者；组织生产学派和历史学派则跳出了新古典经济学的“理性人”假设，认为农户在进行行为决策时，不是完全理性的利润最大化目标追逐者，而是会兼顾风险，努力寻求利润与风险、投资与生存之间的平衡。

（二）从行为经济学角度研究农户行为

行为经济学是在心理学理论与经济学理论交叉基础上形成的跨学科理论。与传统经济学侧重于研究抽象的理性经济人不同，行为经济学侧重于研究现实中人的行为选择，尤其关注人的非理性行为。行为经济学主要从以下三个方面实现了对传统经济学的突破：①突破了传统经济学的“理性经济人”假设。行为经济学认为，人的行为并非是完全理性的，而是有限理性和复杂的，这主要是因为：人类的大脑认知能力和处理复杂信息的能力是有限的；人所处的外部环境充满了不确定性和复杂性；人所拥有的信息常常是不完全的，这就导致人在进行行为决策时，常常追求满意决策而不是最优决策，这一观点最早由赫伯特·西蒙（1997，2001）提出。②突破了传统经济学的“利润最大化导向”假设。传统经济学认为，人的行为主要受到利润最大化目标或者效用最大化目标驱使，但行为经济学认为，人的行为动机不仅包括经济动机，同时也包括非经济动机（Richard Thaler，1999）。因此，在分析人的行为的影响因素时，不应局限于经济因素，而应综合考虑人的精神心理因素、社会关系等。③突破了传统经济学的“确定性条件”假设。传统经济学认为人的行为是在确定性条件下做出的，其行为决策主要依据概率推导和经济分析，其行为决策的基本原则是利润最大化或效用最大化，但行为经济学认为现实中人的行为是在不确定条件下做出的，其行为决策更多是依据经验法则和直观判断（丹尼尔·卡尼曼，1994），这就导致人的行为经常偏离传统经济学理论范式下的最优行为假设，即出现行为偏差。由于行为经济学对人的行为的分析更契合现实，因此近年来一些学者开始运用行为经济学理论研究农户生产行为，例如，王永强等（2013）运用行为经济学中的启发式偏向理论研究苹果种植户的不安全农药购买行为；张维康等（2014）运用行为经济学中的心理参照点理论分析农户灌溉水价的心理决策机制等。

通过对农户行为决策理论的梳理，本书得出以下几点启示：①在市场经济条件下，猕猴桃种植户从事猕猴桃生产经营的主要目的是获取最大利润，因此本书认同舒尔茨的理性小农观点，即猕猴桃种植户是理性的。但同时，由于现实中的猕猴桃种植户受到自身认知能力和外部社会经济环境等因素的制约，导致果农所拥有的信息常常是不完全的，其行为决策是在不确定性环境下做出的，这使果农的理性更多表现为有限理性，其在进行质量安全控制技术采纳行为决策时，并不是完全以利润最大化目标为导向，而是会兼顾风险，希冀在利润增加与风险规避之间寻求平衡。②未来很长一段时间内，我国猕猴桃种植业仍将以小规模农户为生产经营主体，因此解决我国猕猴桃质量安全问题的关键在于提升猕猴桃种植户的质量安全管理水平，核心是向果农推广先进的猕猴桃质量安全控制技术手段，进而提高果农生产要素投入的边际产值。③猕猴桃种植户在进行质量安全控制技术采纳行为决策时，不仅要考虑成本、收益、风险等经济因素，同时也要考虑自身认知能力、社会关系、政府干预政策等非经济因素。因此，本书在分析猕猴桃种植户质量安全控制技术采纳意愿、采纳决定及其影响因素时，以农户行为决策理论为基础，尽可能将影响猕猴桃种植户质量安全控制技术采纳行为的户主特征、心理认知特征、家庭特征、猕猴桃生产销售特征以及外部社会经济环境等因素纳入分析框架中。

二、农户技术选择理论

目前，国内外关于农户技术选择行为的理论研究十分丰富，其中较有代表性的农户技术选择理论主要包括新古典农户技术选择理论、创新扩散理论和社会网络理论。

（一）新古典农户技术选择理论

自 Griliches（1957）开创农户技术选择行为研究先河以来，大量的学者运用新古典经济学理论研究农户技术选择行为，从而形成了新古典农户技术选择理论（王静，2013）。该理论的基本观点是：农户是追求利润最大化目标的理性经济人，其在进行技术采纳行为决策时所拥有的信息是完全的，农户是否采纳一项新技术的行为决策主要取决于技术预期收益与技术采纳成本之间的关系。当且仅当农户采纳新技术的“边际收益大于边际成本”时，理性农户才会采纳新技术。Griliches（1957）、Schults（1964）、Sara（1994）、林毅夫（1993）对农户技术选择行为的研究均表明，经济盈利性是诱导农户采纳农业新技术的关键驱动因素。孔祥智等（2004）进一步指出农户是否采纳一项新技术不仅取决于新技术边际收益与边际成本的对比，同时也取决于新技术与现有技术生产效果的对比。当且仅当农户采纳新技术的预期净收益大于现有技术的净收益时，理性农户的最优选择才是采纳新技术。孔祥智等（2004）提出的农户技术采纳模型如下：

$$p_1 f_1(m)\tilde{e}(Z) - (r_1 + r_0)m \geqslant p_0 f_0(m) - r_0 m \tag{2-1}$$

式中，p_1 代表农户采纳新技术后的农产品价格，p_0 代表农户采纳现有技术的农产品价格，m 代表农业生产经营规模，f_1（·）代表农户采纳新技术后的生产函数，f_0（·）代表农户采纳现有技术后的生产函数，r_1 代表农户为采纳新技术所新增的投资成本，r_0 代表农户采纳现有技术的投资成本。由于农户之前没有采纳过新技术，因此其认为新技术的投资收益是不确定的。农户对新技术投资收益的预期值与农户的主观风险态度有关，因此用 $\tilde{e}(Z)$ 代表农户主观风险函数，$\tilde{e}(Z) \in [0, 1]$，Z 代表影响农户主观风险态度的农户禀赋，包括户主特征、家庭生产经营特征以及农户所处的外部社会经济环境等。

（二）创新扩散理论和社会网络理论

不同于新古典农户技术选择理论专注于研究农户在技术采纳阶段的不同决策，创新扩散理论侧重于研究农户从技术认知到技术最终采纳的完整决策过程。创新扩散理论最早由 Rogers（1962）提出，他将农户技术采纳过程分为五个主要阶段：认知阶段—兴趣阶段—评价阶段—试验阶段—采纳阶段。在新技术认知阶段，农户通过各种渠道接触和了解新技术，但对其所知不多；在新技术兴趣阶段，农户对新技术产生兴趣，并积极搜寻与新技术有关的各类信息，在此基础上形成对新技术赞成或反对的态度；在新技术评价阶段，农户根据所掌握的信息，对新技术的易用性和有用性进行评价，并做出采纳新技术或放弃新技术的决策；在新技术试验阶段，农户为规避风险，首先在自家农田进行小规模试验，并仔细观察试验结果；在新技术采纳阶段，农户根据前期小规模试验结果，做出是否大规模采用新技术的决策（蔡书凯，2011）。当然，这五个阶段的划分仅是理论上的，农户的真实技术采纳决策过程可能更为简单或复杂。

社会网络理论是在创新扩散理论基础上形成的。在农业技术扩散过程中，以人际传播为基础的社会网络被视为农业技术扩散的最主要渠道（Rogers，1962；胡海华，2016）。社会网络是指行动主体在参与活动过程中，通过资源流动而形成的彼此之间各种正式或非正式的关系（Hakansson，1987）。与新古典农户技术选择理论假定农户拥有完全信息不同，社会网络理论认为，由于农户信息获取渠道的有限性，使农户常常处于不完全信息环境中，进而抑制了农户对新技术的采纳（Genius 等，2014）。同时，新古典农户技术选择理论常常将农户技术采纳行为看成是“采纳或不采纳”的瞬时行为，而社会网络理论则认为农户技术采纳决策是一个动态学习过程，农户通过“边干边学”和“社会学习”逐渐修正对新技术的评价，进而做出技术采纳决策（Warner，2007；Genius 等，2014）。已有研究表明，社会网络主要通过信息获取机制和社会学习机制等作用机制对农户技术采纳行为决策产生影响（Genius 等，

2014；王格玲等，2015；胡海华，2016）。在信息获取机制方面，社会网络通过拓展农户信息渠道，为农户提供了大量的技术信息，缓解了农户面临的信息约束，进而促进了农户对新技术的采纳。农户拥有的社会关系越多，其了解新技术信息的可能性越大，就越有可能采纳新技术（Ramirez A.，2013；Genius 等，2014；胡海华，2016）。在社会学习机制方面，由于社会网络具有“知识溢出”功能，因此农户利用社会网络学习新技术，有利于尽快掌握新技术的操作原理、操作过程、成本收益特征等“软知识”，从而降低技术学习成本和技术采纳风险，缩短农户从技术认知到技术最终采纳的时间，加快技术采用进程（Foster 等，1995；Conley 等，2010；Chatzimichael 等，2014）。

通过对农户技术选择理论的梳理，可以看出，国内外学者对农户技术选择行为的研究从关注“静态采纳决策”到关注“动态采纳过程”，从假定农户拥有“完全信息”到承认农户处于“不完全信息”环境，从强调经济因素对农户技术选择行为的影响到关注非经济因素对农户技术选择行为的影响，其对农户技术选择行为的研究日臻完善。由于提升猕猴桃种植户质量安全管理水平的关键在于引导其采纳猕猴桃质量安全控制技术，因此，有必要运用农户技术选择理论深入研究猕猴桃种植户质量安全控制技术采纳行为。

三、信息不对称理论

信息不对称理论是解释“市场失灵”现象的重要理论。信息不对称是指在市场经济活动中，信息在市场交易双方之间分布不对称的状态，其中一些参与人拥有某些信息从而处于信息优势状态，而另一些参与人没有掌握这些信息从而处于信息劣势状态（辛琳，2001）。信息不对称将导致市场失灵，主要表现在“逆向选择”和“道德风险”两方面。“逆向选择”理论最早由 George A. Akerlof（1970）提出，他基于对“柠檬市场”的分析指出，当产品卖方拥有比买方更多的产品质量信息时，将出现高质量产品被低质量产品驱逐的“逆向选择”现象；“道德风险”是指代理人在最大化自身效用的同时做出不利于委托人或其他代理人的行动（张维迎，1996）。“道德风险”理论最早由斯蒂格里茨（1976）提出，他通过对不完全信息条件下产品市场、资本市场和保险市场的分析，指出在不完全信息条件下，“道德风险”问题普遍存在，这导致市场难以实现帕累托最优。

农产品质量安全问题本质上是由信息不对称所导致的农产品市场失灵，那么这种“信息不对称”是如何产生的呢？这需要对食品质量属性进行细分。Nelson（1970）、Darby 和 Karni（1973）根据买卖双方在食品质量信息上的不对称程度，将食品质量属性分为三个维度：搜寻品、经验品和信任品。①搜寻品。搜寻品属性是指消费者在购买前就已经掌握的食品质量信息（如猕猴桃的色泽、果形、果个、品牌、产地、价格等）。食品质量的搜寻品属性不会产生信息不对称问题，因而不会导致农产品市场失灵（Darby 和 Karni，1973；王秀清等，2002）。②经验品。经验品属性是指消费者在购买前很难判断、购买使用后才能掌握的食品质量信息（如猕猴桃的口感和新鲜度等）。食品质量的经验品属性将产生一定程度的信息不对称问题，并导致农产品市场部分失灵。针对经验品属性导致的信息不对称问题，学者们主张通过建立生产者的声誉机制予以解决（王秀清等，2002；黄彬红等，2015）。③信任品。信任品属性是指消费者在购买前和购买后均难以判断食品的营养成分和安全水平，消费者要想获知相关信息必须付出额外的信息成本，例如，通过专业食品安全检测机构获取猕猴桃体内的农药残留量、氯吡脲残留量等数据。食品质量的信任品属性将产生严重的信息不对称问题，并导致农产品市场严重失灵。针对信任品属性导致的信息不对称问题，国内外学者主张通过建立食品质量安全追溯体系、强化政府干预和完善法律法规、加强农产品供应链纵向协作等方式予以解决（Hobbs，2004；周应恒等，2008；钟真等，2013；黄彬红等，2015）。

理论启示：①猕猴桃质量安全问题产生的根源在于“信息不对称”所导致的市场失灵，这种信息不对称不仅存在于生产者与消费者之间，而且也存在于生产者与政府、生产者与收购商之间，因此解决我国猕猴桃质量安全问题的关键在于消除或减少猕猴桃供应链各参与方之间的信息不对称现象，使猕猴桃质量安全信号得以在猕猴桃供应链各参与方之间有效传递。②猕猴桃质量的经验品属性所导致的信息不对称问题，可以通过建立生产者声誉机制予以解决。目前，猕猴桃质量认证机制和猕猴桃品牌营销策略都是建立生产者声誉机制的有效途径。然而，猕猴桃质量的信任品属性所导致的信息不对称问题则必须通过建立猕猴桃质量安全追溯体系予以解决。贯穿猕猴桃供应链全程的猕猴桃质量安全追溯体系有利于实现质量安全信号在猕猴桃供应链各环节之间的有效传递，从而彻底消除猕猴桃质量安全问题产生的根源。作为猕猴桃质量安全追溯体系的源头与重要参与者，果农是否愿意参与以及是否实际参与猕猴桃质量安全追溯体系的行为决策就成为制约猕猴桃质量安全追溯体系实施效果的关键。因此，有必要运用信息不对称理论深入研究猕猴桃种植户质量安全追溯体系参与行为决策及其影响因素。

第三节　理论分析框架

根据农户行为决策理论与农户技术选择理论，农户技术采纳过程主要包括四个阶段，即技术认知、技术采纳意愿、技术采纳决定和技术采纳程度（Rogers，1962；储成兵，2015）。其中，技术认知是技术采纳意愿的前提，而技术采纳意愿是技术采纳决定和技术采纳程度的前提。果农要想采纳猕猴桃质量安全控制技术，首先必须要对这套新技术有所了解，重点是了解新技术的投资成本与预期收益。在此基础上，对新技术的易用性与有用性做出评价。如果果农认为采纳新技术的预期净收益大于采纳传统技术的净收益，就会产生采纳新技术的意愿。在有了技术采纳意愿以后，果农再决定是否实际采纳新技术以及新技术的采纳程度。此外，果农是否会持续采纳新技术，主要取决于其对技术采纳效果的观察。如果新技术采纳效果理想，果农就会持续采纳新技术。因此，以往研究在分析农户技术采纳行为决策时，通常会将农户技术采纳效果纳入分析范畴（蔡书凯，2011；储成兵，2015）。基于上述理论分析，并结合猕猴桃种植户生产实际，本书将猕猴桃种植户质量安全控制技术采纳过程划分为三个主要阶段：质量安全控制技术采纳意愿—质量安全控制技术采纳决定—质量安全控制技术采纳效果。其中，猕猴桃种植户质量安全控制技术采纳意愿主要研究果农对全套猕猴桃质量安全控制技术的认知与采纳意愿；猕猴桃种植户质量安全控制技术采纳决定主要研究果农采纳不同类型猕猴桃质量安全控制技术的实际行为与采纳程度；猕猴桃种植户质量安全控制技术采纳效果主要研究果农采纳不同类型猕猴桃质量安全控制技术的安全效果和经济效果。由于本书的落脚点是构建猕猴桃种植户质量安全控制技术采纳的经济激励机制，并且将经济激励机制分为市场激励机制和政府激励机制两种类型，因此，全书在分析猕猴桃种植户质量安全控制技术采纳意愿、采纳决定和采纳效果时，始终围绕"无形的手"（市场）与"有形的手"（政府）两条主线，重点关注市场与政府对猕猴桃种植户质量安全控制技术采纳行为的影响。下面对本书主要章节的研究内容进行简述。

一、猕猴桃种植户质量安全控制技术采纳意愿分析

作为猕猴桃质量安全控制技术的两项重要子技术，猕猴桃绿色防控技术和猕猴桃质量安全追溯体系分别从生产角度和管理角度控制和减少猕猴桃农药残留和氯吡脲残留，因此上述两项新技术相辅相成、缺一不可。只有当果农同时采纳猕猴桃绿色防控技术和参与猕猴桃质量安全追溯体系时，才能切实有效保障猕猴桃质量安全。因此，区别于以往研究，本书在分析猕猴桃种植户质量安全控制技术采纳意愿时，重点关注果农对全套猕猴桃质量安全控制技术的认知与采纳意愿。根据农户技术选择理论，技术采纳成本与技术预期收益是影响农户技术采纳行为决策的关键因素，因此本书首先核算了果农采纳全套猕猴桃质量安全控制技术的总投资成本，具体包括果农采纳猕猴桃绿色防控技术的投资成本和果农参与猕猴桃质量安全追溯体系的投资成本两部分。其次，分析了果农采纳全套猕猴桃质量安全控制技术的预期市场收益。在此基础上，通过对比果农采纳全套猕猴桃质量安全控制技术的投资成本与预期市场收益，得出果农采纳全套猕猴桃质量安全控制技术的理论"政府补偿"额度。再次，运用条件估值法分析果农在政府发放补贴条件下采纳全套猕猴桃质量安全控制技术的受偿意愿与受偿金额，以此得出合理的猕猴桃质量安全控制技术推广补贴标准。最后，运用 Heckman 样本选择模型分析影响果农受偿意愿与受偿金额的关键因素，重点关注果农的技术易用性认知与技术有用性认知对其受偿意愿与受偿金额的影响。

二、猕猴桃种植户质量安全控制技术采纳决定分析

猕猴桃种植户质量安全控制技术采纳决定主要研究果农采纳不同类型猕猴桃质量安全控制技术的实际行为及其采纳程度，具体包括：果农采纳猕猴桃绿色防控技术行为和果农参与猕猴桃质量安全追溯体系行为两方面。从果农采纳猕猴桃绿色防控技术行为来看，猕猴桃绿色防控技术并非单一技术，而是一个包括生物防治、物理防治、农业防治、科学用药四项子技术在内的完整技术包。果农通常不会一次性采纳技术包中的全部子技术，而是通过“边干边学”或“社会学习”逐步采纳技术包中的各项子技术（Genius等，2014；王格玲等，2015）。果农采纳的子技术越多，说明对绿色防控技术的采纳程度越高。由此可见，果农绿色防控技术采纳行为本身就包含技术采纳程度。基于果农绿色防控技术采纳行为的这一特点，本书运用Ordered Logit模型实证分析影响果农采纳猕猴桃绿色防控技术行为的关键驱动因素；从果农参与猕猴桃质量安全追溯体系行为来看，只有果农参与追溯体系和未参与追溯体系两种可能，不存在技术采纳程度这一问题，因此，本书运用Binary Logistic模型实证分析影响果农参与猕猴桃质量安全追溯体系行为的关键驱动因素。在实证分析果农采纳不同类型猕猴桃质量安全控制技术行为的影响因素时，本书重点关注了“无形的手”和“有形的手”对果农技术采纳行为的影响。

三、猕猴桃种植户质量安全控制技术采纳效果评价

猕猴桃种植户质量安全控制技术采纳效果主要研究果农采纳不同类型猕猴桃质量安全控制技术的安全效果和经济效果。其中，安全效果是指猕猴桃质量安全控制技术在控制和减少猕猴桃农药残留和氯吡脲残留，保障猕猴桃质量安全方面的作用效果；经济效果是指猕猴桃质量安全控制技术在提高果农猕猴桃亩均收入，保障果农种植收益方面的作用效果。从安全效果来看，由于不同类型猕猴桃质量安全控制技术在保障猕猴桃质量安全方面的作用机理不同，因此需要分别评价果农绿色防控技术采纳的安全效果和果农质量安全追溯体系参与的安全效果。一方面，果农通过运用生物防治、物理防治、

农业防治、科学用药等多项猕猴桃绿色防控技术措施对病虫害进行综合防控，进而对其农药使用量产生影响。因此，在评价果农绿色防控技术采纳的安全效果时，应着重分析猕猴桃绿色防控技术在减少果农农药使用方面的作用效果。另一方面，果农通过参与猕猴桃质量安全追溯体系，不仅规范了其农业化学投入品使用行为，而且减缓了果农“道德风险”问题，进而对其农药使用量、农药使用方法以及膨大剂使用的“质”与“度”产生影响。因此，在评价果农质量安全追溯体系参与的安全效果时，应着重分析猕猴桃质量安全追溯体系在减少和规范果农农药使用和膨大剂使用方面的作用效果。从经济效果来看，由于不同类型猕猴桃质量安全控制技术在提高果农猕猴桃亩均收入方面的作用机理不同，因此需要分别评价果农绿色防控技术采纳的经济效果和果农质量安全追溯体系参与的经济效果。一方面，果农通过运用多项猕猴桃绿色防控技术措施对病虫害进行综合防控，从而最大限度降低病虫害对猕猴桃产量的负面影响，改善猕猴桃品质，进而对果农猕猴桃亩均收入产生影响。因此，在评价果农绿色防控技术采纳的经济效果时，应着重分析猕猴桃绿色防控技术对果农猕猴桃亩均收入的影响。另一方面，果农通过参与猕猴桃质量安全追溯体系，不仅有利于实现标准化生产，而且可以获得可追溯猕猴桃超出不可追溯猕猴桃的市场溢价收益，进而对果农猕猴桃亩均收入产生影响。因此，在评价果农质量安全追溯体系参与的经济效果时，应着重分析猕猴桃质量安全追溯体系对果农猕猴桃亩均收入的影响。本书将利用多种经济计量模型定量评价猕猴桃种植户质量安全控制技术采纳的安全效果与经济效果。

最后，在全书理论分析与实证研究基础之上，根据得出的研究结论，提出构建猕猴桃种植户质量安全控制技术采纳的经济激励机制的设想，围绕市场主线提出构建猕猴桃种植户质量安全控制技术采纳的市场激励机制的设想，核心是构建猕猴桃优质优价的市场甄别机制；围绕政府主线提出构建猕猴桃种植户质量安全控制技术采纳的政府激励机制的设想，核心是制定与完善猕猴桃质量安全控制技术推广补贴政策。此外，为提高我国广大猕猴桃种植户的质量安全控制技术采纳积极性，本书还将提出其他政策建议。

基于上述分析，本书构建了猕猴桃种植户质量安全控制技术采纳行为研究的理论框架图，如图 2-1 所示。

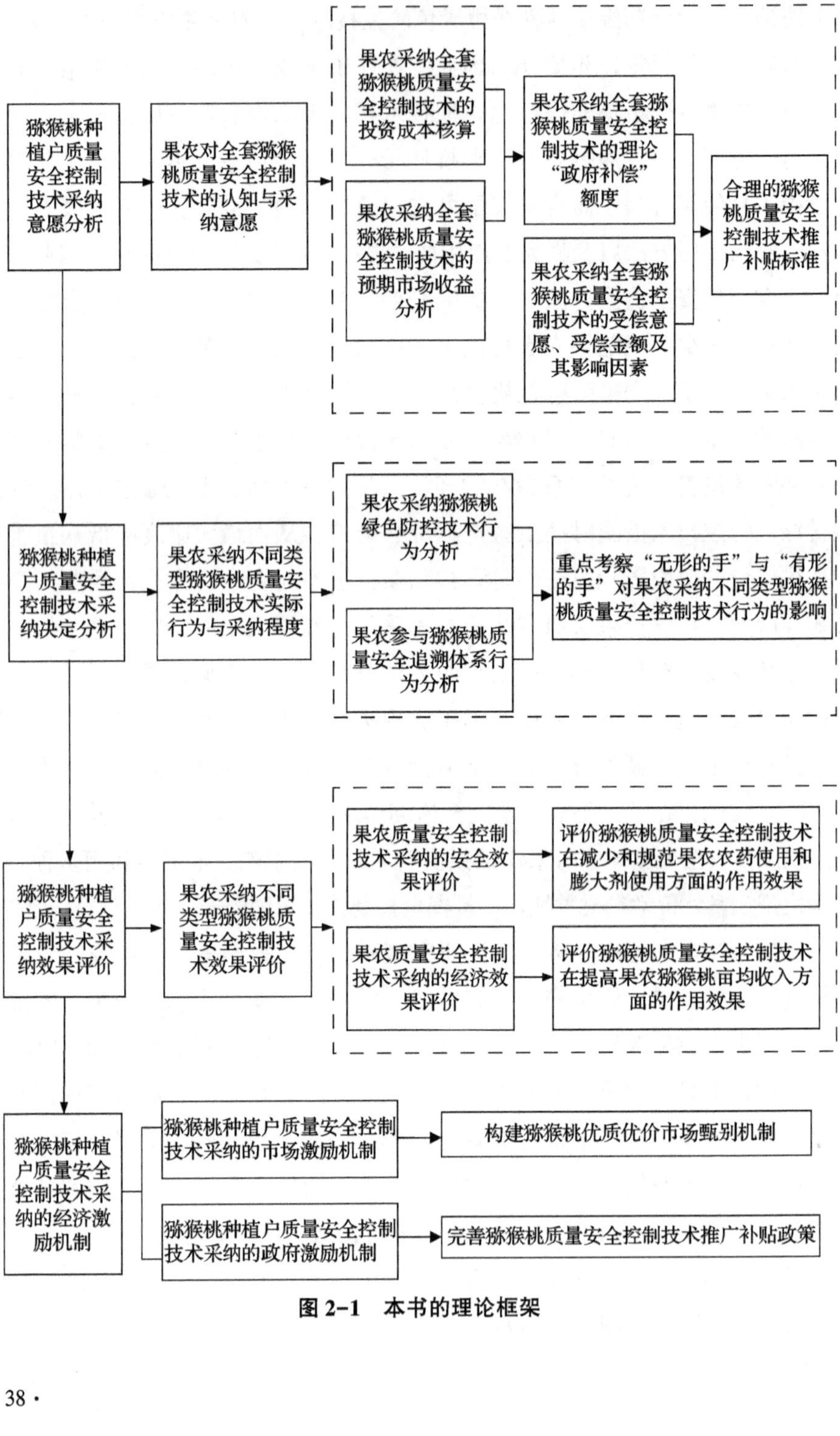
猕猴桃种植户质量安全控制技术采纳意愿分析
果农对全套猕猴桃质量安全控制技术的认知与采纳意愿
果农采纳全套猕猴桃质量安全控制技术的投资成本核算
果农采纳全套猕猴桃质量安全控制技术的预期市场收益分析
果农采纳全套猕猴桃质量安全控制技术的理论“政府补偿”额度
果农采纳全套猕猴桃质量安全控制技术的受偿意愿、受偿金额及其影响因素
合理的猕猴桃质量安全控制技术推广补贴标准
猕猴桃种植户质量安全控制技术采纳决定分析
果农采纳不同类型猕猴桃质量安全控制技术实际行为与采纳程度
果农采纳猕猴桃绿色防控技术行为分析
果农参与猕猴桃质量安全追溯体系行为分析
重点考察“无形的手”与“有形的手”对果农采纳不同类型猕猴桃质量安全控制技术行为的影响
猕猴桃种植户质量安全控制技术采纳效果评价
果农采纳不同类型猕猴桃质量安全控制技术效果评价
果农质量安全控制技术采纳的安全效果评价
评价猕猴桃质量安全控制技术在减少和规范果农农药使用和膨大剂使用方面的作用效果
果农质量安全控制技术采纳的经济效果评价
评价猕猴桃质量安全控制技术在提高果农猕猴桃亩均收入方面的作用效果
猕猴桃种植户质量安全控制技术采纳的经济激励机制
猕猴桃种植户质量安全控制技术采纳的市场激励机制
构建猕猴桃优质优价市场甄别机制
猕猴桃种植户质量安全控制技术采纳的政府激励机制
完善猕猴桃质量安全控制技术推广补贴政策

图 2-1　本书的理论框架

第四节　本章小结

本章首先对猕猴桃种植户、猕猴桃质量安全、猕猴桃质量安全控制技术、猕猴桃种植户质量安全控制技术采纳行为等核心概念进行了界定，其次对与本书有密切关联的农户行为决策理论、农户技术选择理论与信息不对称理论进行了梳理，最后在借鉴相关理论和结合猕猴桃种植户生产实际的基础上构建了本书的理论分析框架，将猕猴桃种植户质量安全控制技术采纳过程划分为三个主要阶段，即猕猴桃种植户质量安全控制技术采纳意愿—质量安全控制技术采纳决定—质量安全控制技术采纳效果，在此基础上构建猕猴桃种植户质量安全控制技术采纳的经济激励机制，从而为后续实证研究奠定了坚实的理论基础。

第三章　陕西省猕猴桃种植户质量安全控制技术采纳现状

本章首先阐述了陕西省猕猴桃产业发展现状，重点介绍了陕西省猕猴桃绿色防控技术推广现状和猕猴桃质量安全追溯体系建设现状，其次对样本猕猴桃种植户的基本特征、质量安全生产现状、绿色防控技术采纳现状和质量安全追溯体系参与现状进行了描述性统计分析。

第一节　陕西省猕猴桃产业发展现状

一、陕西省猕猴桃种植现状及问题

陕西省是中国乃至世界最大的猕猴桃主产区。截至 2016 年底，陕西省猕猴桃种植面积达到 100 万亩，占中国猕猴桃种植面积的 2/5 以上，世界猕猴桃种植面积的 1/3 以上；陕西省猕猴桃年产量达到 131.25 万吨，占中国猕猴桃年产量的 1/2 以上，世界猕猴桃年产量的 1/3 以上①。陕西省猕猴桃主要分布在周至县和眉县两大猕猴桃主产区，两县猕猴桃种植面积与产量合计占到陕西省的 70%以上。从自然环境来看，周至县和眉县位于陕西省关中平原，南依秦岭山脉，北邻渭河，土壤肥沃，气候湿润，是世界猕猴桃的原生区和最佳优生区。

其中，周至县猕猴桃产业起步较早，种植历史悠久，是猕猴桃的传统优势产区以及世界最大的猕猴桃种植基地。截至 2016 年底，周至县猕猴桃种植面积达到 41.6 万亩，占陕西省猕猴桃种植面积的 40%以上；周至县猕猴桃年

① 资料来源：陕西省果业局和《中国猕猴桃产业发展报告 2017》。

产量为 49 万吨，占陕西省猕猴桃年产量的 37%以上。目前，猕猴桃产业已成为周至县的主要支柱产业，果农户均栽种猕猴桃 5.1 亩，猕猴桃从业人员达到 26 万人。在产业化组织发展方面，目前周至县拥有猕猴桃深加工企业 38 家，猕猴桃专业合作社 165 家。从整体来看，周至县猕猴桃企业发展势头良好，产生了一批知名猕猴桃龙头企业，如佰瑞猕猴桃有限公司、本真有机猕猴桃有限公司、西安异美园现代农业有限公司等，但猕猴桃专业合作社发展相对薄弱，合作社非均衡发展现象突出，导致实际加入合作社的果农占比较低。在猕猴桃质量认证方面，周至县建有有机认证猕猴桃基地 5600 亩，绿色认证猕猴桃基地 10 万亩①。

眉县猕猴桃产业起步较晚，但发展速度较快，是猕猴桃的后发优势产区。截至 2016 年底，眉县猕猴桃种植面积达到 30 万亩，占陕西省猕猴桃种植面积的 30%以上；眉县猕猴桃年产量为 46 万吨，占陕西省猕猴桃年产量的 35%以上。目前，猕猴桃产业已经成为眉县的主要支柱产业，果农户均栽种猕猴桃 4.5 亩，猕猴桃从业人员达到 12 万人。在产业化组织发展方面，眉县猕猴桃产业化组织发育程度整体较高，特别是猕猴桃专业合作社的发育程度较高。截至 2016 年底，眉县拥有 146 家猕猴桃专业合作社以及 55 家猕猴桃生产加工营销企业，形成了从生产、贮藏、加工到销售的完整产业链条。其中，眉县最大的猕猴桃企业“齐峰猕猴桃果业发展有限公司”不仅是中国最大的猕猴桃企业，同时也是世界第二大猕猴桃企业。在猕猴桃质量认证方面，眉县建有有机认证猕猴桃基地 6847.4 亩，绿色认证猕猴桃基地 19600 亩②。此外，眉县政府十分注重对果农的猕猴桃种植技术培训，该县在西北农林科技大学眉县猕猴桃试验站的支持下，采用“1+2+2+n”（1 名农业专家+2 名县镇农技人员+2 名乡土专家+n 名科技示范户）的方式向果农推广猕猴桃种植技术，从而有效提高了果农学习新技术的积极性。

尽管近年来陕西省猕猴桃产业取得了诸多成就，但也存在一些亟待解决的问题，主要集中在以下两方面：

① 资料来源：周至县农业局。
② 资料来源：眉县农业局。

第一，猕猴桃病虫害防控难度加剧。近年来，随着陕西省猕猴桃种植面积和挂果面积的持续扩大，猕猴桃病虫害发生面积和危害程度呈上升趋势。目前，陕西省发生面积较大且危害较为严重的猕猴桃病虫害主要包括溃疡病、根腐病、叶腐病、花腐病、褐斑病、黑斑病、落叶病、黄化病等病害以及小薪甲、红蜘蛛、金龟子、卷叶蛾、斑衣蜡蝉、大青叶蝉、桑盾蚧、椿象等虫害。不断暴发的病虫害不仅导致猕猴桃产量下降，而且导致猕猴桃果实品质降低，严重影响了猕猴桃商品价值的实现。其中，以猕猴桃主要病害溃疡病和主要虫害小薪甲的危害程度最大，且缺乏有效的防治措施，进而给果农增收带来了严重负面影响。

第二，猕猴桃质量安全问题日趋严峻。在陕西省猕猴桃产业快速发展的同时，猕猴桃质量安全问题日益成为制约猕猴桃产业长远健康发展的主要瓶颈因素之一。目前，陕西省猕猴桃质量安全问题主要表现在：产地环境污染加剧、猕猴桃生产过程中的农业化学投入品（农药、膨大剂等）过量和不规范使用、猕猴桃贮藏过程中的化学保鲜剂过量和不规范使用等问题。其中，比较突出且相对严重的猕猴桃质量安全问题主要集中在以下两方面：猕猴桃农药残留超标和氯吡脲残留超标，这主要与猕猴桃种植户过量和不规范使用农药和膨大剂的行为有关。①在农药使用方面：长期以来，大量分散的小规模猕猴桃种植农户长期、过量、单一使用化学农药防治病虫害，加之农药使用过程不规范、农药利用率较低等问题，导致猕猴桃农药残留超标现象突出，不仅降低了猕猴桃品质，损害了消费者健康，而且导致病虫抗药性上升、病虫害防治效果下降、病虫害暴发概率增加、农业生态环境污染等问题。因此，亟待规范猕猴桃种植户的农药使用行为。②在膨大剂使用方面：长期以来，大量分散的小规模猕猴桃种植农户为了提高猕猴桃单产和猕猴桃单果重量而盲目过量使用膨大剂，导致猕猴桃氯吡脲残留超标现象突出，产生了一系列的负面影响，主要表现在：①导致猕猴桃果实含糖量和维生素 C 含量显著下降，严重破坏了猕猴桃果实的口感与营养品质（朱杰丽，2014）；②导致猕猴桃果实畸形、裂果、掉果等药害现象，果品储藏期缩短，严重影响了猕猴桃商品价值的实现；③导致果园土壤肥力下降、猕猴桃大小年问题突出、果树负载过重、树体抗逆性下降、病虫害发生基数持续扩大，严重破坏了果园可持续生产力（蒋小平，2010）。在膨大剂对人体健康的影响方面，尽管目前尚无直接科学证据表明膨大剂有害人体健康，但以王月丹为代表的医学领域专家认为膨大剂作为激素类化学物质，对人体细胞的影响不容忽视，其是否会危害人体健康有待时间检验。综上所述，膨大剂已经成为威胁猕猴桃质量安全的最主要农业化学投入品之一。因此，亟待规范猕猴桃种植户的膨大剂使用行为。

为了规范猕猴桃种植户的农业化学投入品使用行为，保障猕猴桃质量安全，近年来陕西省出台了诸多相关政策，例如，①加强对农资市场的投入管控力度，严格杜绝国家禁用的高毒农药流向市场；②加大猕猴桃农药残留检测力度和氯吡脲残留检测力度；③强化对猕猴桃种植户生产过程的监管以及加强果农施药技能培训、无公害生产技术培训等，提高果农对农药的利用效率；④加大对膨大剂危害性的宣传力度，严禁在猕猴桃生产中使用膨大剂等；⑤通过推广猕猴桃质量安全生产标准化体系，引导果农科学、安全、合理使用农业化学投入品。从政策实施效果来看，尽管目前陕西省猕猴桃种植户使用高毒农药的现象得到了有效遏制，但果农过量和不规范使用农药和膨大剂的情况仍然十分普遍，严重影响了陕西省猕猴桃质量安全水平及其市场声誉。因此，亟待探寻规范猕猴桃种植户农药和膨大剂使用行为，提升猕猴桃种植户质量安全管理水平的新途径。

二、陕西省猕猴桃绿色防控技术推广现状

为了解决日趋严重的猕猴桃病虫害防控难题，最大限度减少单一化学农药使用给猕猴桃质量安全带来的隐患，促进猕猴桃产业的绿色可持续发展，近年来陕西省在周至县和眉县大力推广猕猴桃绿色防控技术，并取得一定成效。目前，陕西省正在推广的猕猴桃绿色防控技术主要包括以下四项子技术：

（1）生物防治技术。生物防治技术是绿色防控技术的核心子技术，它主要通过保护或人工释放害虫天敌的方式控制有害生物种群和有害病菌，其实质是通过“以虫控虫”和“以菌杀菌”，进而减少农户对化学农药的依赖性（Goldberger 等，2015）。目前，陕西省正在推广的猕猴桃生物防治技术主要包

括：①人工释放天敌技术。通过在果园中人工释放害虫天敌，能够有效扩充自然天敌数量，进而实现对害虫的有效制衡。目前，我国进入商业化生产阶段的猕猴桃害虫天敌主要为捕食螨，它能够有效减少红蜘蛛等虫害的发生。从 2011 年开始，眉县政府在红蜘蛛的高发季陆续向猕猴桃种植户发放过几批捕食螨，从而极大减少了红蜘蛛的数量，有效降低了果农对化学杀虫剂的使用。②果园生草技术。通过在果园内种植优质草种不仅能够有效提高土壤有机质含量、改善土壤保墒功能、调节果园小气候，进而减少根腐病和日灼病的发生概率，而且有利于保护害虫天敌栖息地，扩充自然天敌数量，进而实现对害虫的自然制衡。目前，陕西省正在推广的果园生草草种主要为三叶草和毛苕子。③生物农药技术。与化学农药相比，生物农药不仅毒性较低、农药残留量少，而且具有靶标选择性，能够最大限度减少对害虫天敌和果树的伤害。目前，陕西省正在推广的猕猴桃类生物农药主要包括 EM 菌、枯草芽孢杆菌、乳酸菌、苦参碱、苦楝素、大蒜素、春雷霉素等。这些生物农药主要以预防溃疡病、根腐病、花腐病等猕猴桃病害为主，在防治猕猴桃虫害方面的作用相对有限。

（2）物理防治技术。物理防治技术主要利用物理学原理和方法灭杀有害生物或控制其危害（郑加强，2006）。目前，陕西省正在推广的猕猴桃物理防治技术主要以杀虫灯技术为代表。通过在果园内安装杀虫灯，能够有效灭杀金龟子、卷叶蛾等害虫。与振频式杀虫灯相比，太阳能杀虫灯具有节能环保等优势，但其造价成本相对较高（平均每盏太阳能杀虫灯的投资成本在 3000 元左右），因此，目前周至县和眉县境内安装的太阳能杀虫灯几乎全部由政府免费提供。

（3）科学用药技术。与生物防治、物理防治、农业防治等农药替代型技术不同，科学用药技术通过引导农户科学、安全、合理使用农药，旨在提高农户农药利用效率，从而最大限度减少农作物体内的农药残留量。目前，陕西省正在推广的猕猴桃科学用药技术主要包括：①优化农药品种组合技术。通过对猕猴桃不同生长阶段主要病虫害的有效识别与田间监测，做到对症下药、适期防治，同时根据病虫害发生规律、气候条件和农药药理，优先使用高效低毒低残留的环保型化学农药，形成最佳农药品种组合（韩养贤等，

2013)。例如，眉县齐峰果业公司每年会根据不同品种猕猴桃病虫害的实际发生情况，按月向猕猴桃种植户推荐相应的农药套餐组合，从而极大减少了果农盲目购买和使用农药的行为。②植物免疫诱导技术。通过将植物免疫诱抗剂与农药进行合理配制、适期使用，有利于诱导果树产生抗逆性，提高猕猴桃果实品质，但目前这一技术更多地局限于试验田和示范田，尚未走向大规模推广阶段。③高效植保施药器械。通过使用电动式喷雾器、机动式喷雾器等高效植保施药器械，不仅有利于减少农药浪费现象，提高农药利用效率，而且极大减轻了果农劳动强度，因而受到果农的广泛欢迎。

（4）农业防治技术。农业防治技术是实现猕猴桃病虫害综合防治的基础，是提高猕猴桃树体抗病能力和控制猕猴桃病虫害发生基数的关键技术手段。农业防治技术是指综合运用栽培技术、栽培模式、耕作制度、清洁果园、积沤肥料、施肥、灌溉、收获等农事手段控制农作物病虫害的技术（郑加强，2006)。实践表明，农业防治做得好的猕猴桃果园几乎不发生严重的病虫害(韩养贤等，2013)。目前，陕西省正在推广的猕猴桃农业防治技术主要包括：①植物检疫。通过对猕猴桃种苗进行严格的病虫害检疫，有利于从根源上减少根结线虫、溃疡病等病虫害的传染概率。②健身栽培。通过定量挂果、科学修建保证果树合理负载，同时通过加强水肥管理、增施有机肥为果树提供充足营养，有利于增强树体抗逆性。③冬季清园。通过在冬季果树休眠期进行清园与消毒，有利于减少虫口基数和病源。④果实套袋。通过在猕猴桃幼果期进行果实套袋，有利于减少猕猴桃果面的农药残留量。

三、陕西省猕猴桃质量安全追溯体系建设现状

为了从源头解决猕猴桃质量安全信息不对称问题，规范猕猴桃种植户生产行为，切实保障猕猴桃质量安全，近年来，陕西省积极建设猕猴桃质量安全追溯体系，目前猕猴桃质量安全追溯体系已初步建立并处于逐步完善过程中。其中，周至县从 2010 年开始建立猕猴桃质量安全追溯体系。截至 2016 年底，已经有 9 家猕猴桃专业合作社/龙头企业建立了猕猴桃质量安全可追溯系统，包括百瑞猕猴桃研究院有限公司、本真有机果业集团、山美食品有限公司、周一有机猕猴桃专业合作社等。眉县从 2013 年开始建设猕猴桃质量安

全追溯体系。截至2016年底，已经有18家猕猴桃专业合作社/龙头企业建立了猕猴桃质量安全可追溯系统，包括齐峰果业公司、金桥果业专业合作社、板扎猕猴桃专业合作社、兄弟果业专业合作社、秦旺果友猕猴桃专业合作社、第五村猕猴桃专业合作社等。这些合作社/龙头企业主要依托“陕西省优质农产品质量安全追溯网”建立追溯系统，实施猕猴桃供应链全程质量安全可追溯管理。目前陕西省猕猴桃质量安全追溯体系的实施模式主要有以下两种：

（1）完全一体化的“企业自有基地”生产模式。该模式的主要特点是：企业通过土地流转方式承包大片土地，建立自有猕猴桃生产基地，通过集约化经营与标准化生产，将猕猴桃的生产、采收、加工、贮藏、运输、销售等诸多环节纳入一个统一经营体，形成各环节之间的紧密无缝连接，追溯过程得以在企业内部完成（王慧敏等，2011）。例如，齐峰果业公司目前建有600多亩的自有猕猴桃生产基地（全部种植有机猕猴桃），主要分布在眉县红星村和田家寨村等。在企业自有基地中，齐峰公司通过对物联网技术的成功应用实现了猕猴桃精细追溯管理，即消费者可以观看到猕猴桃生产全过程的视频，从而有效提升了猕猴桃可追溯管理的真实性与可信度。

“企业自有基地”生产模式的优点和缺点均十分明显。其优点主要表现在：克服了传统分散果农生产模式+分散果商收购模式带来的猕猴桃产业链条“断裂”问题，最大限度减少了猕猴桃质量安全信息不对称带来的“逆向选择”和果农“道德风险”问题，其质量安全控制水平相对较高。其缺点主要表现在：①投资成本较高，尤其是土地流转成本和雇工成本较高。在土地流转成本方面，由于猕猴桃种植收益可观，因此果农大多不愿流转土地或者即使愿意流转也要收取较高的土地流转费。2016年，齐峰果业公司自有基地的土地流转费高达1000元/亩·年。在雇工成本方面，在企业自有基地生产模式下，果农不再是生产经营主体，而是企业雇工，企业需要向农民雇工支付工资。随着农业劳动力的持续非农转移，农民雇工成本日益走高。2016年，陕西省猕猴桃种植业的单日雇工成本约为80~100元。较高的土地流转成本和雇工成本限制了完全一体化模式的推广。②难以保障果农利益。由于在完全一体化模式下，果农失去了果园生产经营权，其替代性收入主要来源于土地流转收入和雇工工资，而后者与农民雇工的年龄、身体状况密切相关。当农民雇工年龄增加至一定程度以后，将面临被解雇风险。因此，如何解决失地农民的养老保障问题也成为制约完全一体化模式推广的重要前提之一。

（2）半一体化的“合作社/龙头企业+农户”模式。该模式的主要特点是：参与追溯体系的猕猴桃合作社/龙头企业通过与猕猴桃种植户签订订单生产与销售合同，对交易双方的权利、义务、果农种植过程要求和猕猴桃收购质量标准做出明确规定，其实质是建立在契约治理基础上的半一体化生产管理模式（汪普庆等，2009）。从合作社/龙头企业的职责来看，参与追溯体系的合作社/龙头企业不仅需要负责向果农提供农资、监督和管理果农生产过程、对果农进行技术培训，而且还必须向果农发放果园生产管理档案，指导果农正确填写生产档案，并将生产档案记录内容上传到“陕西省优质农产品质量安全追溯网”平台数据库。对于符合追溯要求的猕猴桃，合作社/龙头企业可以在产品外包装上加贴质量追溯二维码，以供消费者查询。从猕猴桃种植户的职责来看，参与追溯体系的果农主要负责猕猴桃的具体生产过程，其必须严格按照追溯体系规定的技术标准进行生产操作，并如实填写果园生产管理档案。猕猴桃采收完成后由合作社/龙头企业进行验收，验收合格后果农上交果园生产管理档案。目前，齐峰果业公司和金桥果业合作社均主要采用这种模式。例如，金桥果业合作社与眉县屯庄西岳村的部分猕猴桃种植户签订有机猕猴桃生产与销售合同，禁止果农在猕猴桃生产过程中使用化学农药和膨大剂，合作社则负责高价收购果农生产出的有机猕猴桃，从而有效提升了猕猴桃质量安全水平。此外，金桥果业合作社还与眉县河底村的部分猕猴桃种植户签订了绿色猕猴桃生产与销售合同，与眉县齐镇村的部分猕猴桃种植户签订了无公害猕猴桃生产与销售合同。尽管不同合同对交易双方权利、义务的规定不同，但均要求果农按照追溯体系规定的技术标准进行生产操作，并如实填写果园生产管理档案。

“合作社/龙头企业+农户”模式的优点和缺点也十分突出。其优点主要表现在：①降低了合作社/龙头企业的投资成本。由于在该模式下，果农仍是猕猴桃生产经营主体，因此合作社/龙头企业无须向果农支付土地流转成本和雇工成本，进而使合作社/龙头企业能够以较少投入获得相对稳定的猕猴桃供应基地。②既能充分发挥小农户的果园精细化管理能力，同时也可以借助合作社/龙头企业的猕猴桃标准化生产技术优势和统一销售优势，有利于实现合作社/龙头企业与果农的双赢。其缺点主要表现在：签约双方对合同履约的信任度问题。站在果农角度，其主要担忧按照追溯体系要求生产出的猕猴桃被合作社/龙头企业拒收。目前，膨大剂仍是提高猕猴桃亩产和单果重量的重要技术手段，一旦未使用膨大剂的猕猴桃由于单果果个过小而被合作社/龙头企业拒收，果农只能将这些猕猴桃贱价出售，此时果农将不得不承受产量减少和价格降低的双重损失，因此果农对于合作社/龙头企业是否履约存在疑虑。从合作社/龙头企业角度来看，其主要担忧个别果农违规使用化学农药和膨大剂的机会主义行为导致猕猴桃农药残留超标和氯吡脲残留超标。由于合作社/龙头企业不可能在猕猴桃收购环节，将全部猕猴桃进行质量安全检测，一旦将来发生猕猴桃质量安全问题，将给合作社/龙头企业带来巨大经济损失。

从总体来看，目前陕西省猕猴桃质量安全追溯体系的实施模式主要以后一种模式（“合作社/龙头企业+农户”模式）为主，这主要是因为：目前陕西省猕猴桃种植业仍主要以小规模农户生产经营为主，农地流转市场发展相对滞后，因此保留果农生产经营权的“合作社/龙头企业+农户”模式不仅更契合现实，同时也有利于维护果农经济利益。

第二节　样本户质量安全生产现状

本书数据主要来源于课题组 2016 年 6~10 月在陕西省猕猴桃重点生产县周至县和眉县开展的农户问卷调查。此次调查综合考虑了猕猴桃种植的区域分布、面积、产量等因素，采用概率比例规模抽样（PPS）与简单随机抽样相结合的方法选取样本，共分为三个阶段：第一、第二阶段，按照 PPS 抽样要求从每个样本县抽取 5 个乡镇，每个样本乡镇抽取 2~3 个样本村；第三阶段，在每个样本村随机抽取 20~25 个猕猴桃种植农户作为问卷调查对象，最终确定了 10 个样本乡镇、28 个样本村、670 户样本猕猴种植户。采用面对面调查方式，由调查员与果农进行一对一访谈，共完成调查问卷 670 份，剔除重要数据缺损问卷，获得有效问卷 603 份，问卷有效率为 90%。调查问卷内容主要包括样本户户主及家庭基本情况、猕猴桃种植与销售情况、农药和膨大剂使用情况、绿色防控技术采纳情况、质量安全追溯体系参与情况等方面。有效样本分布情况如表 3-1 所示。

表 3-1　样本户分布情况

样本县	样本乡镇	样本村	样本户（户）	样本县	样本乡镇	样本村	样本户（户）
眉县	金渠镇	河底村	23	周至县	楼观镇	军寨村	25
		田家寨村	25			周一村	25
		红星村	25			羊坡村	23
	首善镇	第五村	24		司竹镇	马坊村	18
		王长官寨	21			宋家村	22
		岳陈村	23			李旺寨	19
	横渠镇	古城村	20		马召镇	西富饶	25
		青化村	17			仁烟村	16
		齐家堡村	15			群三星	21
	汤峪镇	屯庄村	25		竹峪镇	兰梅塬村	23
		梁村	25			苍峪村	19
		闫家堡	20			北西沟村	19
	槐芽镇	保安堡村	22		终南镇	勒马村	24
		肖里沟村	19			大庄寨村	20
合计	5	14	304	合计	5	14	299

资料来源：根据调研资料整理。

一、样本户基本特征

（1）样本户户主特征。户主是农户家庭生产经营的主要决策者。为了保证调查信息的真实性与准确性，调查员选取样本户户主为问卷调查对象。①户主年龄。样本户户主的平均年龄为 53.45 岁，年龄分布在 26~79 岁。其中，45 岁以上的户主占样本的 80.10%，45 岁及以下的户主仅占 19.90%，说明样本户整体趋于老龄化。②户主性别。85.90%的样本户户主为男性，女性户主仅占 14.10%。③户主文化程度。户主文化程度以初中及以下学历为主，占 79.93%，大专及以上学历的户主仅占 2.16%，说明样本户的文化程度普遍偏低。④户主种植年限（猕猴桃种植年限）。户主种植年限主要集中在 10~20 年，占 60.36%，种植年限超过 20 年的户主仅占 8.96%，这与调研区域猕猴桃产业的快速发展时间几乎趋同（见表 3-2）。

（2）样本户家庭生产经营特征。①家庭务农劳力数。在 603 户样本户中，家庭务农劳力数为 1~2 人的果农占比最大，为 78.94%，家庭务农劳力数大于 4 人的果农仅占 0.99%。可见，目前样本户分配在猕猴桃种植上的家庭劳动力普遍较少，这一方面是由于猕猴桃费工程度相对较低（一亩地全年需要投入 27~30 个工），另一方面则是由于目前调研区域从事猕猴桃种植的劳动力主要为 45 岁及以上的老年劳动力，而年轻劳动力则较少从事猕猴桃种植。②种植规模（猕猴桃种植面积）。样本户户均种植规模为 5.12 亩，最大种植规模为 50 亩，最小种植规模仅为 0.7 亩。样本户种植规模主要集中在 5~9.9 亩，占样本的 47.93%，种植规模在 10 亩及以上的果农仅占 5.97%，说明样本户的猕猴桃规模化经营程度普遍较低。③果园产权特征（是否有租赁地）。在 603 户样本户中，有租入地的果农仅占 12.94%，且租入地的平均规模仅为 4.58 亩，说明调研区域土地流转发生率较低、土地流转规模较小，不利于猕猴桃产业的规模化发展。通过与样本户进行深入访谈，了解到由于猕猴桃种植的经济效益可观，因此果农大多不愿转出土地，进而导致土地流转规模普遍较小。④猕猴桃销售收入。2015 年，样本户户均猕猴桃销售收入为 30267.95 元，最高收入为 420500.00 元，最低收入仅为 1550.00 元。样本户猕猴桃销售收入主要集中在 20001~50000 元，占 39.64%。实地调查发现，近年来，在全国主要水果价格持续走低的背景下，猕猴桃价格却一路走高，进而给果农带来了可观的销售收入。目前，猕猴桃销售收入已经成为调研区域果农家庭收入的主要来源之一。⑤家庭收入结构（猕猴桃收入占农户家庭收入比重）。在 603 户样本户中，家庭收入结构位于（75%，100%］区间的果农占比最大，为 40.80%，说明样本户的猕猴桃专业化经营程度普遍较高。⑥猕猴桃销售渠道。样本户的猕猴桃销售渠道主要包括果商上门收购、农贸市场/批发市场销售、合作社/企业/超市收购以及互联网销售。其中，果商/农贸市场/批发市场代表传统猕猴桃销售渠道，合作社/企业/超市/互联网代表现代猕猴桃销售渠道。在 603 户样本户中，选择“果商上门收购”的果农占比最大，为 73.13%，选择“合作社/企业/超市收购”的果农占比为 53.40%，选择“农贸市场/批发市场销售”的果农占比为 35.49%，选择“互联网销售”的果农占比仅为 12.11%，说明“果商上门收购”仍是果农最主要的猕猴桃销售渠道。即使是同时选择了其他销售渠道的果农也仍将“果商上门收购”作为最主要销售渠道。究其原因，与其他销售渠道相比，果商上门收购最大限度降低了果农交易成本，而且质量安全标准相对较低，因而成为最受果农欢迎的销售方式。但从保障猕猴桃质量安全视角出发，目前这种以果商参与为主的松散市场结构不仅难以解决果农过量和不规范使用农药的问题，而且助长了果农滥用膨大剂的行为。⑦供应链参与情况。以猕猴桃专业合作社和猕猴桃企业为代表的供应链组织是推广猕猴桃绿色防控技术和建设猕猴桃质量安全追溯体系的最重要主体。在 603 户样本户中，有 56.22%的果农加入了合作社或成为龙头企业基地户，有 43.78%的果农未加入任何供应链组织。尽管样本户加入供应链组织的比例相对较高，但实地调研发现，目前合作社良莠不齐、异化现象严重，部分合作社形同虚设，难以起到保障果农质量安全生产的作用（见表 3-2）。

表 3-2 样本户基本特征

	统计指标	户数（户）	占比（%）		统计指标	户数（户）	占比（%）
户主年龄	35 岁及以下	25	4.15	猕猴桃销售收入	10000 元及以下	141	23.38
	36~45 岁	95	15.75		10001~20000 元	137	22.72
	46~55 岁	238	39.47		20001~50000 元	239	39.64
	56 岁及以上	245	40.63		50000 元以上	86	14.26
户主性别	男	518	85.90	果园产权	有租赁地	78	12.94
	女	85	14.10		没有租赁地	525	87.06
户主文化程度	小学及以下	260	43.11	家庭收入结构	<25%	65	10.78
	初中	222	36.82		25%~49%	139	23.05
	高中或中专	108	17.91		50%~75%	153	25.37
	大专及以上	13	2.16		>75%	246	40.80

续表

	统计指标	户数（户）	占比（%）		统计指标	户数（户）	占比（%）
户主种植年限	<10 年	185	30.68	猕猴桃销售渠道	果商	441	73.13
	10~20 年	364	60.36		农贸市场/批发市场	214	35.49
	>20 年	54	8.96		合作社/企业/超市	322	53.40
务农劳力数	1~2 人	476	78.94		互联网	73	12.11
	3~4 人	121	20.07	供应链参与	未参与供应链	264	43.78
	5~6 人	6	0.99		加入合作社	237	39.30
种植规模	<3 亩	103	17.08		龙头企业基地户	102	16.92
	3~4.9 亩	175	29.02				
	5~9.9 亩	289	47.93				
	≥10 亩	36	5.97				

资料来源：根据调研资料整理。

二、样本户农药使用现状分析

已有研究主要从农药品种、农药使用量、农药使用方法等方面反映农户农药使用行为（韩养贤等，2013；童霞等，2014；麻丽平等，2016）。借鉴已有研究成果并结合猕猴桃种植户生产实际，本书主要选取以下五个指标反映样本户农药使用行为，即果农是否使用高毒农药、果农农药施用次数、果农农药施用成本、果农农药施用间隔期和果农农药施用浓度。其中，果农是否使用高毒农药反映了其对农药品种的选择行为（用什么农药）；果农农药施用次数和农药施用成本反映了其对农药使用量的选择行为（用多少农药）；果农农药施用间隔期和农药施用浓度反映了其对农药使用方法的选择行为（怎样用农药）。①果农使用高毒农药情况。在 603 户样本户中，没有任何果农使用国家禁用的高毒农药，这主要是因为近年来政府通过加强对农资市场的源头管理，彻底杜绝了高毒农药流入市场。②果农农药施用次数。样本户 2015 年的平均农药施用次数为 5.16 次，最大次数为 11 次，最小次数为 1 次。由表 3-3 可以看出，样本户的农药施用次数呈现出典型正态分布。其中，农药施用次数为 4~6 次的果农占比最大，为 60.70%。③果农农药施用成本。样本户 2015 年的亩均农药支出为 125.84 元，最高亩均农药支出为 492.00 元，最低亩均农药支出为 14.29 元。其中，亩均农药支出位于［100，200］元区间的果农占比最大，为 44.28%。④果农农药施用浓度。在 603 户样本户中，严格按照农药说明书规定的标准剂量进行农药配比稀释的果农占比最大，为 52.24%，农药配比浓度低于标准剂量的果农占比为 5.97%，但仍有 13.10%的果农农药配比浓度高于标准剂量，有 28.69%的果农农药配比浓度比较随意，说明有超过 40%的样本户存在过量或不规范使用农药的情况。⑤果农农药施用间隔期。样本户 2015 年的平均农药施用间隔期为 43.28 天，最长间隔期为 100 天，最短间隔期仅为 5 天。其中，农药施用间隔期位于［15，30］天区间的果农占比最大，为 43.28%（见表 3-3）。

表 3-3 样本户农药使用现状

	统计指标	户数（户）	占比（%）		统计指标	户数（户）	占比（%）
高毒农药使用	使用	0	0	农药施用浓度	严格按照标准剂量	315	52.24
	未使用	603	100		比规定浓度低	36	5.97
农药施用次数	<4 次	111	18.41		比规定浓度高	79	13.10
	4~6 次	366	60.70		比较随意	173	28.69
	>7 次	126	20.89	农药施用间隔期	<15 天	48	7.96
农药施用成本	<100 元/亩	253	41.96		15~30 天	261	43.28
	100~200 元/亩	267	44.28		31~60 天	235	38.97
	>200 元/亩	83	13.76		>60 天	59	9.79

资料来源：根据调研资料整理。

三、样本户膨大剂使用现状分析

已有研究较少关注农户膨大剂使用行为。从实践来看，目前我国猕猴桃膨大剂管理采用双重标准。其中，从国家标准来看，依据我国《食品安全国家标准 食品中农药最大残留限量》（GB 2763—2016）规定，氯吡脲在猕猴桃体内的最大残留限量为 0.05 毫克/千克，可见国家允许猕猴桃生产者在生产过程中适量使用膨大剂；从地方标准来看，作为中国猕猴桃最大产区，陕西省从保护猕猴桃产业可持续发展角度出发，严禁猕猴桃生产者在生产过程中使用膨大剂，从而出现了地方标准高于国家标准的现象。根据国家标准，只要果农在规定范围内使用膨大剂，就可以认为其生产行为是安全的；根据陕西省标准，只有当果农不使用膨大剂时，才可以认为其生产行为是安全的。鉴于此，本书主要选取以下两个指标反映样本户膨大剂使用行为，即果农是否使用膨大剂、果农膨大剂施用浓度，前者反映了果农对膨大剂本身的选择行为（用不用膨大剂），后者反映了果农对膨大剂使用方法的选择行为（怎样用膨大剂）①。①果农是否施用膨大剂。在 603 户样本户中，施用膨大剂的果农为 531 户，占 88.06%，未施用膨大剂的果农为 72 户，仅占 11.94%，说明样本户普遍存在使用膨大剂的现象。为了进一步了解果农使用膨大剂的原因，课题组还对 531 户使用膨大剂的果农进行了深入调查，询问其使用膨大剂的最主要原因。调查结果表明，在 531 户样本户中，有 306 户果农表示使用膨大剂的最主要原因是“为了满足收购商的收购要求”。由于多数果农面对的主要销售对象为果商，而果商并不关注猕猴桃的信任品属性，而仅关注其搜寻品和经验品属性，这就导致果商在向果农收购猕猴桃时并不进行氯吡脲残留检测，而是按照果个、果形等外在指标制定差异化定价标准。果个大的猕猴桃不仅更易销售，而且售价更高，而果个小的猕猴桃则常常面临无人收购或贱价收购的窘境，这就导致果农为了满足收购商对大果型猕猴桃的需求，不得不使用膨大剂以提高猕猴桃单果重量；有 139 户果农表示使用膨大剂的最主要原因是“为了提高猕猴桃产量”。平均而言，膨大剂的使用能够使猕猴桃亩产提高 30%~40%。由于目前猕猴桃优质优价的市场甄别机制尚未完全形成，生产者与消费者之间存在严重的信息不对称现象，消费者很难从外观上区分使用膨大剂与未使用膨大剂的猕猴桃，这就导致不使用膨大剂的猕猴桃与使用膨大剂的猕猴桃在市场价格方面无差别或差别较小。对果农而言，使用膨大剂可以享受猕猴桃增产带来的经济效益，而不使用膨大剂将面临猕猴桃产量损失，因此在猕猴桃优质优价问题没有得到根本解决以前，很难禁止果农使用膨大剂。有 81 户果农表示使用膨大剂的最主要原因是“周围果农都在用”，这表明果农的膨大剂使用行为存在典型“羊群效应”；有 5 户果农选

---

① 本书在选取反映样本户膨大剂使用行为的指标时，未选取果农膨大剂施用次数和膨大剂施用间隔期的原因是：果农每年在猕猴桃生产全程最多施用一次膨大剂，且施用膨大剂的时间十分集中，距离猕猴桃采收期的时间间隔均在 100 天左右，果农间差异很小。

择了其他原因，如农药店推荐等。②果农膨大剂施用浓度。在 603 户样本户中，严格按照氯吡脲说明书规定的标准剂量进行膨大剂配比稀释的果农占比最大，为 44.28%，膨大剂配比浓度低于标准剂量的果农占比为 4.64%，但仍有 14.76%的果农膨大剂配比浓度高于标准剂量，有 24.38%的果农膨大剂配比浓度比较随意，说明有超过 1/3 的样本户存在过量或不规范施用膨大剂的情况（见表 3-4）。

表 3-4　样本户膨大剂使用现状

	统计指标	户数（户）	比例（%）
是否施用膨大剂	未施用膨大剂	72	11.94
	施用膨大剂	531	88.06
膨大剂施用浓度	严格按照标准剂量	267	44.28
	比规定浓度低	28	4.64
	比规定浓度高	89	14.76
	比较随意	147	24.38

资料来源：根据调研资料整理。

综上所述，样本户的质量安全生产现状不容乐观，普遍存在过量和不规范施用农药和膨大剂的情况，这是导致目前调研区域猕猴桃农药残留超标和氯吡脲残留超标现象突出的根源所在。因此，亟待规范猕猴桃种植户的农药施用行为和膨大剂施用行为，引导果农科学、安全、合理使用农业化学投入品，最大限度减少猕猴桃体内的农药残留量和氯吡脲残留量，切实保障猕猴桃质量安全。

第三节　样本户质量安全控制技术采纳现状

一、样本户绿色防控技术采纳现状分析

样本户采纳猕猴桃绿色防控技术的实际情况如何呢？表 3-5 显示，在 603 户样本户中，分别有 263 户、199 户、569 户、214 户果农采纳了生物防治技术、物理防治技术、农业防治技术和科学用药技术，各占样本的 43.62%、

33.00%、94.36%和35.49%，说明样本户对猕猴桃绿色防控技术包中不同子技术的采纳比例不同，对农业防治技术的采纳比例最高，其次为生物防治技术，对科学用药和物理防治技术的采纳比例最低。

从技术组合来看，在603户样本户中，有33户果农未采纳绿色防控技术包中的任何子技术，占样本的5.47%；有186户果农仅采纳了技术包中的1项子技术，占30.85%；有164户果农采纳了技术包中的2项子技术，占27.20%；有130户果农采纳了技术包中的3项子技术，占21.56%；有90户果农采纳了技术包中的全部4项子技术，占14.92%。这表明：一方面，样本户对猕猴桃绿色防控技术的采纳是一个渐进过程，不同果农对绿色防控技术的采纳程度不同；另一方面，样本户对猕猴桃绿色防控技术的整体采纳情况并不理想，特别是对除农业防治技术以外的其他防治技术采纳比例相对较低。由于绿色防控技术强调的是一种病虫害综合防治理念，各项子技术相辅相成、互为依赖，因此若单纯采纳绿色防控技术包中的一项子技术或少数几项子技术，而不是将绿色防控技术视为一个整体，可能会影响到绿色防控技术的实施效果。通过与果农进行深入访谈，了解到果农之所以最偏好农业防治技术，而对其他防治技术采纳比例较低的主要原因在于：农业防治技术投资成本较低且技术相对简单，而其他防治技术不仅投资成本较高，而且技术相对复杂，需要学习大量知识与操作技能，因此在缺乏明显经济激励的前提下，果农缺乏采纳全套猕猴桃绿色防控技术的积极性。

表3-5　样本户绿色防控技术采纳现状

	果农对不同子技术的采纳情况				果农采纳不同子技术的组合情况				
	采纳生物防治技术	采纳物理防治技术	采纳农业防治技术	采纳科学用药技术	未采纳任何子技术	仅采纳1项子技术	采纳2项子技术	采纳3项子技术	采纳4项子技术
户数（户）	263	199	569	214	33	186	164	130	90
比例（%）	43.62	33.00	94.36	35.49	5.47	30.85	27.20	21.56	14.92

资料来源：根据调研资料整理。

二、样本户质量安全追溯体系参与现状分析

样本户参与猕猴桃质量安全追溯体系的实际情况如何呢？由于果园生产

管理档案是猕猴桃质量安全信息流的源头，是实现猕猴桃质量安全可追溯管理的重要依据（周洁红等，2013），因此判断样本户是否参与猕猴桃质量安全追溯体系的最主要标志就是看其是否如实记录了果园生产管理档案。

从实地调查情况来看，目前样本户填写的果园生产管理档案全部由具备追溯资格的供应链组织（猕猴桃专业合作社和猕猴桃企业）发放，而供应链组织发放的果园生产管理档案大致有两种类型：类型 1 是由县果业技术推广中心统一印制的果园生产管理档案，其记录内容相对全面，主要包括果园主要投入品来源和使用信息①、农事操作过程信息②、猕猴桃主要物候期管理信息、自然灾害发生和预防补救信息、农机具购置使用维修信息和猕猴桃产销信息等；类型 2 是由供应链组织自己印制的果园生产管理档案（如齐峰果业公司向果农发放的果园标准化管理会员手册），其内容相对简单，主要包括农资来源和使用信息、农事操作过程信息以及猕猴桃产销信息等。

尽管样本户的果园生产管理档案记录内容存在明显差异，但只要档案中包含了农药（含氯吡脲）、肥料等农业化学投入品的使用情况和猕猴桃销售方向，即满足了最基本的追溯要求（周洁红等，2013），就可以认为样本户参与了猕猴桃质量安全追溯体系。按照这一标准，在 603 户样本户中，有 156 户果农记录了果园生产管理档案，说明参与猕猴桃质量安全追溯体系的样本户占比较低，仅为 25.87%。出现这种现象的原因既与调研区域猕猴桃质量安全追溯体系建设时间较短、猕猴桃产业化组织发育程度较低有关，但同时也与果农参与追溯体系的积极性较低有关。通过与果农进行深入访谈，了解到果农对猕猴桃质量安全追溯体系的认知程度普遍较低，多数果农认为参与追溯体系不仅要受到严格约束，而且记录果园生产管理档案既费心，又费工，因此在缺乏明显经济激励的前提下，果农缺乏参与猕猴桃质量安全追溯体系的内在积极性。

---

① 果园主要投入品包括农药、肥料、花粉、果袋、燃油等。农户需要填写的内容包括各项投入品的施用时间、投入品名称、生产厂家、数量和费用。

② 农事操作是指在果园内从事的各项工作，包括喷药、施肥、中耕除草、灌溉、人工授粉、疏花疏果、采收、修剪、清园、架材维修等。农户需要填写的内容包括各项农事操作的具体要求和操作方法，进行农事操作时使用物品的种类和数量，进行农事操作时的用工量。

第四节　本章小结

本章首先从宏观层面阐述了陕西省猕猴桃产业发展现状，在介绍陕西省猕猴桃种植情况的基础上，剖析了陕西省猕猴桃产业发展过程中存在的问题，并重点介绍了陕西省猕猴桃绿色防控技术推广现状和猕猴桃质量安全追溯体系建设现状。在此基础上，从微观层面对样本猕猴桃种植户的基本特征、质量安全生产现状、绿色防控技术采纳现状和质量安全追溯体系参与现状进行了描述性统计分析，得出以下结论：

第一，调研区域样本户普遍存在过量和不规范使用农药和膨大剂的现象，其质量安全生产现状不容乐观，因此亟待规范猕猴桃种植户的农药使用行为和膨大剂使用行为，切实保障猕猴桃质量安全。

第二，样本户对猕猴桃绿色防控技术的整体采纳情况并不理想，特别是对除农业防治技术以外的其他防治技术（包括生物防治技术、物理防治技术和科学用药技术）采纳比例相对较低，仅有14.92%的样本户同时采纳了猕猴桃绿色防控技术包中的全部4项子技术，这表明猕猴桃种植户普遍缺乏采纳全套猕猴桃绿色防控技术的内在积极性。

第三，样本户参与猕猴桃质量安全追溯体系的比例相对偏低，仅有25.87%的样本户记录了果园生产管理档案，这表明猕猴桃种植户普遍缺乏参与猕猴桃质量安全追溯体系的内在积极性。

第四章　猕猴桃种植户质量安全控制技术采纳意愿分析

通过前文分析可知，提升猕猴桃种植户质量安全管理水平的关键在于积极引导果农采纳以猕猴桃绿色防控技术和猕猴桃质量安全追溯体系为核心的猕猴桃质量安全控制技术。其中，猕猴桃绿色防控技术旨在解决猕猴桃病虫害防控难题，进而从生产角度控制和减少猕猴桃农药残留；猕猴桃质量安全追溯体系旨在解决猕猴桃质量安全信息不对称问题，进而从管理角度控制和减少猕猴桃农药残留和氯吡脲残留。上述两项新技术相辅相成、缺一不可。理论上，只有当果农同时采纳上述两项新技术时，才能切实有效保障猕猴桃质量安全。但在实践中，果农不仅普遍缺乏采纳全套猕猴桃绿色防控技术的积极性，而且缺乏参与猕猴桃质量安全追溯体系的积极性。因此，为探讨提升果农采纳全套猕猴桃质量安全控制技术积极性的有效途径，本章重点分析果农对全套猕猴桃质量安全控制技术的采纳意愿。对理性果农而言，其是否愿意采纳一项新技术主要取决于技术采纳成本与技术预期收益的比较。那么，果农采纳全套猕猴桃质量安全控制技术的投资成本如何？技术预期收益如何？市场收益是否足以弥补果农采纳全套猕猴桃质量安全控制技术的总投资成本？如果市场收益不足以弥补果农新技术投资成本，那么相应的政府补贴标准应为多少，才能有效激励果农采纳这套新技术？上述问题的答案，对于构建猕猴桃种植户质量安全控制技术采纳的经济激励机制具有重要意义。因此，有必要在核算和分析果农采纳全套猕猴桃质量安全控制技术的投资成本与预期收益的基础上，深入考察果农在政府发放补贴条件下采纳全套猕猴桃质量安全控制技术的受偿意愿、受偿金额及其影响因素。

第一节 质量安全控制技术采纳的投资成本核算

理论上，农户采纳一项新技术的投资成本应当包括三部分：生产成本、学习成本和交易成本。其中，生产成本是指农户为采纳新技术所投入的设备购置成本和生产要素使用成本；学习成本是指农户为学习新技术所投入的时间、精力与金钱；交易成本是指农户为搜集新技术信息所耗费的时间成本和农产品检验检测成本（周建华等，2012）。鉴于生产成本是农户技术采纳成本的核心成本，加之学习成本与交易成本较难量化，因此本书在核算果农采纳全套猕猴桃质量安全控制技术的投资成本时，主要核算了易量化的生产成本。由于猕猴桃质量安全控制技术包括猕猴桃绿色防控技术和猕猴桃质量安全追溯体系两项子技术，因此本书将分别核算果农采纳猕猴桃绿色防控技术的投资成本和果农参与猕猴桃质量安全追溯体系的投资成本。在此基础上，将上述两项子技术的投资成本进行加总，从而得出果农采纳全套猕猴桃质量安全控制技术的总投资成本。

一、绿色防控技术采纳的投资成本核算

与传统农业技术不同，农作物病虫害绿色防控技术并非单一普适性技术，而是一种强调因地制宜、因品种制宜的病虫害综合防治技术体系。不同品种农作物由于病虫害发生规律不同，所适用的绿色防控技术措施也不同，这导致目前国内外关于农作物病虫害绿色防控技术投资成本的研究相对较少且研究结论不同。郑和斌（2012）对湖南省水稻绿色防控技术投资成本的研究表明，水稻绿色防控技术的投资成本既包括振频式杀虫灯、稻鸭共育、赤眼蜂、性引诱剂、科学用药等子技术的设备购置成本，同时也包括应用新技术所引致的人工管理成本，通过加总各项子技术的投资成本，计算得出水稻绿色防控技术的总投资成本约为270元/亩；李凯（2015）对浙江省蔬菜绿色防控技术投资成本的研究表明，蔬菜绿色防控技术的投资成本既包括防虫网、振频式杀虫灯、性引诱剂、粘虫板和生物农药等子技术的设备购置成本，同时也包括应用新技术所引致的人工管理成本，通过加总各项子技术的投资成本，

计算得出蔬菜绿色防控技术的总投资成本约为1272~1546元/亩·年。

猕猴桃与水稻、蔬菜等农作物的种植模式不同、病虫害发生规律不同，因此所适用的绿色防控技术措施也不同，并进一步导致猕猴桃绿色防控技术投资成本的差异。例如，蔬菜以大棚种植为主，虫害较重、病害较轻，食心虫以及小菜蛾、甜菜叶蛾等鳞翅目昆虫是威胁蔬菜种植的主要病虫害，因此防虫网、性诱剂、粘虫板在蔬菜中的应用比例较高。而猕猴桃以大田种植为主，病害较重、虫害较轻，食心虫以及鳞翅目昆虫的发生概率较低，因此防虫网、性诱剂、粘虫板在猕猴桃中的应用比例较低，不具备大规模推广价值。那么，适用于猕猴桃的绿色防控技术措施主要包括哪些？其投资成本如何？通过走访和咨询西北农林科技大学眉县猕猴桃试验站的相关园艺学专家与植保学专家、眉县和周至县农业局、眉县果业技术推广中心、齐峰果业公司、金桥果业合作社、周一有机猕猴桃专业合作社的相关技术人员与管理人员，掌握了猕猴桃绿色防控技术包中各项子技术的投资成本，具体情况如下：

（1）生物防治技术投资成本。①人工释放天敌技术投资成本。2016年，1袋装有捕食螨的生物诱虫袋的成本为1~1.5元，每棵猕猴桃果树挂1袋，1袋生物诱虫袋的使用期限为1年，按照猕猴桃果园的平均栽植密度100棵/亩（一般为80~120棵/亩），1亩地每年需要投资100~150元。生物诱虫袋的使用方法较为简单，果农只需将生物诱虫袋挂在猕猴桃树上即可，不仅不增加人工成本，而且十分省工。因此，人工释放天敌技术的投资成本仅包括生物诱虫袋购置成本100~150元/亩·年，而不包含人工成本。②果园生草技术投资成本。目前调研地区猕猴桃果园的适宜生草草种主要为毛苕子和三叶草。以毛苕子为例（三叶草和毛苕子的价格十分接近），2016年毛苕子的草种成本约为8元/斤，1亩地需要8斤毛苕子草种，折合草种成本为64元/亩。种草和锄草需要耗费人力，用工折算约为4小时/亩·年，按照2016年陕西省猕猴桃种植业的平均人工成本（又称为劳动用工成本）80~100元/天计算（每个工折算为8小时），人工成本折算为40~50元/亩·年，果园生草技术的投资成本为104~114元/亩·年（草种成本+人工成本）。③生物农药技术投资成本。通过咨询相关领域专家并结合农户实地调查，获知生物农药涵盖范围较广，其中普通生物农药（如春雷霉素、BT菌、枯草芽孢杆菌、乳酸菌、大蒜素等）的使用成本亩均高出化学农药使用成本 60~100 元，而生物农药中的有机农药（如苦参碱）使用成本是化学农药使用成本的 2~3 倍。由于本书主要关注普适性强的猕猴桃绿色防控技术，而非局限于有机猕猴桃绿色防控技术，因此将生物农药技术引致的新增成本估算为 60~100 元/亩·年。生物农药与化学农药的使用方法接近，较少导致人工成本的变化，因此生物农药技术的投资成本仅包括生物农药购置成本，而不包含人工成本。综上所述，生物防治技术的总投资成本①约为 264~364 元/亩·年。

（2）物理防治技术投资成本。目前适用于猕猴桃的物理防治技术主要为太阳能杀虫灯。一台太阳能杀虫灯的购置成本一般在 3000 元左右，杀虫灯实际平均使用寿命为 5 年左右②，一台杀虫灯的辐射面积约为 20~30 亩，折合成本为 20~30 元/亩·年。太阳能杀虫灯的使用方法较为简单，果农只需将杀虫灯安装在果园即可，且无须通电，十分省工，因此杀虫灯技术的投资成本仅包括设备购置成本，而不包含人工成本。综上所述，物理防治技术的投资成本约为 20~30 元/亩·年。

（3）科学用药技术投资成本。①优化农药品种组合技术投资成本。该技术主要强调对环保型化学农药的合理选用。通过咨询农资经销商，获知环保型化学农药的价格与普通化学农药的价格相差不大，即该技术的使用不会给果农带来新增成本。由于本书重点关注果农因采纳猕猴桃绿色防控技术所引致的新增成本，因此在核算猕猴桃绿色防控技术的投资成本时，未考虑该子技术的投资成本。②植物免疫诱导技术投资成本。目前适用于猕猴桃的植物免疫诱抗剂主要包括氨基寡糖素、赤吲哚、芸苔素等。果农需要在猕猴桃整个生育期内使用 3 次植物免疫诱抗剂。但鉴于目前植物免疫诱抗剂主要用于试验田，尚未进入大规模推广阶段，因此本书在核算猕猴桃绿色防控技术的投资成本时，未考虑该子技术的投资成本。③高效植保施药器械投资成本。目前适用于猕猴桃的高效植保施药器械主要包括电动喷雾器和机动喷雾器。

① 生物防治技术总投资成本=人工释放天敌技术投资成本+果园生草技术投资成本+生物农药技术投资成本。

② 理论上太阳能杀虫灯的使用寿命为 8~10 年，但实地调查发现，由于太阳能杀虫灯长期处于露天环境，且缺乏有效维护，导致其实际平均使用寿命一般为 5 年左右。

通过咨询农资经销商，了解到目前电动喷雾器的购置成本相对较低，一般为200~300元/台，具有省药省水省工的特点，实际使用寿命一般为3~5年。假定每户使用一台电动喷雾器，按照调研区域果农户均5亩种植规模计算，电动喷雾器的平均投资成本约为8~20元/亩·年；机动喷雾器的购置成本相对较高，一般为3000~4000元/台，具有施药效率高、施药范围广的特点，但其使用寿命相对较长，在维护良好的情况下平均可使用8~10年左右。假定每户拥有一台机动喷雾器，按照调研区域果农户均5亩种植规模计算，机动喷雾器的平均投资成本为60~100元/亩·年。通过与果农交流，了解到使用电动喷雾器和机动喷雾器不仅不会增加人工成本，反而会节约人工成本，因此本书在核算高效植保施药器械的投资成本时，仅考虑设备购置成本，而未考虑人工成本。经过加总，果农使用高效植保施药器械的平均投资成本约为68~120元/亩·年。综上所述，科学用药技术的总投资成本约为68~120元/亩·年。

（4）农业防治技术投资成本。作为绿色防控技术的基础性技术以及样本户采纳比例（在603户样本户中，94.36%的样本户采纳农业防治技术）最高的技术，农业防治技术的应用几乎不会给果农带来新增投资成本。因此，本书在核算猕猴桃绿色防控技术的投资成本时，未考虑农业防治技术的投资成本。

经过核算，果农采纳全套猕猴桃绿色防控技术的总投资成本①约为352~514元/亩·年。

二、质量安全追溯体系参与的投资成本核算

对果农而言，猕猴桃质量安全追溯体系是一项全新的猕猴桃质量安全管理技术。果农不仅需要严格按照猕猴桃质量安全追溯体系规定的技术标准进行生产操作，而且必须如实填写果园生产管理档案，生产过程的精细化和规范化操作必然导致果农生产成本发生变化（王慧敏等，2011）。那么，果农参

① 果农采纳全套猕猴桃绿色防控技术的总投资成本=生物防治技术投资成本+物理防治技术投资成本+科学用药技术投资成本+农业防治技术投资成本。

与猕猴桃质量安全追溯体系所引致的新增成本为多少？已有研究较多关注了企业实施食品质量安全追溯管理的成本（陈红华等，2016），但较少关注农户参与食品质量安全追溯体系的成本。王慧敏等（2011）基于对北京市蔬菜种植户的调查指出，农户参与蔬菜质量安全追溯体系将导致人工成本、种苗成本、肥料施用成本和农药施用成本发生变化，但未能对农户参与追溯体系的具体成本予以量化；李凯（2015）对浙江省蔬菜种植户参与蔬菜质量安全追溯体系的成本予以了量化，指出农户参与蔬菜质量安全追溯体系的主要成本为记录生产档案所耗费的人工成本，农户记录一份生产档案需要耗费 25 分钟/亩·天，按照浙江省 2013 年 65 元/天的人工成本和每年 10 个月的蔬菜种植时间计算，蔬菜种植户记录生产档案所耗费的人工成本折算为 800~1000 元/亩·年。

通过走访和咨询参与猕猴桃质量安全追溯体系的猕猴桃专业合作社、猕猴桃企业和猕猴桃种植户，了解到果农参与猕猴桃质量安全追溯体系的主要成本为记录果园生产管理档案所耗费的人工成本，与李凯（2015）研究结论一致，因此本书在核算果农参与猕猴桃质量安全追溯体系的投资成本时，主要核算了果农记录果园生产管理档案所耗费的人工成本。但需要注意的是，与蔬菜相比，猕猴桃的费工程度相对较低。实地调研发现，果农记录一份果园生产管理档案的时间约为 30 分钟/亩·天。若果农严格按照追溯体系规定的技术标准进行生产操作，则全年需要投入 27~30 个工（每个工折算为 8 小时），全年记录果园生产管理档案的总时间约为 810~900 分钟/亩·年。按照 2016 年陕西省猕猴桃种植业的平均人工成本 80~100 元/天计算，果农记录果园生产管理档案所耗费的人工成本折算约为 135~188 元/亩·年，这可以视为是果农参与猕猴桃质量安全追溯体系的总投资成本。

综上所述，果农采纳全套猕猴桃质量安全控制技术的总投资成本①约为 487~702 元/亩·年，取整为 500~700 元/亩·年。可见，猕猴桃质量安全控制技术的推广面临着较高的技术投资成本门槛，这可能是导致样本户采纳猕

① 果农采纳全套猕猴桃质量安全控制技术的总投资成本=果农采纳全套猕猴桃绿色防控技术的总投资成本+果农参与猕猴桃质量安全追溯体系的总投资成本。

猴桃绿色防控技术整体比例较低和参与猕猴桃质量安全追溯体系比例较低的深层次原因。

第二节　质量安全控制技术采纳的预期收益分析

理论上，果农采纳猕猴桃质量安全控制技术的预期收益应包括三部分，即经济收益、社会收益和环境收益。其中，经济收益是指果农因采纳猕猴桃质量安全控制技术所获得的经济收入；社会收益是指果农因猕猴桃质量安全控制技术给消费者带来的好处，由于应用猕猴桃质量安全控制技术有利于降低农药和氯吡脲在猕猴桃体内的残留量，因此有利于维护消费者健康；环境收益是指果农因采纳猕猴桃质量安全控制技术所带来的环境改善收益，由于应用猕猴桃质量安全控制技术有利于降低农药和氯吡脲在土壤、地下水和大气等环境中的残留量，因此有利于减少农业面源污染和改善农业生态环境。其中，果农最关心的是：采纳猕猴桃质量安全控制技术能否增进其经济收益？按照经济收益内容的差异，可以将果农采纳猕猴桃质量安全控制技术的预期经济收益分为预期市场收益和政府补贴两部分。其中，市场收益反映了果农采纳新技术所能获得的“市场补偿”额度，而政府补贴反映了果农采纳新技术所能获得的“政府补偿”额度。“政府补偿”是对“市场补偿”的必要补充，其原因在于：在没有政府补贴的条件下，果农采纳猕猴桃质量安全控制技术的私人收益（主要为市场收益）通常小于其社会收益（市场收益+社会收益+环境收益），此时新技术的应用存在明显的收益正外部性，进一步导致果农对新技术的有效需求下降，进而限制了新技术实际推广规模的扩大。因此，为调动果农采纳新技术的积极性，政府应给予果农一定的补贴额度。政府补贴可以视为是政府对果农因采纳新技术所产生的社会收益和环境收益的一种经济补偿。下面分别对果农采纳猕猴桃质量安全控制技术的预期市场收益和政府补贴情况进行分析。

一、质量安全控制技术采纳的预期市场收益分析

一般而言，农户采纳农业新技术的市场收益主要包括两部分：农作物产

量增加收益（增产收益）和农产品价格增加收益（溢价收益）。

首先，从果农采纳猕猴桃绿色防控技术的市场收益来看，尽管已有研究结果表明，绿色防控技术具有明显的农作物增产收益（管荣，2009；Muriithi等，2016），但其增产收益主要是通过防控农作物病虫害实现的，同时绿色防控技术在应用初期还有可能导致农作物产量波动（李凯，2015），因此绿色防控技术的增产收益不是吸引果农的最主要市场收益，果农完全可以通过采用有机肥技术、良种技术等实现猕猴桃增产目的。果农更关心的是采纳绿色防控技术所能获得的溢价收益，即应用绿色防控技术的猕猴桃价格是否明显高于未应用绿色防控技术的猕猴桃价格。从实地调查情况来看，目前我国猕猴桃优质优价的市场甄别机制尚未完全形成，生产者与消费者之间存在严重的信息不对称问题，消费者很难从外观上判断市场上销售的猕猴桃是否应用了绿色防控技术，这就导致应用绿色防控技术的猕猴桃市场价格与未应用绿色防控技术的猕猴桃市场价格差别不大，进而抑制了果农采纳猕猴桃绿色防控技术的积极性。

其次，从果农参与猕猴桃质量安全追溯体系的市场收益来看，食品质量安全追溯体系对农作物产量的影响不大，但作为一种质量安全信号，其对农产品价格有一定影响（王慧敏等，2011；陈红华等，2016）。实地调查发现，目前可追溯猕猴桃的市场价格普遍高于不可追溯猕猴桃的市场价格，但这种溢价主要来源于猕猴桃质量认证和猕猴桃品牌价值，因此不同质量认证等级和不同品牌的可追溯猕猴桃价格差别很大。其中，有机可追溯猕猴桃的市场价格平均超出普通猕猴桃市场价格50%左右，一些知名品牌的有机可追溯猕猴桃市场价格甚至超出普通猕猴桃市场价格1倍以上；绿色可追溯猕猴桃的市场价格平均超出普通猕猴桃市场价格10%~20%；无公害可追溯猕猴桃的市场价格平均超出普通猕猴桃市场价格5%。那么，可追溯猕猴桃的溢价收益是否足以弥补果农采纳全套猕猴桃质量安全控制技术的总投资成本呢？通过咨询相关专家及部分猕猴桃种植经验丰富的果农，了解到近年来陕西省猕猴桃的平均生产成本约为6000元/亩·年①。按照这一标准计算，有机可追溯猕猴桃的平均溢价收益约为3000~6000元/亩·年②，足以弥补果农采纳全套猕猴桃质量安全控制技术的总投资成本；绿色可追溯猕猴桃的平均溢价收益约为600~1200元/亩·年，几乎可以完全弥补果农采纳全套猕猴桃质量安全控制技术的总投资成本。然而，无公害可追溯猕猴桃的平均溢价收益仅为300元/亩·年，远低于果农采纳全套猕猴桃质量安全控制技术的总投资成本。由于现阶段条件下我国人均收入水平远低于欧美发达国家，因此国内消费者对有机可追溯猕猴桃和绿色可追溯猕猴桃的需求相对有限，并进一步导致其供给的有限性③，这使目前国内市场上销售的绝大多数可追溯猕猴桃主要为无公害可追溯猕猴桃，其市场价格平均仅超出普通猕猴桃市场价格5%左右，无法弥补果农采纳全套猕猴桃质量安全控制技术的总投资成本。此外，实地调查发现可追溯猕猴桃的溢价收益能否顺利实现与销售渠道密切相关。其中，通过超市、互联网等现代渠道销售的可追溯猕猴桃大多能够获得溢价收益，而通过果商、农贸市场、批发市场等传统渠道销售的可追溯猕猴桃则很难获得溢价收益。在目前我国猕猴桃销售仍以传统销售渠道为主的现实背景下，无公害可追溯猕猴桃的溢价收益很难实现，进而降低了果农采纳猕猴桃质量安全控制技术的积极性。

综上所述，仅依靠“市场补偿”方式难以弥补果农采纳全套猕猴桃质量安全控制技术的总投资成本，进而抑制了果农对新技术的采纳，因此亟待通过“政府补偿”方式弥补果农新技术投资成本，进而提升果农采纳新技术的积极性。

---

① 6000元/亩·年的猕猴桃平均生产成本中不仅包括农药、肥料等常规生产成本，而且还包含了农户自有劳动力人工成本3000元/亩·年。如果不考虑农户自有劳动力人工成本，则猕猴桃平均生产成本为3000元/亩·年。

② 有机可追溯猕猴桃的平均溢价收益=猕猴桃平均生产成本（6000元/亩·年）×有机可追溯猕猴桃的平均溢价幅度（50%~100%）。绿色可追溯猕猴桃和无公害可追溯猕猴桃的平均溢价收益计算方式同上。本书以猕猴桃平均生产成本作为计算可追溯猕猴桃平均溢价收益基础的主要依据是：不同品种猕猴桃的市场价格差异和产量差异都很大，进而导致不同品种猕猴桃的亩均猕猴桃销售收入差异较大。然而，不同品种猕猴桃的生产成本构成几乎一致，具有相对稳定性，因此以生产成本作为平均溢价收益计算基础更加可靠。

③ 目前周至县和眉县的有机猕猴桃种植面积占两县猕猴桃种植总面积的比例低于5%，绿色猕猴桃种植面积占两县猕猴桃种植总面积的比例低于20%。

二、质量安全控制技术采纳的政府补贴标准探析

政府补贴是“政府补偿”的最主要方式。在农业技术推广过程中，政府补贴政策扮演着重要角色。特别是在农业技术推广初期，新技术投资成本普遍较高，技术采纳收益常常具有不确定性，因而阻碍了农户对新技术的采纳，而政府补贴不仅有利于降低农户新技术投资成本，克服农户对新技术采纳收益不确定性的担忧，而且具有以小博大的精神激励作用（乔金杰等，2014；Chatzimichael 等，2014）。因此，为调动果农采纳全套猕猴桃质量安全控制技术的积极性，应给予果农一定的政府补贴额度。

那么，猕猴桃质量安全控制技术的现行补贴政策如何？由于目前猕猴桃绿色防控技术与猕猴桃质量安全追溯体系尚未实现有效融合与统一推广，因此两项新技术的现行补贴政策存在明显差异。

在猕猴桃绿色防控技术推广补贴政策方面，目前政府主要采用实物补贴方式鼓励果农采纳猕猴桃绿色防控技术。例如，周至县和眉县政府通过向果农免费发放生物诱虫袋和三叶草、毛苕子等方式鼓励果农采纳生物防治技术；通过在果农地头免费安装太阳能杀虫灯等方式鼓励果农采纳物理防治技术。尽管实物补贴方式在促进猕猴桃绿色防控技术推广方面起到了重要作用，但这种补贴方式存在以下弊端：①实物补贴发放范围有限。实地调查发现，一般只有示范村或示范基地的果农才有机会领取到实物补贴，而示范村或示范基地以外的果农则大多没有机会领取到实物补贴。实物补贴领取机会的不均等限制了猕猴桃绿色防控技术推广规模的扩大。②实物补贴方式面临后期维护难题。以太阳能杀虫灯为例，实地调查发现，目前地方政府免费安装的太阳能杀虫灯普遍面临后期维护难题。由于果农不需要投入任何成本，因此果农大多认为政府安装的杀虫灯与自己无关，不仅普遍缺乏维护杀虫灯的积极性，而且还出现了人为损坏杀虫灯的现象，导致部分杀虫灯仅仅使用不到 3 年，甚至是 1 年，就已经发生了故障，严重影响其杀虫功效。③实物补贴方式容易导致资源浪费。仍以太阳能杀虫灯为例，实地调查发现，目前地方政府统一购置的太阳能杀虫灯价格在 3000 元/台左右，普遍高于市场上销售的同类型太阳能杀虫灯价格（一般在 2000~2500 元）。可见，目前这种以实物

补贴方式为主的猕猴桃绿色防控技术推广补贴政策具有不可持续性，必须探索新的补贴方式。与实物补贴方式相比，现金补贴（又称为货币补贴）方式具有覆盖面广、农民受惠力度大、操作简便等优点，有利于减少实物补贴发放过程中的漏洞（程国强，2011）。因此，在猕猴桃绿色防控技术推广初期，应引入现金补贴方式。

在猕猴桃质量安全追溯体系建设补贴政策方面，目前政府主要通过向猕猴桃专业合作社和猕猴桃企业发放追溯设备的方式鼓励龙头企业/合作社加入猕猴桃质量安全追溯体系，其实质仍是一种实物补贴方式，但尚未出台面向农户的相关补贴政策。作为猕猴桃质量安全可追溯管理的源头，果农是否愿意参与猕猴桃质量安全追溯体系直接关系到追溯体系的覆盖范围。对果农而言，参与追溯体系不仅意味着果农需要投入一定的人工成本，而且意味着责任增加和风险提升。这种风险主要表现在：一旦将来发生猕猴桃质量安全问题，追溯体系将追溯到发生质量安全问题的具体环节与具体责任人，届时果农不仅可能面临巨大的赔偿责任，而且可能由于信誉损失严重影响自家猕猴桃的销售前景。因此在猕猴桃质量安全追溯体系建设初期，为克服果农对参与追溯体系收益不确定性的担忧，应给予果农一定的政府补贴。

由于本书的研究重点是果农对全套猕猴桃质量安全控制技术的采纳意愿，因此，在确定政府补贴标准时，首先应将猕猴桃绿色防控技术和猕猴桃质量安全追溯体系进行有效融合与统一推广，即将上述两项新技术整合为一个完整技术包。在此基础上，探讨合理的猕猴桃质量安全控制技术推广补贴标准。

根据前文分析，果农采纳全套猕猴桃质量安全控制技术的总投资成本约为500~700元/亩·年，平均“市场补偿”额度约为300元/亩·年，因此理论上果农采纳全套猕猴桃质量安全控制技术的“政府补偿”额度应为200~400元/亩·年，这是厘定猕猴桃质量安全控制技术推广补贴标准的基础。然而，政府补贴政策的主要目的是调动果农采纳新技术的积极性，因此在确定具体的猕猴桃质量安全控制技术推广补贴标准时，还必须考虑果农的受偿意愿。

第三节　质量安全控制技术采纳意愿的理论分析

与以往研究关注农户对现有技术的采纳意愿不同，本书重点关注果农对全套猕猴桃质量安全控制技术的采纳意愿，这是一个包含猕猴桃绿色防控技术和猕猴桃质量安全追溯体系两项子技术在内的完整技术包，但这一技术组合在现实中并不存在，其实质为假想市场中的技术组合。针对这一特点，本书拟采用条件估值法揭示果农对全套猕猴桃质量安全控制技术的采纳意愿。

条件估值法（CVM 法）是一种在假想市场条件下对生态环境服务价值或者是对非市场交易商品/服务价值进行评估的方法。作为典型的陈述偏好价值评估方法，CVM 法主要基于效用最大化原理，利用问卷调查方法，通过构建假想市场揭示受访者对生态环境服务或非市场交易商品/服务的偏好。CVM 法既可以用于测定受访者对改善生态环境或者是拥有一定数量的非市场交易商品/服务的最大支付意愿（WTP），也可以用于测定受访者对积极从事环境保护行为造成的利益损失或者是放弃拥有/使用一定数量的非市场交易商品/服务的最小受偿意愿（WTA）（马文博等，2010；左喆瑜，2016；全世文等，2017）。

根据前文分析，市场收益不足以弥补果农采纳全套猕猴桃质量安全控制技术的总投资成本，亟待运用政府补贴政策调动果农采纳新技术的积极性，因此本书的研究重点是：在政府发放猕猴桃质量安全控制技术推广补贴的假设情境下，果农对全套猕猴桃质量安全控制技术的采纳意愿的实质为果农的最小受偿意愿（WTA），即果农愿意采纳全套猕猴桃质量安全控制技术的最低补偿要求（最低政府补贴额度）。

为深入研究果农受偿意愿，本书拟构建以下理论模型。假定果农面临两套技术：一套技术是传统猕猴桃生产与管理技术（以化学农药防治技术和膨大剂使用技术为核心），另一套技术是新型猕猴桃质量安全控制技术（以猕猴桃绿色防控技术和猕猴桃质量安全追溯体系为核心）。假定果农对上述两套技术不存在特殊偏好，并且果农效用函数形式不受其技术选择类型的影响。因此，为了简化分析，本书假定果农效用函数采用线性函数形式，其表达式如下：

$$U_{Y=0}=(C_0,\ R_0,\ X,\ \mu_0)=\alpha_0+\beta_0 C_0+\gamma_0 R_0+\theta_0 X+\mu_0 \tag{4-1}$$

$$U_{Y=1}=(C_1,\ R_1,\ X,\ \mu_1)=\alpha_1+\beta_1C_1+\gamma_1R_1+\theta_1X+\mu_1 \tag{4-2}$$

$$C_1=C_0+\bar{C} \tag{4-3}$$

$$R_1=R_0+M+S \tag{4-4}$$

式中，Y 代表果农技术采纳意愿，$Y=1$ 表示果农愿意采纳全套猕猴桃质量安全控制技术，$Y=0$ 表示果农不愿意采纳这套新技术。相对应地，$U_{Y=1}$ 表示采纳猕猴桃质量安全控制技术带给果农的效用，$U_{Y=0}$ 表示采纳传统猕猴桃生产与管理技术带给果农的效用。果农的效用函数主要受成本、收益、控制变量和随机因素的影响。其中，C_0 表示果农采纳传统猕猴桃生产与管理技术时的成本支出，C_1 表示果农采纳猕猴桃质量安全控制技术时的成本支出。由于采纳猕猴桃质量安全控制技术将导致果农投资成本增加，因此 C_1 包括两部分，即 C_0 和果农因采纳猕猴桃质量安全控制技术所新增的投资成本 $\bar{C}$。R_0 表示果农采纳传统猕猴桃生产与管理技术时的经济收益，R_1 表示果农采纳猕猴桃质量安全控制技术时的经济收益。R_1 由三部分构成，即 R_0、果农因采纳猕猴桃质量安全控制技术所获得的新增市场收益 M（"市场补偿"额度）、果农因采纳猕猴桃质量安全控制技术所获得的政府补贴 S（"政府补偿"额度）。X 表示除成本、收益外其他影响果农技术选择行为的控制变量。μ_0、μ_1 为随机误差项。

对果农而言，传统猕猴桃生产与管理技术的成本和收益是确知的，即 C_0 和 R_0 均为既定常数。同时，根据前文分析，果农采纳全套猕猴桃质量安全控制技术的总投资成本约为 500～700 元/亩·年，平均市场收益约为 300 元/亩·年，因此，可将 $\bar{C}$ 和 M 视为既定常数，则 $\bar{C}$ 也为常数。

令 $A_0=\alpha_0+\beta_0C_0+\gamma_0R_0$，$B_0=\alpha_1+\beta_1C_1+\gamma_1R_0+\gamma_1M$，则式（4-1）和式（4-2）可以整理为：

$$U_{Y=0}=(C_0,\ R_0,\ X,\ \mu_0)=A_0+\theta_0X+\mu_0 \tag{4-5}$$

$$U_{Y=1}=(C_1,\ R_1,\ X,\ \mu_1)=B_0+\gamma_1S+\theta_1X+\mu_1 \tag{4-6}$$

根据新古典农户技术选择理论，当且仅当果农采纳全套猕猴桃质量安全控制技术的效用大于或等于采纳传统猕猴桃生产与管理技术的效用（$U_{Y=1}\geq U_{Y=0}$）时，果农才愿意采纳这套新技术。据此，得出果农愿意采纳全套猕猴桃质量安全控制技术的概率方程：

$$P(Y=1)= P(U_{Y=1} \geqslant U_{Y=0})= P\{(\mu_1 - \mu_0) \geqslant -[(B_0 - A_0) + (\theta_1 - \theta_0)X + \gamma_1 S]\} \tag{4-7}$$

为保证果农采纳猕猴桃质量控制技术前后的效用无差异，有必要对“市场补偿”不足的部分予以“政府补偿”。猕猴桃质量安全控制技术推广补贴是政府对农户因采纳猕猴桃质量安全控制技术所造成的效用变化部分的货币补偿（刘军弟等，2012）。理论上，等式 $U_{Y=1} = U_{Y=0}$ 对应的政府补贴额即为果农愿意采纳全套猕猴桃质量安全控制技术的临界补贴额 $E(S)$ ，其实质为果农愿意采纳全套猕猴桃质量安全控制技术的最小受偿金额（WTA）。数量上，$E(S) = WTA$ 。根据上述定义，将等式 $U_{Y=1} = U_{Y=0}$ 两边同时取期望值，得到：

$$E(B_0 + \gamma_1 S + \theta_1 X + \mu_1) = E(A_0 + \theta_0 X + \mu_0) \tag{4-8}$$

假定 $E(\mu_1) = E(\mu_0) = 0$，将上式整理后得出临界补贴额 $E(S)$ 的计算公式：

$$E(S) = -\frac{(B_0 - A_0) + (\theta_1 - \theta_0)E(X)}{\gamma_1} \tag{4-9}$$

综上所述，理论上果农采纳全套猕猴桃质量安全控制技术的政府补贴标准应为保证果农采纳猕猴桃质量控制技术前后效用无差异的最低补偿要求。为进一步厘定合理的猕猴桃质量安全控制技术推广补贴标准，本书将利用农户问卷调查数据进行实证分析。

第四节　质量安全控制技术采纳意愿的模型构建

如前所述，本书旨在研究果农对假想市场中的技术组合的采纳意愿，因此拟运用条件估值法（CVM 法）测算果农采纳全套猕猴桃质量安全控制技术的最小受偿意愿和最小受偿金额。在此基础上，运用 Heckman 样本选择模型实证分析果农采纳全套猕猴桃质量安全控制技术受偿意愿和受偿金额的影响因素。

一、条件估值法

应用条件估值法的关键在于数据引导技术，即如何通过合理的问卷设计准确揭示受访者的真实支付意愿或受偿意愿。基于研究者在调查问卷设计过程中所使用的数据引导技术差异，可以将 CVM 法分为重复投标博弈法、开放式问卷法、支付卡法和二分选择法。①重复投标博弈法。该方法是指由调查员首先给出受访者一个初始投标值，再不断提高投标值或降低投标值，直到引导出受访者愿意接受的最大支付意愿金额或最小受偿意愿金额。②开放式问卷法。该方法是指由调查员直接询问受访者的最大支付意愿金额或最小受偿意愿金额。③支付卡法。支付卡法是指由受访者从一组给定的投标值中选择自己的最大支付意愿金额或最小受偿意愿金额。④二分选择法。二分选择法顾名思义主要采用“二分式选择”问卷格式，即由受访者根据问卷中给定的投标值选择回答“是”或“否”，再由研究者根据受访者回答“是”或“否”的概率与投标值之间的关系，通过统计推断得出受访者的平均支付意愿或受偿意愿。已有研究表明，开放式问卷法的主要问题在于：该方法需要建立在受访者对非市场物品或服务的价值能够充分了解的基础上，否则可能会出现受访者由于缺乏了解而无法给出最大支付意愿金额或最小受偿意愿金额的现象；支付卡法的主要问题在于：受访者的回答容易受到支付卡中数据范围的影响，并且受访者常常偏好居中的投标值；二分选择法的主要问题在于：该方法不仅需要大量的样本，而且需要使用十分复杂的统计方法（唐学玉等，2012；左喆瑜，2016）。为避免以上三类方法的局限性，本书拟采用重复投标博弈法获取受访果农采纳全套猕猴桃质量安全控制技术的最小受偿意愿和最小受偿金额数据。

应用重复投标博弈法的关键在于设定初始投标值和设定假想市场。①设定初始投标值。设定初始投标值既要结合理论，也要结合实际。在理论层面，根据前文分析，果农采纳全套猕猴桃质量安全控制技术的总投资成本约为 500~700 元/亩·年，平均“市场补偿”额度约为 300 元/亩·年，因此，相应的“政府补偿”额度应为 200~400 元/亩·年。理论上，政府补贴标准应等于“政府补偿”额度，但实际的政府补贴标准可能会高于或低于理论“政府补偿”额度。在实际层面，已有研究表明，通过预调查方式确定 CVM 调查问卷中的初始投标值，可以有效避免“投标起点偏差”现象（左喆瑜，2016）。因此，课题组于 2016 年 5 月在陕西省周至县和眉县进行了一次预调查，调查对象为 100 户猕猴桃种植户。根据预调查结果，本书将重复博弈投标法下的初始投标值（即初始政府补贴额度）设定为 400 元/亩·年。②设定假想市场。CVM 法应用的前提是受访者对假想市场能够充分理解。因此，在正式调查以前，首先由调查员向受访果农介绍猕猴桃质量安全控制技术的背景知识、成本构成情况以及预期市场收益情况。介绍内容具体如下：为解决日趋严重的猕猴桃质量安全问题，目前政府正大力推广猕猴桃绿色防控技术和建设猕猴桃质量安全追溯体系。其中，猕猴桃绿色防控技术运用生物防治、物理防治、农业防治和科学用药等多项技术措施实现对猕猴桃病虫害的综合防控，进而降低果农对化学农药的依赖性，提高果农农药利用效率，最终实现减少果农农药使用量和保障猕猴桃质量安全的目的；猕猴桃质量安全追溯体系要求果农严格按照追溯体系规定的技术标准进行生产操作，并如实记录果园生产管理档案，进而减少和规范果农对农药和膨大剂的使用以保障猕猴桃质量安全。上述两项新技术统称为猕猴桃质量安全控制技术。经过专家核算，果农采纳全套猕猴桃质量安全控制技术的总投资成本（含设备购置成本+人工成本）大约在500~700元/亩·年。此外，由于可追溯猕猴桃的市场价格高于普通猕猴桃价格，因此果农在采纳这套新技术以后，平均每年每亩地可以获得至少300元的额外市场收益。

在此基础上向受访果农设定以下情境："假设政府为激励果农采纳全套猕猴桃质量安全控制技术，拟向果农发放一定的猕猴桃质量安全控制技术推广补贴作为回报。请问在政府发放补贴的情况下，您是否愿意采纳这套新技术？"如果受访果农回答"不愿意"或拒绝回答，则请果农解释原因。反之，如果受访果农回答"愿意"，继续向果农提问与政府补贴标准有关的问题："如果政府将猕猴桃质量安全控制技术推广补贴标准设定为400元/亩·年，您愿意采纳这套新技术吗？"如果受访果农回答"愿意"，则由调查员继续降低投标值（每次投标值降低100元/亩·年），直到果农表示不愿接受为止，由此确定果农的最小受偿金额。如果受访果农在100元/亩·年的政府补贴标准下仍然愿意采纳这套新技术，则直接询问果农能够接受的最低政府补贴额度是多少。反之，如果受访果农回答"不愿意"，则由调查员继续提高投标值（每次投标值提高100元/亩·年），直到引导出果农愿意接受的最小受偿金额。由于700元/亩·年是果农采纳全套猕猴桃质量安全控制技术的总投资成本上限，因此如果受访果农在700元/亩·年的政府补贴标准下仍然不愿意采纳这套新技术，则直接询问果农能够接受的最低政府补贴额度是多少。

二、Heckman 样本选择模型构建与变量选取

（一）Heckman 样本选择模型构建

事实上，受访果农是否愿意采纳全套猕猴桃质量安全控制技术的决策包括两个阶段的子决策：①果农参与补偿决策，即果农在有补偿的前提下是否愿意接受研究者提供的假想市场中的技术组合？或者说，果农是否愿意在政府发放补贴条件下采纳全套猕猴桃质量安全控制技术？②果农受偿金额决策，即果农决定为假想市场中的技术组合接受多少补偿金额？或者说，果农愿意采纳全套猕猴桃质量安全控制技术的最小补偿额度（最低政府补贴额度）是多少？显然，果农的参与补偿决策和受偿金额决策是两个有先后顺序的决策过程，即果农首先决定是否愿意接受补偿，再决定愿意接受的最小补偿金额。对于没有受偿意愿的果农，无法观察到其受偿金额。如果将没有受偿意愿的果农排除在外，仅选择那些有受偿意愿的果农作为样本，将导致严重的样本选择偏差问题。考虑到 Heckman 样本选择模型在处理样本选择偏差方面所具有的优势（陈强，2013），本书拟采用 Heckman 两阶段估计方法实证分析影响果农采纳全套猕猴桃质量安全控制技术受偿意愿与受偿金额的因素。

在第一阶段，建立选择方程，用于考察影响果农采纳全套猕猴桃质量安全控制技术受偿意愿的因素。模型表达式如下：

$$D_i^* = Z_i'\alpha + \varepsilon_i \tag{4-10}$$

式中，D 代表果农采纳全套猕猴桃质量安全控制技术的受偿意愿，是典型的二分类变量。其中，$D=1$ 代表果农愿意在政府发放补贴条件下采纳全套猕猴桃质量安全控制技术；$D=0$ 代表果农没有受偿意愿，这意味着即使政府发放补贴，果农也不愿意采纳这套新技术。D_i^* 是果农受偿意愿的潜变量，难以被直接观测。Z 和 α 分别代表影响果农受偿意愿的解释变量矩阵及其影响系数，ε 为选择方程的随机扰动项。

在第二阶段，建立主回归方程，用于考察影响果农采纳全套猕猴桃质量安全控制技术受偿金额的因素。模型表达式如下：

$$Y_i^* = X_i'\beta + \mu_i;\ Y_i \geqslant 0 \tag{4-11}$$

式中，Y_i 代表果农实际回答的受偿金额（WTA 金额），即果农愿意采纳全套猕猴桃质量安全控制技术的最低政府补贴额度，是典型的连续型变量。Y_i^* 是果农受偿金额的潜变量，其反映了果农心目中的 WTA 金额。X 和 β 分别代表影响果农受偿金额的解释变量矩阵及其影响系数，μ 为主回归方程的随机扰动项。

为了纠正样本选择偏差，需要将第一阶段回归得到的逆米尔斯比率加入到第二阶段的主回归方程中。如果逆米尔斯比率通过显著性检验，说明模型存在样本选择偏差问题，此时使用 Heckman 样本选择模型可以得到一致估计（何可等，2014）。

估计 $D=1$ 时，向量 X 决定 Y 的条件期望值为：

$$E(Y_i \mid D=1;\ X_i)=X_i'\beta+\rho\sigma_{\varepsilon}\sigma_{\mu}\lambda_i \tag{4-12}$$

式中，λ 代表逆米尔斯比率，ρ 代表两方程随机扰动项方差 σ_{ε} 与 σ_{μ} 之间的相关系数（何可等，2014）。

（二）变量选取

在解释变量选取方面，本书借鉴已有的关于农户技术采纳意愿的研究成果，结合实地调研情况，假定果农采纳全套猕猴桃质量安全控制技术的受偿意愿和受偿金额受到以下五大类解释变量的影响，即户主特征、家庭特征、果农心理认知特征、猕猴桃生产销售特征、外部社会经济环境。需要指出的是，Heckman 样本选择模型在选取解释变量时，选择方程的解释变量个数必须大于主回归方程的解释变量个数。多出的解释变量会影响选择方程的回归结果，但不会影响主回归方程的回归结果（张怡等，2015）。在借鉴已有研究基础上，本书选取“果园是否有租赁地”作为工具变量，假定其会影响果农受偿意愿，但对果农受偿金额没有偏效应。各变量定义、赋值及统计性描述如表 4-1 所示。

（1）户主特征。①户主年龄。随着户主年龄增大，不仅体力与精力下降，而且不太容易接受新生事物，其采纳新技术的意愿可能越来越弱。与此同时，年龄越大的户主通常具有更强的风险规避倾向，其对政府补贴的期望值可能更高。因此，本书假定户主年龄对果农受偿意愿有负向影响，但对其受偿金额有正向影响。②户主文化程度。户主文化程度越高，其学习和掌握新技术的能力越强，也更容易意识到提升猕猴桃质量安全水平的重要性，其采纳新技术的意愿可能更强。与其同时，文化程度越高的户主从事农业生产的机会成本更高，其对政府补贴的期望值可能更高。因此，本书假定户主文化程度对果农受偿意愿和受偿金额均有正向影响。③户主是否为村干部或党员。村干部和党员是农村的政治精英，不仅具有广泛的社会资本，而且政策倾向性更强，因而通常更愿意率先采纳新技术（唐学玉等，2012）。村干部或党员可能会基于政治觉悟提出更低的政府补贴期望值，但也有可能会基于村民利益考虑提出更高的政府补贴期望值。因此，本书假定“户主是否为村干部或党员”对果农受偿意愿有正向影响，但对其受偿金额影响方向待定。

（2）家庭特征。①是否为科技示范户。科技示范户不仅具备较强的技术学习能力，同时也是政府向农户推广新技术的重要中介力量，其采纳新技术的意愿通常更强。因此，本书假定“是否为科技示范户”对果农受偿意愿有正向影响，但对其受偿金额影响方向待定。②家庭人均年收入。收入水平直接决定农户投资新技术的经济可行能力，是影响农户新技术采纳意愿的重要因素之一（Samiee 等，2009）。此外，家庭人均年收入越高的农户，其对政府补贴的依赖性可能下降。因此，本书假定家庭人均年收入对果农受偿意愿有正向影响，但对其受偿金额有负向影响。③家庭收入结构。农业生产经营收入占农户家庭收入比重反映了农户对农业生产经营收入的依赖性。通常，这一比重越大，则农户越有动力采纳新技术（赵连阁等，2012）。因此，本书假定家庭收入结构对果农受偿意愿有正向影响，但对其受偿金额的影响方向待定。

（3）果农心理认知特征。①技术易用性认知。技术易用性是指农户相信采纳特定技术所需要付出的努力程度以及农户获取相关技术信息的难易程度（周建华等，2012）。已有研究表明，农户学习和掌握新技术的难度越低，获取相关技术信息的难度越低，就越有可能采纳新技术（Davis 等，1983；朱月季等，2015）；何可等（2013）研究指出，信息获取难度越低的农户通常会提出更高的政府补贴标准。因此，本书选取“技术学习难易程度”“信息获取难易程度”两项指标作为表征技术易用性的代理变量，并且假定上述变量对果农受偿意愿和受偿金额有负向影响。②技术有用性认知。技术有用性是指农户对新技术采纳绩效的评价，即一项新技术比它所替代的传统技术优越多少

(周建华等，2012)。已有研究表明，农户认为采纳一项新技术带来的好处越多，就越愿意采纳该技术（Davis 等，1983；朱月季等，2015）。由于“政府补偿”是对“市场补偿”的必要补充，因此果农采纳猕猴桃质量安全控制技术所能获得的市场收益越高，就越有可能降低其对政府补贴的期望值。因此，本书选取“新技术提升猕猴桃价格作用预期”“新技术节省农药支出作用预期”两项指标作为表征技术有用性的代理变量，并且假定上述变量对果农受偿意愿有正向影响，但对其受偿金额有负向影响。③果农对新技术风险预期。小农户大多具有风险规避特征，其在决定是否采纳一项新技术时，通常会追求更稳定的收入和更低的风险（周洁红等，2007）。与此同时，投资学认为，风险与收益具有对称性，即投资风险越高，则人们要求的风险溢价就越高。因此，本书假定果农对新技术风险预期负向影响其受偿意愿，但正向影响其受偿金额。④果农对传统猕猴桃生产与管理技术满意度。已有研究表明，农户对现有技术的满意度负向影响其对替代型技术的选择（刘军弟等，2012）。由于猕猴桃质量安全控制技术是一项替代传统猕猴桃生产与管理技术的创新替代型技术，因此本书假定果农对传统猕猴桃生产与管理技术满意度负向影响其受偿意愿，但正向影响其受偿金额。⑤果农对政府补贴作用预期。由于本书重点关注果农在政府发放补贴条件下采纳全套猕猴桃质量安全控制技术的受偿意愿，因此果农是否愿意接受政府发放补贴这个假设情境直接影响其受偿意愿和受偿金额。本书假定果农对政府补贴作用预期正向影响其受偿意愿和受偿金额。

（4）猕猴桃生产销售特征。①猕猴桃种植规模。农户种植规模越大，则投资新技术的边际成本越低，同时其采纳新技术所能获得的经济效益越显著（王慧敏等，2011），因而农户采纳新技术的意愿可能更强，对政府补贴的期望值可能更低。因此，本书假定猕猴桃种植规模对果农受偿意愿有正向影响，但对其受偿金额有负向影响。②果园是否有租赁地。刘军弟等（2012）研究指出，租赁产权显著降低了农户采纳节水灌溉技术的意愿。因此，本书假定“果园是否有租赁地”负向影响果农受偿意愿。③猕猴桃质量认证等级。农产品质量认证是构建农产品优质优价市场甄别机制的有效途径（耿宇宁等，2017）。农产品质量认证等级越高，则农户可能获得的市场销售溢价越高，因而其采纳新技术的意愿可能更强，对政府补贴的期望值可能更低。因此，本书假定猕猴桃质量认证等级对果农受偿意愿有正向影响，但对其受偿金额有负向影响。④猕猴桃销售渠道类型。与主要销往果商/农贸市场/批发市场等传统销售渠道的果农相比，主要销往合作社/企业/超市/互联网等现代销售渠道的果农必须满足更加严苛的猕猴桃质量安全标准，但同时也更容易获得市场销售溢价（胡定寰等，2006；鄢贞等，2015），因而其采纳新技术的意愿可能更强，对政府补贴的期望值可能更低。因此，本书假定猕猴桃销售渠道类型正向影响果农受偿意愿，但负向影响其受偿金额。

（5）外部社会经济环境。①是否接受过政府相关技术推广服务。目前，政府农技推广部门仍是我国农业技术推广的最重要主体（满明俊等，2011）。政府主要通过开展技术示范、提供技术培训与指导服务等方式向农户推广新技术（耿宇宁等，2017）。因此，本书假定"是否接受过政府相关技术推广服务"对果农接受补偿意愿有正向影响，但对其受偿金额的影响方向待定。②是否加入合作社/龙头企业。已有研究表明，以合作社/龙头企业为代表的供应链组织是我国农业技术供给的重要市场主体（王静等，2014）。加入供应链组织的农户不仅能够得到来自该组织的技术培训与指导服务，同时也更容易获得农产品销售优势及市场销售溢价（胡定寰等，2006），因而其采纳新技术的意愿可能更强，对政府补贴的期望值可能更低。因此，本书假定"是否加入合作社/龙头企业"对果农受偿意愿有正向影响，但对其受偿金额有负向影响。③信贷可得性。已有研究表明，贷款是农户进行新技术投资的重要资金来源。农户常常因为无法获得足额贷款而被迫放弃新技术采用（贾蕊等，2017）。农户获得贷款越困难，就越有可能降低新技术采纳意愿，同时提高其对政府补贴的期望值。因此，本书假定信贷可得性负向影响果农受偿意愿，但正向影响其受偿金额。④区域变量。由于调研区域包括周至县和眉县，两县不仅地理区位和人文状况不同，而且猕猴桃产业的发展现状也不同，这些变量可能会影响到不同地区果农的参与补偿决策和受偿金额决策，但又常常难以观测。因此，本书设置周至县和眉县两个区域虚拟变量来表示各地区特征，并且假定其对果农受偿意愿和受偿金额的影响方向待定。

表 4-1　变量定义、赋值和统计性描述

变量名称		变量定义及赋值	均值	标准差
被解释变量				
果农受偿意愿		果农愿意在政府发放补贴条件下采纳全套猕猴桃质量安全控制技术=1；不愿意=0	0.80	0.40
果农受偿金额		果农愿意采纳全套猕猴桃质量安全控制技术的最低政府补贴额度（元/亩·年）	311.92	268.37
解释变量				
户主特征	户主年龄	户主实际年龄（岁）	53.45	10.07
	户主文化程度	户主实际受教育年限（年）	7.45	3.34
	户主是否为村干部/党员	户主为村干部或党员=1；否=0	0.10	0.30
家庭特征	是否为科技示范户	是=1；否=0	0.14	0.35
	家庭人均年收入	农户家庭人均年收入的对数值	8.99	0.86
	家庭收入结构	猕猴桃收入占农户家庭收入比例：>75%=4；50%~75%=3；25%~49%=2；<25%=1	2.97	1.04
果农心理认知特征	技术学习难易程度	学习猕猴桃质量安全控制技术难度较大=3；难度较小=2；没有难度=1	1.97	0.34
	信息获取难易程度	获取猕猴桃质量安全控制技术相关信息难度较大=3；难度较小=2；没有难度=1	2.11	0.73
	新技术提升猕猴桃价格作用预期	认为应用猕猴桃质量安全控制技术对提升猕猴桃价格的作用较大=3；作用较小=2；没有作用=1	2.23	0.66
	新技术节省农药支出作用预期	认为应用猕猴桃质量安全控制技术对节省农药（含膨大剂）支出的作用较大=3；作用较小=2；没有作用=1	1.98	0.34
	果农对新技术风险预期	认为应用猕猴桃质量安全控制技术的风险较大=3；风险较小=2；没有风险=1	1.82	0.77
	果农对传统猕猴桃生产与管理技术满意度	满意=3；一般=2；不满意=1	2.71	0.59
	果农对政府补贴作用预期	认为政府补贴政策在促进农户新技术采用方面的作用较大=3；作用较小=2；没有作用=1	2.18	0.64

续表

变量名称		变量定义及赋值	均值	标准差
猕猴桃生产销售特征	猕猴桃种植规模	农户猕猴桃种植面积（亩）	5.12	3.05
	果园是否有租赁地	果园有租赁地=1；没有租赁地=0	0.13	0.34
	猕猴桃质量认证等级	有机认证=3；绿色认证=2；无公害认证=1；无认证=0	0.93	0.94
	猕猴桃销售渠道类型	全部销往现代销售渠道=3；部分销往现代销售渠道，部分销往传统销售渠道=2；全部销往传统销售渠道=1	1.86	0.72
外部社会经济环境	是否接受过政府相关技术推广服务	接受过政府提供的猕猴桃绿色防控技术或猕猴桃可追溯管理技术推广服务=1；否=0	0.44	0.50
	是否加入合作社/龙头企业	合作社社员或龙头企业基地户=1；否=0	0.56	0.50
	信贷可得性	从金融机构申请生产性贷款的难度较大=3；难度较小=2；没有难度=1	2.73	0.46
	区域变量	眉县=1；周至县=0	0.51	0.50

资料来源：根据调研资料整理。

第五节　质量安全控制技术采纳意愿的描述性统计分析

在农业新技术推广过程中，政府补贴政策作为一种有效的激励工具经常被用于降低农户新技术投资成本，调动农户新技术采纳积极性。理论上，新技术推广的政府补贴标准越高，越有利于调动农户新技术采用率，但同时也将导致政府财政负担加重。因此，合理的猕猴桃质量安全控制技术推广补贴标准必须寻求果农效用最大化与政府财政负担最小化之间的平衡。那么，果农在无政府补贴条件下是否愿意采纳全套猕猴桃质量安全控制技术？如果不愿意，则果农在有政府补贴条件下是否愿意采纳全套猕猴桃质量安全控制技术？在何种补贴标准下，果农对全套新技术的采用意愿最强？为回答上述问题，本书将分别对样本户在无政府补贴条件下的质量安全控制技术采纳意愿和有政府补贴条件下的质量安全控制技术采纳意愿进行描述性统计分析。

一、无政府补贴条件下果农技术采纳意愿的描述性统计分析

在603户样本户中，有567户果农表示：在无政府补贴条件下，不愿意采纳全套猕猴桃质量安全控制技术（占样本的94.03%）。进一步调查发现，果农不愿意采纳这套新技术的主要原因包括：①新技术投资成本过高，采用新技术不划算（选择原因①的果农有394户，占到样本的65.34%）；②担忧新技术有风险，不愿意率先采用新技术（选择原因②的果农有89户，占14.76%）；③对传统猕猴桃生产与管理技术很满意，不愿意改变现状（选择原因③的果农有52户，占8.62%）；④新技术较为复杂，感到难以学习和掌握（选择原因④的果农有32户，占5.31%）。通过上述分析可知，导致果农对全套猕猴桃质量安全控制技术采纳意愿明显偏低的最主要原因在于：较高的技术投资成本门槛。由于猕猴桃质量安全控制技术具有明显的收益外部性，因此在没有政府补贴的条件下，果农很少愿意主动采纳这套新技术，亟待运用政府补贴政策弥补果农新技术投资成本，调动果农新技术采纳积极性。

二、有政府补贴条件下果农技术采纳意愿的描述性统计分析

（一）果农受偿意愿的描述性统计分析

在603户样本户中，有482户果农表示愿意在政府发放补贴条件下采纳全套猕猴桃质量安全控制技术，说明这些果农愿意接受补偿，且其最小受偿金额（即WTA金额）[①] 大于0，即有正受偿意愿的样本户占比为79.93%。这表明运用政府补贴政策可以有效调动果农采纳全套猕猴桃质量安全控制技术的积极性。尽管如此，仍有121户果农表示即使政府发放补贴，也不愿意采纳这套新技术，说明这些果农不愿意接受补偿，即其WTA金额等于0，为零观察值样本，占到样本的20.07%（见表4-2）。

---

① 实地调查结果表明，样本户能够接受的最低政府补贴额度为35元/亩·年。

表 4-2　样本户受偿意愿

项目	户数（户）	占比（%）
愿意接受补偿，且 WTA 金额大于 0	482	79.93
不愿意接受补偿，且 WTA 金额等于 0	121	20.07
合计	603	100

资料来源：根据调研资料整理。

（二）果农受偿金额的描述性统计分析

在有正受偿意愿（即 WTA 金额>0）的 482 户样本户中，最小 WTA 金额为 35 元/亩·年，最大 WTA 金额为 2000 元/亩·年。由表 4-3 可知，样本户的 WTA 金额呈现出典型的正偏态分布①，其中 WTA 金额在 100 元/亩·年以下区间的果农占比最低，仅为 0.33%，说明样本户普遍期望政府给予较高水平的补贴额度。但同时 WTA 金额在 700 元/亩·年以上区间的果农占比也很低，仅为 4.64%，说明样本户的理性程度普遍较高，很少持有过高的政府补贴期望值。由于全套猕猴桃质量安全控制技术的总投资成本为 500~700 元/亩·年，在扣除“市场补偿”额度后，理论“政府补偿”额度应为 200~400 元/亩·年，因此，本书重点关注了 WTA 金额在 200~400 元/亩·年区间的样本户和 WTA 金额在 500~700 元/亩·年的样本户。其中，WTA 金额在 200~400 元/亩·年的样本户有 322 户，占到样本的 53.40%；WTA 金额在 500~700 元/亩·年的样本户有 92 户，占到样本的 15.26%。显然，第一类样本户占比明显大于第二类样本户占比，这表明绝大多数样本户的受偿金额在 200~400 元/亩·年。通过与 WTA 金额在 200~400 元/亩·年的果农进行深入访谈，了解到这部分果农普遍认为应用猕猴桃质量安全控制技术的猕猴桃不仅更易销售，而且售价更高，能够获得一定的“市场补偿”额度，因此只要政府给予部分补贴，果农就愿意采纳这套新技术；通过与 WTA 金额在 500~700 元/亩·年的果农进行深入访谈，了解到这部分果农普遍认为应用猕猴桃质量安全控制技术对猕猴桃市场价格的影响作用不大，并不认可“市场补偿”额度的存在，其认为只有当政府补贴完全弥补新

① 正偏态分布，又称为右偏态分布，它是指频数的高峰向左偏移，长尾向右侧延伸。

技术的投资成本时，果农才愿意采纳这套新技术。

表 4-3 样本户受偿金额

WTA 金额（元/亩·年）	户数（户）	占比（%）	WTA 金额（元/亩·年）	户数（户）	占比（%）
0	121	20.07	400	111	18.41
100 以下	2	0.33	500	64	10.62
100	38	6.30	600	16	2.65
200	60	9.95	700	12	1.99
300	151	25.04	700 以上	28	4.64

资料来源：根据调研资料整理。

为获得样本户的平均受偿金额数据，本书采用 Kristrom 提出的 Spike 模型进行估算（李国平等，2012）。首先，需要计算出样本户中正受偿金额的平均值，其计算公式为：

$$E(WTA)_{正} = \sum A_i P_i \tag{4-13}$$

式中，A_i 为样本户实际回答的最小受偿金额，P_i 为样本户选择该金额的概率。计算结果表明样本户的 $E(WTA)_{正}$为 311.92 元/亩·年。

其次，采用 Spike 模型对平均受偿金额进行修正得到 $E(WTA)_{非负}$，它等于 $E(WTA)_{正}$与受偿率（正受偿意愿占全部受偿意愿的比例）的乘积，其计算公式为：

$$E\ (WTA)_{非负} = E\ (WTA)_{正} \times 79.93\% \tag{4-14}$$

计算结果表明，样本户的 $E(WTA)_{非负}$为 249.32 元/亩·年。$E(WTA)_{非负}$可以被看成是果农对其受偿金额的保守估计（或下限），而 $E(WTA)_{正}$可以被看成是果农对其受偿金额的乐观估计（或上限）。综上所述，调研区域样本户愿意采纳全套猕猴桃质量安全控制技术的平均受偿金额介于 249.32~311.92 元/亩·年，这一结果与前文计算的猕猴桃质量安全控制技术理论“政府补偿”额度基本保持一致，其可以作为政府制定猕猴桃质量安全控制技术推广补贴标准的参考依据。

第六节 质量安全控制技术采纳意愿的影响因素分析

本书运用 Stata12.0 软件对果农采纳全套猕猴桃质量安全控制技术受偿意

愿与受偿金额的影响因素进行 Heckman 两阶段回归估计，结果如表 4-4 所示。在进行回归分析以前，首先，需要对全部解释变量进行多重共线性检验。一般认为，当方差膨胀因子 VIF≤5 时，变量之间不存在严重的多重共线性问题（Cohen 等，2003）。检验结果表明，所有解释变量的 VIF 均小于 5，满足样本的独立性要求，可以进行进一步的回归分析。模型估计结果显示，逆米尔斯比率通过了 5%的显著性检验，这表明模型存在样本选择偏差，即果农参与补偿决策与其受偿金额决策存在相互依赖关系，适宜采用 Heckman 样本选择模型进行回归分析。此外，模型的 Wald 卡方值通过了 1%的显著性检验，说明模型具有较强解释力。

表 4-4　Heckman 两阶段回归估计结果

解释变量	农户受偿意愿		农户受偿金额	
	系数	标准差	系数	标准差
户主年龄	-0.027***	0.009	3.214*	1.745
户主文化程度	0.021	0.027	10.706*	6.160
户主是否为村干部或党员	-0.237	0.320	-41.651	107.564
是否为科技示范户	0.235	0.270	62.276	82.986
家庭人均年收入	0.376*	0.219	-138.280**	56.122
家庭收入结构	-0.045	0.339	51.830	97.852
技术学习难易程度	-0.245	0.033	-36.199	31.284
信息获取难易程度	-0.445**	0.217	58.009	44.050
新技术提升猕猴桃价格作用预期	0.329*	0.179	-79.116**	38.944
新技术节省农药支出作用预期	0.112	0.967	43.899	31.145
果农对新技术风险预期	-0.215*	0.128	74.752***	27.473
果农对传统猕猴桃生产与管理技术满意度	-0.126	0.092	27.306	25.142
果农对政府补贴作用预期	0.557***	0.148	70.924**	32.423
猕猴桃种植规模	-0.002	0.048	4.864*	2.782
果园是否有租赁地	-0.179*	0.105	—	—
猕猴桃质量认证等级	0.088**	0.043	-46.240**	65.907
猕猴桃销售渠道类型	0.379**	0.180	-20.022	29.538
是否接受过政府相关技术推广服务	0.353**	0.162	-123.460*	71.537
是否加入合作社/龙头企业	0.091	0.282	-100.778*	59.021

续表

解释变量	农户受偿意愿		农户受偿金额	
	系数	标准差	系数	标准差
信贷可得性	0.147	0.029	38.404	138.861
眉县	0.426***	0.156	-165.838***	47.638
常数项	1.003**	0.422	375.576*	215.279
逆米尔斯比率	—	—	35.238**	17.152
模型整体判别指标	Wald Chi^2 (20) = 350.51; Prob. (wald) = 0.000			
样本数	603			

注：*、**和***分别表示10%、5%和1%的显著性水平。

一、户主特征对受偿意愿与受偿金额的影响

①户主年龄负向影响果农受偿意愿且通过了1%的显著性检验，与前文预期一致；户主年龄正向影响果农受偿金额且通过了10%的显著性检验，与前文预期一致。说明户主年龄越大，则采纳猕猴桃质量安全控制技术的受偿意愿越弱，同时其愿意接受的补偿金额越高。实地调查发现，当前陕西省猕猴桃主产区农业劳动力老龄化现象十分突出，样本果农户主平均年龄为53.45岁。与年轻户主相比，年老户主对于需要学习大量新知识和投资较高成本的新型猕猴桃质量安全控制技术的接受度更低，其对政府补贴的期望值更高。这表明农业劳动力老龄化已经成为制约猕猴桃质量安全控制技术推广的重要“掣肘”之一。②户主文化程度正向影响果农受偿意愿，但未能通过显著性检验；户主文化程度正向影响果农受偿金额且通过了10%的显著性检验，与前文预期一致。说明户主文化程度越高，则愿意接受的补偿金额越高。实地调查发现，由于猕猴桃质量安全控制技术的学习难度并不是很大，因此无论是文化程度较低的果农，还是文化程度较高的果农，均愿意在政府发放补贴条件下采纳全套猕猴桃质量安全控制技术。然而，文化程度较高的果农在决定是否采纳新技术时，往往会更多地考虑与新技术有关的人工成本，进而提高了其对政府补贴的期望值。因此，要想提高文化程度较高果农采纳猕猴桃质量安全控制技术的积极性，就必须给予其较高的政府补贴额度。③户主是否为村干部或党员负向影响果农受偿意愿和受偿金额，但均未通过显著性检验。

究其原因，村干部或党员大多同时兼任行政职务，使其难以专心种植猕猴桃，进而影响了其采纳新技术的意愿。此外，村干部或党员普遍具有较高的政治觉悟，因此其对政府补贴的期望值普遍较低。但总体而言，由于村干部或党员占样本户的总体比例偏低（仅占 10.61%），导致该变量未能通过显著性检验。

二、家庭特征对受偿意愿与受偿金额的影响

①是否为科技示范户正向影响果农受偿意愿和受偿金额，但均未通过显著性检验。究其原因，科技示范户大多是村庄中的猕猴桃种植技术能手，因而更乐于尝试新技术。同时，由于科技示范户往往是政府进行技术培训和政策扶持的重点对象，其对政策的依赖性通常更强，进而提高了其对政府补贴的期望值。但总体而言，由于科技示范户占样本户的总体比例较低（仅占 14.43%），导致该变量未能通过显著性检验。②家庭人均年收入正向影响果农受偿意愿且通过了 10%的显著性检验，与前文预期一致；家庭人均年收入负向影响果农受偿金额且通过了 5%的显著性检验，与前文预期一致。说明家庭人均年收入越高的果农不仅采纳新技术的受偿意愿更强，而且其愿意接受的补偿金额越低。究其原因，家庭人均年收入是衡量家庭经济实力的象征。家庭经济实力弱的果农不仅难以承受新技术的高投资成本，而且不敢承担新技术的投资风险，进而降低了其采纳新技术的意愿，同时提高了其对政府补贴的依赖性。因此，要想提高低收入农户家庭采纳猕猴桃质量安全控制技术的积极性，必须给予其较高的政府补贴额度。③家庭收入结构负向影响果农受偿意愿，正向影响果农受偿金额，但均未通过显著性检验。实地调查发现，猕猴桃收入占家庭收入比重大的果农由于对猕猴桃收入的依赖性过强，导致其抗风险能力偏弱。果农出于风险规避考虑，常常更加偏好传统猕猴桃生产与管理技术，进而降低了其采纳新技术的积极性，同时提高了其对政府补贴的期望值。

三、果农心理认知特征对受偿意愿与受偿金额的影响

①在技术易用性认知方面，技术学习难易程度负向影响果农受偿意愿和

受偿金额，但未能通过显著性检验。实地调查发现，样本果农普遍具有丰富的猕猴桃种植经验，因此只要果农有心学习，则大多不存在学习和掌握新技术困难的问题。84.91%的样本户认为学习和掌握新技术的难度较小，果农间差异很小，导致该变量未能通过显著性检验；信息获取难易程度负向影响果农受偿意愿且通过了5%的显著性检验，与前文预期一致；信息获取难易程度正向影响果农受偿金额，但未能通过显著性检验。说明果农获取猕猴桃质量安全控制技术相关信息的难度越大，则其采纳新技术的受偿意愿越弱。实地调查发现，32.33%的样本户认为信息获取难度较大，45.94%的样本户认为信息获取难度较小，21.73%的样本户认为信息获取没有难度。由于信息获取难度越低的果农通常信息获取渠道更广泛，因而更了解猕猴桃质量安全控制技术本身的优势及其在猕猴桃产业中的应用前景，进而提高了其采纳新技术的积极性。这表明技术易用性集中体现在技术信息获取难易程度方面，并且是影响果农受偿意愿的关键因素之一。②在技术有用性认知方面，新技术提升猕猴桃价格作用预期正向影响果农受偿意愿且通过了10%的显著性检验，与前文预期一致；新技术提升猕猴桃价格作用预期负向影响果农受偿金额且通过了5%的显著性检验，与前文预期一致。说明若果农认为应用猕猴桃质量安全控制技术对提升猕猴桃价格的作用越大，则其采纳新技术的受偿意愿越强，同时其愿意接受的补偿金额越低。实地调查发现，36.32%的样本户认为应用新技术对提升猕猴桃价格的作用较大，50.58%的样本户认为应用新技术对提升猕猴桃价格的作用较小，13.10%的样本户认为应用新技术对提升猕猴桃价格没有作用。由于果农对新技术提升猕猴桃价格作用预期越高，其对采纳新技术的净收益预期就越高，就越愿意采纳新技术，同时降低了其对政府补贴的期望值。新技术节省农药支出作用预期正向影响果农受偿意愿和受偿金额，但未能通过显著性检验。实地调查发现，87.06%的样本户认为应用猕猴桃质量安全控制技术对节省农药支出的作用较小，果农间差异很小，导致该变量未能通过显著性检验。这表明技术有用性集中体现在新技术提升猕猴桃价格作用方面，并且是影响果农受偿意愿和受偿金额的关键因素之一。③果农对新技术风险预期负向影响果农受偿意愿且通过了10%的显著性检验，与前文预期一致；果农对新技术风险预期正向影响果农受偿金额且通过了1%的显著性检验。说明果农对应用猕猴桃质量安全控制技术的风险预期越高，则其采纳新技术的受偿意愿越弱，同时其愿意接受的补偿金额越高。实地调查发现，22.05%的样本户认为应用新技术风险较大，38.31%的样本户认为应用新技术风险较小，39.64%的样本户认为应用新技术没有风险。由于果农对新技术风险预期越高，其对采纳新技术的净收益预期就越低，就越不愿意采纳新技术，同时提高了其对政府补贴的期望值。④果农对传统猕猴桃生产与管理技术满意度负向影响其受偿意愿，正向影响其受偿金额，但均未通过显著性检验。实地调查发现，78.94%的样本户表示对传统猕猴桃生产与管理技术满意，果农间差异很小，导致该变量未能通过显著性检验。⑤果农对政府补贴作用预期正向影响果农受偿意愿和受偿金额，且分别通过了1%和5%的显著性检验，与前文预期一致。说明果农对政府补贴作用预期越高，则其采纳新技术的受偿意愿越强，同时其愿意接受的补偿金额越高。

四、猕猴桃生产销售特征对受偿意愿与受偿金额的影响

①猕猴桃种植规模负向影响果农受偿意愿，但未能通过显著性检验；猕猴桃种植规模正向影响果农受偿金额且通过了10%的显著性检验，与前文预期相反。说明猕猴桃种植规模越大的果农愿意接受的补偿金额反而更高。实地调查发现，尽管猕猴桃种植规模的扩大有利于实现猕猴桃质量安全控制技术的规模效益，但同时也提高了果农的劳动投入时间与投入强度。在农业劳动力成本持续上涨的背景下，猕猴桃种植大户不仅缺乏采纳猕猴桃质量安全控制技术的积极性，而且其对政府补贴的期望值更高。因此，要想提高猕猴桃种植大户采纳猕猴桃质量安全控制技术的积极性，必须给予其较高的政府补贴额度。②果园是否有租赁地负向影响果农受偿意愿且通过了10%的显著性检验。说明有租赁地的果农采纳新技术的受偿意愿更弱，与前文预期一致。实地调查发现，有租赁地的果农普遍认为当前土地租赁关系不稳定，且土地租金持续上涨，因而对于需要投入较高成本和较长回收周期的猕猴桃质量安全控制技术的采纳积极性较低。这表明租赁产权抑制了果农采纳猕猴桃质量安全控制技术的积极性。③猕猴桃质量认证等级正向影响果农受偿意愿且通

过了5%的显著性检验，与前文预期一致；猕猴桃质量认证等级负向影响果农受偿金额且通过了5%的显著性检验，与前文预期一致。说明猕猴桃质量认证等级越高的果农，不仅采纳新技术的受偿意愿更强，而且其愿意接受的补偿金额越低。这表明通过实施猕猴桃质量认证制度，提升猕猴桃质量认证等级，不仅有利于构建和完善猕猴桃优质优价的市场甄别机制，提高果农采纳猕猴桃质量安全控制技术的内在动力，而且有利于降低政府补贴压力。④猕猴桃销售渠道类型正向影响果农受偿意愿且通过了5%的显著性检验，与前文预期一致；猕猴桃销售渠道类型负向影响果农受偿金额，但未能通过显著性检验。说明越倚重合作社/企业/超市/网络等现代销售渠道的果农，其采纳新技术的受偿意愿越强。实地调查发现，与传统销售渠道相比，现代销售渠道面对的消费者普遍文化程度较高、收入水平较高且趋于年轻化，因而更加注重农产品质量安全，同时其对优质安全猕猴桃的支付意愿也更高。在市场需求倒逼下，主要销往现代销售渠道的果农通常更愿意采纳猕猴桃质量安全控制技术。这表明大力发展现代销售渠道是推广猕猴桃质量安全控制技术的重要保障。

五、外部社会经济环境对受偿意愿与受偿金额的影响

①是否接受过政府相关技术推广服务正向影响果农受偿意愿且通过了5%的显著性检验，与前文预期一致；是否接受过政府相关技术推广服务负向影响果农受偿金额且通过了10%的显著性检验。说明接受过政府提供的猕猴桃绿色防控技术或猕猴桃可追溯管理技术推广服务的果农，不仅其采纳新技术的受偿意愿更强，同时其愿意接受的补偿金额更低。实地调查发现，政府主要通过开展猕猴桃绿色防控技术和猕猴桃可追溯管理技术示范、技术培训与技术指导等方式，增进果农对上述两项新技术的了解程度，让果农切身感受到新技术的优势，进而显著提高了果农采纳猕猴桃质量安全控制技术的积极性，同时降低了政府补贴压力。②是否加入合作社/龙头企业正向影响果农受偿意愿，但未能通过显著性检验；是否加入合作社/龙头企业负向影响果农受偿金额且通过了10%的显著性检验，与前文预期一致。说明加入供应链组织的果农，其愿意接受的补偿金额更低。实地调查发现，无论是已经加入供应

链组织的果农，还是未加入供应链组织的果农，均表现出对猕猴桃质量安全控制技术的高采纳意愿。然而，与未加入供应链组织的果农相比，加入供应链组织的果农通常能够获得更加广泛的猕猴桃销售网络以及更高的猕猴桃市场销售溢价，进而降低了其对政府补贴的依赖性。这表明通过大力发展以供应链组织为代表的市场激励机制，有利于降低政府补贴压力。③信贷可得性正向影响果农受偿意愿和受偿金额，但未能通过显著性检验。实地调查发现，74.30%的样本户认为从金融机构申请生产性贷款的难度较大，这表明绝大多数样本户面临信贷约束问题，果农间差异很小，导致该变量未能通过显著性检验。④区域变量正向影响果农受偿意愿且通过了1%的显著性检验；区域变量负向影响果农受偿金额且通过了1%的显著性检验，说明与周至县果农相比，眉县果农不仅采纳新技术的受偿意愿更强，而且其愿意接受的补偿金额更低。实地调查发现，与周至县相比，眉县属于猕猴桃后发优势产区，不仅猕猴桃产业化组织发育程度较高，而且果农主动学习新技术的愿望也更加强烈。此外，眉县政府在推广猕猴桃绿色防控技术和猕猴桃可追溯管理技术方面的力度也更大，因此眉县果农对这两项新技术的认知水平普遍较高，切实体会到了新技术的好处，因而不仅更愿意采纳新技术，而且降低了对政府补贴的期望值。然而，在传统猕猴桃优势产区周至县，果农大多具有丰富的猕猴桃种植经验和固定的猕猴桃销售渠道，使果农对传统猕猴桃生产与管理技术的路径依赖性更强，抑制了其学习和掌握新技术的积极性。此外，尽管周至县也有很多猕猴桃专业合作社和猕猴桃企业，但总体而言，周至县猕猴桃专业合作社非均衡发展现象更为突出，而猕猴桃企业则更多采用了“企业自有基地”生产模式，而非“龙头企业+农户”模式，这导致周至县样本果农加入供应链组织的比例相对较低。在眉县的304户样本户中，有68.42%的果农（208户）加入了合作社或成为龙头企业基地户。但在周至县的299户样本户中，仅有43.81%的果农（131户）加入了合作社或成为龙头企业基地户。这表明，两县猕猴桃产业发展模式的区别是造成果农受偿意愿与受偿金额差异的重要根源，因此政府在制定猕猴桃质量安全控制技术推广补贴方案时，应考虑到地区差异性，并进行相应的政策微调整。

第七节　本章小结

本章在测算和分析果农采纳全套猕猴桃质量安全控制技术的投资成本与预期收益的基础上，利用陕西省猕猴桃主产区 603 户猕猴桃种植户调查数据，运用条件估值法（CVM 法）测算了果农采纳全套猕猴桃质量安全控制技术的受偿意愿和受偿金额，并进一步运用 Heckman 样本选择模型实证分析了影响果农受偿意愿和受偿金额的关键因素，研究结论如下：

第一，果农采纳全套猕猴桃质量安全控制技术的总投资成本约为 487~702 元/亩·年。其中，果农采纳全套猕猴桃绿色防控技术的总投资成本约为 352~514 元/亩·年；果农参与猕猴桃质量安全追溯体系的总投资成本约为 135~188 元/亩·年。

第二，果农采纳全套猕猴桃质量安全控制技术的预期收益主要包括预期市场收益和政府补贴两部分。其中，果农采纳全套猕猴桃质量安全控制技术的预期市场收益约为 300 元/亩·年，这是果农采纳新技术所能获得的平均“市场补偿”额度。显然，市场收益不足以弥补果农采纳全套猕猴桃质量安全控制技术的总投资成本，因此亟待运用政府补贴政策调动果农采纳新技术的积极性。然而，现有的猕猴桃绿色防控技术推广补贴政策主要采用实物补贴方式，具有“补贴范围有限、后期维护困难、易导致资源浪费”等缺点；现有的猕猴桃质量安全追溯体系建设补贴政策主要针对猕猴桃专业合作社和猕猴桃企业，尚未出台面向农户的相关补贴政策，因此亟待将猕猴桃绿色防控技术和猕猴桃质量安全追溯体系进行有效融合和统一推广，并制定以现金补贴方式为主的猕猴桃质量安全控制技术推广补贴政策。理论上，果农采纳全套猕猴桃质量安全控制技术的“政府补偿”额度应为 200~400 元/亩·年，这是厘定猕猴桃质量安全控制技术推广补贴标准的基础。

第三，调研区域大多数样本户对于猕猴桃质量安全控制技术推广补贴政策持支持态度，样本户愿意采纳全套猕猴桃质量安全控制技术的平均受偿金额介于 249.32~311.92 元/亩·年，这可以作为政府制定猕猴桃质量安全控制技术推广补贴标准的参考依据。该结果与猕猴桃质量安全控制技术的理论

"政府补偿"额度保持一致，但远小于果农采纳全套猕猴桃质量安全控制技术的总投资成本，这表明样本户普遍认可"市场补偿"额度的存在。因此，在猕猴桃质量安全控制技术推广过程中，"市场补偿"与"政府补偿"相辅相成、缺一不可。

第四，影响果农采纳全套猕猴桃质量安全控制技术受偿意愿与受偿金额的因素存在一定差异。其中，户主年龄、家庭人均年收入、新技术提升猕猴桃价格作用预期、果农对新技术风险预期、果农对政府补贴作用预期、猕猴桃质量认证等级、是否接受过政府相关技术推广服务和区域变量是影响果农受偿意愿和受偿金额的共同因素，而信息获取难易程度、果园是否有租赁地、猕猴桃销售渠道类型是影响果农受偿意愿的差异化因素，户主文化程度、猕猴桃种植规模、是否加入合作社/龙头企业是影响果农受偿金额的差异化因素。具体而言，户主越年轻，家庭人均年收入越高，获取猕猴桃质量安全控制技术相关信息越容易，对新技术提升猕猴桃价格作用预期越高，对新技术风险预期越低，对政府补贴作用预期越高，猕猴桃质量认证等级越高，猕猴桃主要销往合作社/企业/超市/互联网等现代销售渠道，接受过政府相关技术推广服务以及果园没有租赁地的果农具有更强的受偿意愿，具有上述特征的果农愿意在政府发放补贴条件下采纳全套猕猴桃质量安全控制技术；而户主年龄越大且文化程度越高，家庭人均年收入越低，对新技术提升猕猴桃价格作用预期越低，对新技术风险预期越高，对政府补贴作用预期越高，猕猴桃种植规模越大，猕猴桃质量认证等级越低，未接受过政府相关技术推广服务和未加入合作社/龙头企业的果农愿意接受的补偿金额越高，即具有上述特征的果农所期望的猕猴桃质量安全控制技术推广补贴标准更高。此外，果农受偿意愿与受偿金额还存在明显的地区差异性。与周至县果农相比，眉县果农不仅具有更强的猕猴桃质量安全控制技术受偿意愿，而且其对政府补贴的期望值更低。

第五章　猕猴桃种植户绿色防控技术采纳行为分析

猕猴桃绿色防控技术是一种用于控制和减少猕猴桃农药残留的重要质量安全生产技术。与传统化学农药防治技术不同，猕猴桃绿色防控技术坚持“预防为主、综合防治”的指导方针，综合利用生物防治、物理防治、农业防治、科学用药等多项技术措施防控猕猴桃病虫害，从而最大限度减少果农对化学农药的依赖性，提高果农农药利用效率，以实现减少果农农药使用量和保障猕猴桃质量安全的目的。为了促进陕西省猕猴桃产业的绿色可持续发展和提升猕猴桃整体质量安全水平，近年来陕西省通过开展田间试验、技术示范、技术培训等多种方式在周至县和眉县大力推广猕猴桃绿色防控技术，并取得明显成效，主要表现在：猕猴桃病虫害发生面积有所减少、病虫害危害程度有所降低，同时病虫抗药性问题也得到了有效缓解。然而，从技术推广范围来看，目前猕猴桃绿色防控技术仍以试验示范和点片实施为主，实际推广规模始终难以有效突破。究其原因，作为农业技术扩散的终端需求者与最终使用者，果农普遍缺乏采纳猕猴桃绿色防控技术的积极性与主动性，进而限制了绿色防控技术的大面积推广。那么，是什么因素影响了果农采纳猕猴桃绿色防控技术的行为决策？如何提升果农采纳猕猴桃绿色防控技术的积极性？上述问题的答案，对于理解果农采纳猕猴桃绿色防控技术行为的内在逻辑，制定与完善猕猴桃绿色防控技术推广政策具有重要现实意义，因此，有必要对果农采纳猕猴桃绿色防控技术的行为决策及其影响因素进行深入探讨。

第一节　绿色防控技术采纳行为的理论分析

猕猴桃种植户绿色防控技术采纳行为是指猕猴桃种植户为了实现利润最

大化目标，根据自身资源禀赋特征，结合猕猴桃病虫害发生规律，在社会经济环境因素约束条件下，决定是否接受并实际采纳猕猴桃绿色防控技术的一种技术选择行为。

根据新古典农户技术选择理论，农户是追求利润最大化目标的理性经济人，其在决定是否采纳一项新技术时，主要考虑技术采纳成本与技术预期收益的比较。当且仅当农户采纳新技术的边际收益大于边际成本时，农户才有可能采纳新技术（林毅夫等，1991）。孔祥智等（2004）进一步指出，农户在进行技术采纳行为决策时，不仅要比较新技术的边际收益与边际成本，同时也要考虑新旧技术生产效果的对比。只有当农户采纳新技术的预期净收益大于采纳传统技术的净收益时，农户才会选择采纳新技术。因此，已有研究指出，经济激励机制是农业技术推广的根本驱动力（Griliches，1957）。经济激励机制通过对价格、补贴等一系列经济手段的运用去提升新技术采纳收益，降低技术投资成本，以使农户采纳新技术的净收益超过采纳传统技术的净收益，进而诱导农户主动采纳新技术。依据经济激励机制作用机理的差异，可以将经济激励机制分为市场激励机制与政府激励机制。其中，市场激励机制是指市场通过价格机制使采纳新技术的农户获得一定的经济补偿或回报；政府激励机制是指政府运用补贴机制使采纳新技术的农户获得一定的经济补偿或回报。从现有文献来看，多数学者认为市场激励机制在促进商业型技术推广方面具有重要作用，而政府激励机制在促进公益型技术推广方面更具优势。Griliches（1957）对美国杂交玉米技术扩散机制的研究结果表明，市场盈利性是诱导农户采纳杂交玉米技术的主要驱动力；贺梅英等（2014）基于对广东、广西、海南荔枝主产区农户的调查，指出市场需求是诱导农户采纳间伐改造技术和高接换种技术的重要因素；Pietola 等（2001）基于对芬兰农户的调查，指出财政补贴在促进农户采纳有机农业技术方面具有重要作用；乔金杰等（2014）基于对山西省玉米主产区农户的调查，指出是否接受补贴是影响农户采纳保护性耕作技术的主要因素之一。就猕猴桃绿色防控技术而言，这是一项替代传统化学农药防治技术的新型猕猴桃病虫害防控技术，果农要想从传统化学农药防治技术转向新型猕猴桃绿色防控技术，不仅需要学习大量知识与操作技能，而且需要投入较高的技术转换成本和承担一定风险。因此，除非果农采纳猕猴桃绿色防控技术的预期净收益大于采纳传统化学农药防治技术的净收益，否则果农不会主动采纳这项新技术。与传统化学农药防治技术相比，猕猴桃绿色防控技术兼具商业型技术与公益型技术的双重特点。一方面，随着消费者对食品安全诉求的提高，采用绿色防控技术并经过认证的猕猴桃由于农药残留量小，更受消费者欢迎，因此其价格普遍高于普通猕猴桃；另一方面，绿色防控技术通过减少农户化学农药使用，有利于维护农业生态环境安全，具有明显的正外部性，因而成为政府重点推广的农业新技术。可见，在猕猴桃绿色防控技术推广过程中，“无形的手”（市场）与“有形的手”（政府）均扮演着重要角色，那么究竟哪种类型的经济激励机制会对果农绿色防控技术采纳行为产生更大影响？

与新古典农户技术选择理论假定农户拥有完全信息不同，社会网络理论认为现实中的农户由于信息获取渠道有限，常常处于不完全信息环境中，进而抑制了其对新技术的采纳（Foster 等，1995）。而社会网络的信息获取功能与社会学习功能在促进农户新技术采纳方面具有重要作用（Genius 等，2014）。农户不仅可以利用社会网络拓展信息获取渠道，缓解信息约束，而且可以利用社会网络向其他农户或专业人士学习新技术，从而加速农户技术学习进程，改变农户技术采纳态度与行为（王格玲等，2015；胡海华，2016；冯小龙等，2016）。根据 Hakansson（1987）对社会网络的定义，社会网络是指行动主体在参与活动过程中，通过资源流动而形成的彼此之间各种正式或非正式的关系。依据社会网络性质的不同，可以将社会网络分为同质性社会网络与异质性社会网络。其中，同质性社会网络是指农户与家人、亲友、邻里等熟人间的关系网络，主要建立在血缘、亲缘、地缘关系基础上；异质性社会网络是指农户与农技推广员、农业专家、合作社/龙头企业等专业人士或机构之间的关系网络，主要建立在业缘关系基础上。从现有文献来看，多数学者认为同质性社会网络有效促进了农户对新技术的采纳，而异质性社会网络在促进农户技术采纳方面的作用相对有限。例如，Ramirez（2013）在探讨社会网络对农户灌溉技术采用行为的影响时，指出农户主要通过亲戚朋友的关系网络获取技术信息资源；张雷等（2009）指出农户主要借助自身经验积累和亲戚朋友获取农业技术信息，较少利用农技推广员等渠道获取技术信息。

就猕猴桃绿色防控技术而言，目前这项新技术正处于前期推广阶段，因而果农普遍缺乏对猕猴桃绿色防控技术成本收益信息及技术属性特征的认知，这使果农很难做出基于成本收益分析基础上的个人理性决策，进而抑制了果农对这项新技术的采纳。因此，果农亟须借助社会网络了解猕猴桃绿色防控技术的相关信息。在实践中，果农不仅借助同质性社会网络获取技术信息，同时也借助异质性社会网络获取技术信息。那么，究竟哪种类型的社会网络会对果农绿色防控技术采纳行为产生更大影响？

本书基于农户行为决策理论和农户技术选择理论，假定猕猴桃种植户是拥有不完全信息的有限理性经济人，其是否会接受并最终采纳猕猴桃绿色防控技术的行为决策不仅取决于户主特征、家庭生产经营特征等内在资源禀赋特征，同时也取决于经济激励、社会网络等外部环境因素对自身行为的影响。此外，由于目前猕猴桃绿色防控技术主要采用整村推广模式，因此村庄环境的差异也可能会影响到果农绿色防控技术采纳行为决策。在借鉴相关研究成果基础上，结合实地调查情况，本书将影响猕猴桃种植户绿色防控技术采纳行为的因素归纳为以下五方面：经济激励、社会网络、户主特征、家庭生产经营特征、村庄环境。其中，前两类变量为核心变量，后三类变量为控制变量。据此，构建分析猕猴桃种植户绿色防控技术采纳行为的理论框架，如图5-1所示。

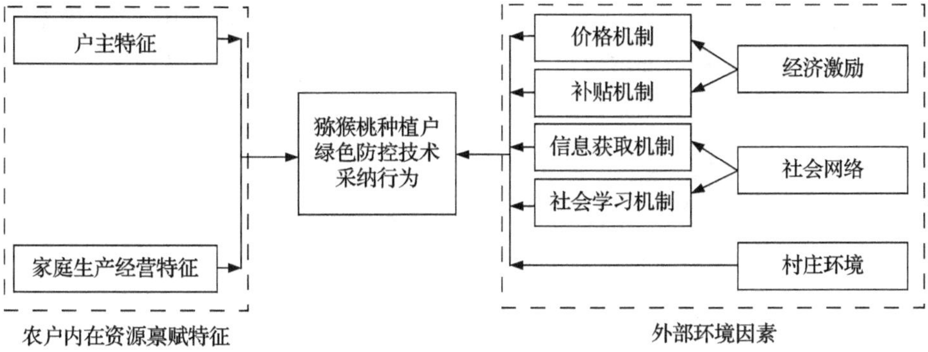

图 5-1　猕猴桃种植户绿色防控技术采纳行为理论分析框架

图5-1说明，猕猴桃种植户绿色防控技术采纳行为是猕猴桃种植户在经济激励诱导下，在一定的社会网络环境中，为了实现利润最大化目标所做出

的技术选择行为。其中，经济激励主要通过价格机制和补贴机制对猕猴桃种植户绿色防控技术采纳行为决策发生作用。价格机制的原理在于：通过构建猕猴桃优质优价的市场甄别机制，使应用绿色防控技术的猕猴桃价格显著超过未应用绿色防控技术的猕猴桃价格，进而提升果农对绿色防控技术采纳净收益的预期；补贴机制的原理在于：政府通过向果农发放绿色防控技术补贴的方式来降低绿色防控技术投资成本，进而提升果农对绿色防控技术采纳净收益的预期。社会网络主要通过信息获取机制和社会学习机制对猕猴桃种植户绿色防控技术采纳行为决策发生作用。其中，信息获取机制的原理在于：果农借助社会网络拓展信息获取渠道，降低技术信息搜寻成本，以使果农充分了解与绿色防控技术有关的成本收益信息以及技术属性特征，进而帮助果农做出技术采纳决策；社会学习机制的原理在于：果农通过向已经采纳绿色防控技术的其他果农或专业人士学习新技术，有利于汲取经验、吸取教训，进而降低技术学习成本，加快技术采用进程。

第二节 绿色防控技术采纳行为的模型构建与变量选取

一、Ordered Logit 模型构建

已有研究在探讨农户技术采纳行为的影响因素时，大多采用 Logit 模型或 Probit 模型进行分析，即把农户技术采纳行为视为二元变量（采纳为 1，不采纳为 0），但这种方法忽略了农户技术采用过程的渐进性。事实上，猕猴桃绿色防控技术并非单一技术，而是一个包含生物防治、物理防治、农业防治、科学用药四项子技术在内的完整技术包。果农通常不会一次性采纳技术包中的全部子技术，而是通过“边干边学”或“社会学习”逐步采纳技术包中的各项子技术（Genius 等，2014；王格玲等，2015）。果农采纳的子技术越多，说明对绿色防控技术的采纳程度越高。基于果农绿色防控技术采纳行为的这一特点，本书运用 Ordered Logit 模型实证分析影响猕猴桃种植户绿色防控技术采纳行为的因素。因变量 Y 代表猕猴桃种植户绿色防控技术采纳行为，是一个多分类有序变量。由于猕猴桃绿色防控技术包中的四项子技术存在多样

化组合的可能，因此如何设置因变量是本书的难点所在。实地调研发现，农业防治技术不仅是绿色防控技术的基础性技术，同时也是样本果农采纳比例最高的技术。果农采纳农业防治技术更多是基于农事操作要求，而非外部环境因素影响。因此，本书将未采纳任何子技术的果农和仅采纳农业防治技术的果农归为1类，设置因变量 $Y=0$；将采纳除农业防治技术以外的其他任何1项子技术（即采纳2项子技术）的果农归为1类，设置因变量 $Y=1$；将采纳除农业防治技术以外的其他任何2项子技术（即采纳3项子技术）的果农归为1类，设置因变量 $Y=2$；将采纳全部4项子技术的果农归为1类，设置因变量 $Y=3$。模型表达式如下：

$$Y^{*}=X\beta+\varepsilon;\ \varepsilon \mid X \sim \text{Logit}(0,1) \tag{5-1}$$

$$Y=\begin{cases}0, & \text{若 } Y^{*} \leqslant r_0 \\ 1, & \text{若 } r_0 < Y^{*} \leqslant r_1 \\ 2, & \text{若 } r_1 < Y^{*} \leqslant r_2 \\ 3, & \text{若 } Y^{*} > r_2\end{cases} \tag{5-2}$$

式中，Y^{*} 为不可观测的潜变量，代表果农采纳猕猴桃绿色防控技术的效用，Y 为可观测的结果变量，代表果农实际采纳的猕猴桃绿色防控子技术种类。X 代表影响果农绿色防控技术采纳行为决策的解释变量矩阵，β 代表解释变量对因变量的影响系数，ε 为随机扰动项，且服从 logistic 分布。$r_0<r_1<r_2$ 为 Y^{*} 的切点。因变量 Y 取哪一个值主要取决于潜变量 Y^{*} 与切点之间的关系。果农采纳猕猴桃绿色防控技术的概率组如下：

$$\begin{cases}P(Y=0 \mid X)=P(Y^{*} \leqslant r_0 \mid X)=\dfrac{1}{1+\exp(r_0-X\beta)} \\ P(Y=i \mid X)=P(r_{i-1} < Y^{*} \leqslant r_i \mid X) \\ \qquad =\dfrac{1}{1+\exp(r_i-X\beta)}-\dfrac{1}{1+\exp(r_{i-1}-X\beta)} \quad (i=1,\ 2) \\ P(Y=3 \mid X)=P(Y^{*} > r_2 \mid X)=1-\dfrac{1}{1+\exp(r_2-X\beta)}\end{cases} \tag{5-3}$$

根据式（5-3）推导出极大似然估计量，即 Ordered Logit 模型。利用 Ordered Logit 模型可以估计出潜变量落入不同切点区间的概率。

二、变量选取

在解释变量选取方面，本书借鉴已有的关于农户绿色防控技术采纳行为的研究成果，并结合实地调研情况，假定猕猴桃种植户绿色防控技术采纳行为受到以下 5 大类共 19 个解释变量的影响。各变量定义、赋值及描述性统计如表 5-1 所示。

（1）经济激励。本书将经济激励分为市场激励与政府激励两个维度，并假定不同类型的经济激励机制会对猕猴桃种植户绿色防控技术采纳行为产生差异化影响。①市场激励，选取“市场预期”“质量认证[①]”“合同保障”三项指标作为代理变量。市场预期反映了果农对猕猴桃未来价格走势的判断，一般而言，对猕猴桃市场前景持乐观预期的果农更有可能采纳新技术；与普通农产品相比，认证农产品具有明显价格优势，而绿色防控技术贯穿于认证农产品生产的全过程，因此，生产认证猕猴桃的果农更有可能采纳绿色防控技术；合同生产模式是保障农户收入与农产品质量安全的有效途径（胡定寰等，2006），与合作社/龙头企业签订合同的果农由于获得了销售保障与溢价承诺，因而更有可能采纳绿色防控技术。②政府激励，选取“技术补贴”作为代理变量。补贴不仅可以降低农户投资新技术的成本，而且具有一定的精神激励作用（乔金杰等，2014），因此，接受补贴的果农更有可能采纳绿色防控技术。

（2）社会网络。本书将社会网络分为同质性社会网络与异质性社会网络两个维度，并假定不同类型的社会网络会对猕猴桃种植户绿色防控技术采纳行为产生差异化影响。①同质性社会网络，选取“与家人交流程度[②]”“与亲友交流程度”“与邻里交流程度”三项指标作为代理变量。由于血缘、亲缘、地缘上的密切联系，农户与家人、亲友、邻里之间通过长期的社会交往形成了一种相互信任和互惠机制，这使农户更容易接受熟人介绍并且已经取得良

---

① 区别于第四章、第六章选取“猕猴桃质量认证等级”（多值变量）作为解释变量，本章选取“质量认证”（二值变量）作为解释变量的原因是：一方面，为了最大限度地满足 Ordered Logit 模型对平行性检验的要求，需要尽可能简化解释变量分组；另一方面，为了与“经济激励”中的其他解释变量匹配。

② 本书中农户与家人/亲友/邻里/农技员/农业专家/供应链组织间的交流特指技术交流。

好经济效益的新技术（旷浩源，2014）。因此，与家人、亲友、邻里交流频繁的果农更有可能采纳绿色防控技术。②异质性社会网络，选取“与农技员交流程度”“与农业专家交流程度”“与供应链组织交流程度”三项指标作为代理变量。Wanner（2007）指出农户与农技推广员、农业专家之间形成的“农业生态合作关系”便利了成员间的“社会学习”，加速了农户技术采用进程。因此，与农技推广员、农业专家交流频繁的果农更有可能采纳绿色防控技术。以合作社和龙头企业为代表的供应链组织是中国农业技术供给的重要市场主体，在推广农业新技术方面具有一定优势（耿宇宁等，2017）。因此，与供应链组织交流频繁的果农更有可能采纳绿色防控技术。

（3）户主特征。①户主年龄。户主年龄越大，对传统化学农药防治技术的依赖性越强，更不容易接受新生事物，其采纳新技术的可能性越小。②户主文化程度。户主文化程度越高，越容易理解并掌握绿色防控技术的优势和操作原理，其采纳新技术的可能性越大。③户主风险类型。由于新技术的采用大多存在一定风险，因此，风险偏好型农户通常比风险规避型农户更愿意采纳新技术（储成兵，2015）。

（4）家庭生产经营特征。①家庭人均年收入。家庭人均年收入不仅决定了农户投资新技术的能力，同时也影响了农户承受新技术风险的能力（Samiee等，2009）。因此，家庭人均年收入高的果农更有可能采纳绿色防控技术。②家庭收入结构。猕猴桃收入对果农家庭收入贡献越大，说明果农的专业化经营程度越高，果农越有动力学习和应用绿色防控技术以提升农业生产效率（赵连阁等，2012）。③猕猴桃种植规模。果农的种植规模越大，越容易发挥绿色防控技术的规模效益，其采纳新技术的可能性越大（吴丽丽等，2016）。④果园耕地细碎程度。果园耕地块数越多，果农应用绿色防控技术越费工，其采纳新技术的可能性越小（赵连阁等，2012）。

（5）村庄环境。①村庄类型。不同类型村庄获得的技术供给服务数量与质量是有差别的，而技术供给服务是影响果农技术采纳行为的重要因素（耿宇宁等，2017）。②村庄位置。村庄的地理位置不仅决定了果农获取技术信息的便利性，同时也影响了猕猴桃市场价值的实现。一般而言，距离县城越近的果农，越有可能采纳新技术（孔祥智等，2004）。

表 5-1　变量定义、赋值和统计性描述

变量名称		变量定义及赋值	均值	标准差
被解释变量				
果农绿色防控技术采纳行为		果农采纳 4 项绿色防控子技术=3；采纳 3 项子技术=2；采纳 2 项子技术=1；未采纳任何子技术和仅采纳农业防治技术=0	1.15	1.07
解释变量				
经济激励	市场预期	对猕猴桃市场前景持乐观预期=1；持悲观预期=0	0.64	0.48
	质量认证	生产认证猕猴桃=1；生产普通猕猴桃=0	0.63	0.38
	合同保障	合同农户=1；非合同农户=0	0.53	0.39
	技术补贴	获得绿色防控补贴=1；未获得补贴=0	0.52	0.50
社会网络	与家人交流程度	经常交流=3；偶尔交流=2；很少交流=1	2.84	0.42
	与亲友交流程度	经常交流=3；偶尔交流=2；很少交流=1	2.12	0.88
	与邻里交流程度	经常交流=3；偶尔交流=2；很少交流=1	2.06	0.86
	与农技员交流程度	经常交流=3；偶尔交流=2；很少交流=1	1.89	0.83
	与农业专家交流程度	经常交流=3；偶尔交流=2；很少交流=1	1.55	0.78
	与供应链组织交流程度	经常交流=3；偶尔交流=2；很少交流=1	1.68	0.97
户主特征	户主年龄	户主实际年龄（岁）	53.45	10.07
	户主文化程度	户主实际受教育年限（年）	7.45	3.34
	户主风险类型	风险偏好型=3；风险中立型=2；风险规避型=1	1.87	0.68
家庭生产经营特征	家庭人均年收入	农户家庭人均年收入的对数值	8.99	0.86
	家庭收入结构	猕猴桃收入占农户家庭收入比例：>75%=4；50%~75%=3；25%~49%=2；<25%=1	2.97	1.04
	猕猴桃种植规模	农户猕猴桃种植面积（亩）	5.12	3.05
	果园耕地细碎程度	农户果园耕地块数（块）	2.51	1.15
村庄环境	村庄类型	“一村一品”示范村或合作社/龙头企业基地村=1；一般村庄=0	0.66	0.47
	村庄位置	县郊区=3；乡镇郊区=2；一般村庄=1	1.97	0.62

资料来源：根据调研资料整理。

第三节　绿色防控技术采纳行为的影响因素分析

在进行回归分析以前，首先，需要对全部解释变量进行多重共线性检验。检验结果表明，除家庭收入结构（VIF=6.15）以外，其余各变量的 VIF 均小于 5。由于家庭收入结构属于控制变量，并非本书分析重点，故将该变量删除并重新进行多重共线性检验，结果显示所有解释变量的 VIF 均小于 5，满足样本的独立性要求。其次，需要进行平行性检验。Ordered Logit 模型建立在平行性假设基础上，即无论因变量的切点在何位置，模型中各解释变量的影响系数均应保持一致，即解释变量的回归系数与切点无关（张文彤等，2014）。通过将不限定系数相等的模型与当前限定系数相等的模型进行似然比检验，结果显示对应的卡方值为 32.245，P 值为 0.185，说明模型符合平行性假设，即各回归方程相互平行，可以使用 Ordered Logit 回归模型进行分析。本书运用 Stata12.0 软件，对样本数据进行 Ordered Logit 回归处理，结果如表 5-2 所示。从模型估计结果看，模型的伪可决系数为 0.552，且似然比检验通过了 1%的显著性检验，说明模型具有较好的解释力。猕猴桃种植户绿色防控技术采纳行为的 3 个切点分别为：4.678、8.825、12.154，说明当潜变量 $Y^* \leq 4.678$ 时，因变量 Y 取值为 0；当 $4.678 < Y^* \leq 8.825$ 时，Y 取值为 1；当 $8.825 < Y^* \leq 12.154$ 时，Y 取值为 2；当 $Y^* > 12.154$ 时，Y 取值为 3。

表 5-2　Ordered Logit 模型估计结果

解释变量	系数	标准差	Z 值	P 值
市场预期（以“持悲观预期”样本为参照组）				
对市场前景持乐观预期	2.400***	0.319	7.51	0.000
质量认证（以“生产普通猕猴桃”样本为参照组）				
生产认证猕猴桃	1.028***	0.252	4.07	0.000
合同保障（以“非合同农户”样本为参照组）				
合同农户	1.533***	0.277	5.53	0.000
技术补贴（以“未获得补贴”样本为参照组）				
获得绿色防控补贴	0.591**	0.262	2.25	0.024

续表

解释变量	系数	标准差	Z 值	P 值
与家人交流程度（以“很少交流”样本为参照组）				
偶尔交流	0. 366	0. 734	0. 50	0. 617
经常交流	0. 366	0. 670	0. 55	0. 585
与亲友交流程度（以“很少交流”样本为参照组）				
偶尔交流	0. 028	0. 254	0. 11	0. 913
经常交流	0. 905***	0. 258	3. 50	0. 000
与邻里交流程度（以“很少交流”样本为参照组）				
偶尔交流	−0. 249	0. 304	−0. 82	0. 412
经常交流	0. 246	0. 247	1. 00	0. 319
与农技员交流程度（以“很少交流”样本为参照组）				
偶尔交流	0. 491*	0. 254	1. 93	0. 053
经常交流	1. 086***	0. 287	3. 78	0. 000
与农业专家交流程度（以“很少交流”为参照组）				
偶尔交流	1. 697***	0. 312	5. 43	0. 000
经常交流	2. 073***	0. 294	7. 05	0. 000
与供应链组织交流程度（以“很少交流”为参照组）				
偶尔交流	0. 969***	0. 376	2. 58	0. 010
经常交流	1. 666***	0. 279	5. 96	0. 000
户主年龄	−0. 011	0. 011	−1. 07	0. 286
户主文化程度	−0. 031	0. 034	−0. 91	0. 364
户主风险类型（以“风险规避型”样本为参照组）				
风险中立型	0. 186	0. 291	0. 64	0. 522
风险偏好型	0. 762**	0. 322	2. 37	0. 018
家庭人均年收入	0. 246*	0. 143	1. 71	0. 087
猕猴桃种植规模	−0. 022	0. 048	−0. 45	0. 652
果园耕地细碎程度	−0. 498***	0. 117	−4. 25	0. 000
村庄类型（以“一般村庄”样本为参照组）				
示范村或合作社/企业基地村	0. 788***	0. 305	2. 59	0. 010
村庄位置（以“一般村庄”样本为参照组）				
乡镇郊区	0. 234	0. 358	0. 65	0. 513
县郊区	1. 184***	0. 454	2. 61	0. 009

续表

解释变量	系数	标准差	Z 值	P 值
模型切点 1	4.678	1.530		
模型切点 2	8.825	1.584		
模型切点 3	12.154	1.638		
模型整体判别指标	*Pseudo* R^2=0.552；*LR* ×2（26）=890.391***			
样本数	603			

注：*、** 和 *** 分别表示 10%、5%和 1%的显著性水平。

一、经济激励对绿色防控技术采纳行为的影响

①在市场激励方面，市场预期、质量认证与合同保障变量均通过了 1%的显著性检验且其系数为正，说明市场激励机制显著促进了果农对猕猴桃绿色防控技术的采纳。与对猕猴桃市场前景持悲观预期的果农相比，对市场前景持乐观预期的果农更倾向于采纳猕猴桃绿色防控技术，这主要是因为：市场预期反映了果农对猕猴桃市场需求的估计，而市场需求是诱导果农采纳农业新技术的主要驱动力。与生产普通猕猴桃的果农相比，生产认证猕猴桃的果农更倾向于采纳猕猴桃绿色防控技术，这主要是因为：以“三品一标”为代表的农产品质量认证体系通过向消费者传递农产品质量安全信号，有利于消除生产者与消费者之间的信息不对称现象，进而缓解了农产品市场上的“逆向选择”问题。调研发现，目前无公害猕猴桃、绿色猕猴桃、有机猕猴桃的市场价格平均比普通猕猴桃价格高出 5%、10%~20%和 50%~100%，因此，质量认证是构建猕猴桃优质优价市场甄别机制的重要手段。与非合同农户相比，合同农户更倾向于采纳猕猴桃绿色防控技术，这主要是因为：合同生产模式使果农与供应链组织之间形成了一种相对稳定的供应链关系，因此，果农愿意增加资产专用性投资以获得更稳定的销售渠道与更高的销售溢价。同时，由于供应链组织对猕猴桃质量安全的要求较高，因此果农希望借助绿色防控技术去降低猕猴桃农药残留量，进而使生产出来的猕猴桃符合收购商的收购要求。②在政府激励方面，技术补贴变量通过了 5%的显著性检验且其系数为正，说明政府激励机制显著促进了果农对猕猴桃绿色防控技术的采纳。

调研发现，目前周至县和眉县政府通过向猕猴桃种植户发放生物诱虫袋、杀虫灯等绿色防控物化补贴①的方式有效降低了果农绿色防控技术投资成本，进而提升了果农采纳该技术的概率。

从影响系数看，反映市场激励的三个变量的影响系数均明显大于“技术补贴”变量的影响系数，说明在促进果农绿色防控技术采纳方面，市场激励机制的作用要明显大于政府激励机制的作用。产生这一现象的原因是：一方面，果农更关注猕猴桃市场价值的实现。尽管获得绿色防控技术补贴可以降低其技术投资成本，但如果应用绿色防控技术的猕猴桃不能顺利销售或者其价格与普通猕猴桃价格无差别，则果农缺乏采纳绿色防控技术的内在动力。市场激励机制使应用绿色防控技术的优质安全猕猴桃获得了市场溢价，因而在促进果农绿色防控技术采纳方面的作用更加明显。另一方面，目前，我国绿色防控补贴政策主要以物化补贴为主，且未出台统一的补贴标准，而是由各省区市根据各地农作物品种差异制订相应的物化补贴方案。调研发现，目前绿色防控技术补贴的发放范围往往是一些示范村或示范基地的果农，这就导致未领取到技术补贴的果农难以体验到绿色防控技术的实施效果，进而影响了政府激励机制效果的发挥。

二、社会网络对绿色防控技术采纳行为的影响

①在同质性社会网络方面，以“很少交流”样本作为参照组，果农与亲友交流程度中的“经常交流”变量通过了1%的显著性检验且其系数为正，说明经常与亲友进行技术交流的果农采纳猕猴桃绿色防控技术的概率更高。调研发现，由于多数果农的亲友生活在不同农村社区或城镇地区，往往能够给果农传递新的病虫害防治理念与知识，而果农也经常去亲友的果园观摩，进而导致该变量对因变量的影响十分显著。果农“与家人交流程度”和“与邻里交流程度”变量未能通过显著性检验。可能的原因是：果农与家人相处时间较多，技术交流是果农日常生活的一部分。86.24%的样本户表示，经常与家人进行技术交流，果农间差异很小，导致该变量对因变量的影响不显著。

① “物化补贴”是基层农技推广体系改革与建设示范项目中的一项重要措施，隶属于实物补贴范畴。

果农与邻里长期生活在同一农村社区，思维方式与种植习惯十分接近，因此果农与邻里间的技术交流内容更多局限于传统化学农药防治技术，而非绿色防控技术，导致该变量对因变量的影响不显著。②在异质性社会网络方面，以“很少交流”样本作为参照组，果农与农技推广员、农业专家、供应链组织交流程度中的“偶尔交流”变量和“经常交流”变量均通过了10%或1%的显著性检验且其系数为正，并且“经常交流”变量的影响系数明显大于“偶尔交流”变量的影响系数，说明果农与农技推广员、农业专家、供应链组织间的技术交流越频繁，其采纳绿色防控技术的概率越高，即异质性社会网络显著促进了果农对猕猴桃绿色防控技术的采纳。可能的原因是：农技推广员与农业专家大多拥有丰富的农业技术知识与技术指导经验，因此与农技推广员、农业专家交流频繁的果农更容易理解并掌握绿色防控技术的操作要领，因而更倾向于采纳绿色防控技术；供应链组织大多十分注重猕猴桃质量安全，通常会向果农主动推广绿色防控技术，并对果农提供绿色防控技术培训与指导服务，因此与供应链组织交流频繁的果农更倾向于采纳绿色防控技术。

从影响系数看，反映异质性社会网络的三个变量的影响系数（主要是“经常交流”变量的系数）均明显大于“与亲友交流程度”变量的影响系数，说明在促进果农绿色防控技术采纳方面，异质性社会网络的作用要明显大于同质性社会网络。产生这一现象的原因是：与传统化学农药防治技术相比，绿色防控技术兼具科学性、系统性和复杂性，这使果农较难通过同质性强的熟人关系网获取与绿色防控技术有关的信息。在绿色防控技术推广初期，果农更多是通过与农技推广员、农业专家、合作社/龙头企业等专业人士或机构的交流去了解该技术的操作原理和操作要领，这使异质性社会网络在促进果农绿色防控技术采纳方面的作用至关重要。

三、户主特征对绿色防控技术采纳行为的影响

①在户主风险类型方面，以“风险规避型”户主作为参照组，“风险偏好型户主”通过了5%的显著性检验且其系数为正，说明户主具有风险偏好型特征的果农采纳猕猴桃绿色防控技术的概率更高。在猕猴桃绿色防控技术推广初期，多数果农出于风险规避考虑，不敢贸然采纳新技术，而少数具有冒险

精神的果农率先采纳了绿色防控技术，进而获得了技术领先优势。②户主年龄和户主文化程度未能通过显著性检验，可能的原因是：80.10%的样本户的户主年龄在45岁以上，79.93%的样本户的户主文化程度为初中及以下水平，差异并不明显，导致以上两个变量对因变量的影响不显著。

四、家庭生产经营特征对绿色防控技术采纳行为的影响

①家庭人均年收入通过了10%的显著性检验且其系数为正，说明果农家庭人均年收入越高，就越有能力采纳投资成本较高的猕猴桃绿色防控技术。②果园耕地细碎程度通过了1%的显著性检验且其系数为负，说明果园耕地细碎化程度越高，则果农采纳猕猴桃绿色防控技术的概率越低。调研发现，当前土地细碎化已经成为阻碍猕猴桃绿色防控技术推广的主要因素之一，尤其是制约了需要大面积连片采用的物理防治技术的推广。③猕猴桃种植规模变量未能通过显著性检验，可能的原因是：尽管果农种植规模的扩大有利于实现绿色防控技术的规模效益，但同时也提高了果农的劳动投入时间与投入强度，在农业劳动力成本持续上涨的背景下，猕猴桃种植大户缺乏采纳绿色防控技术的积极性，导致该变量对因变量的影响不显著。

五、村庄环境对绿色防控技术采纳行为的影响

①村庄类型通过了1%的显著性检验且其系数为正，说明与一般村庄果农相比，居住在示范村或合作社/龙头企业基地村的果农更倾向于采纳猕猴桃绿色防控技术，这主要是因为：目前我国绿色防控技术的三大推广主体主要包括政府、合作社和龙头企业，因此示范村或合作社/企业基地村的果农能够获得更多数量和更高质量的技术供给服务，进而促进了果农对绿色防控技术的采纳。②在村庄位置方面，以“一般村庄”为参照组，“县郊区”变量通过了1%的显著性检验且其系数为正，说明县郊区的果农更倾向于采纳猕猴桃绿色防控技术。调研发现，由于县级农技推广中心大多位于县城，因此距离县城越近的果农，越容易得到农技推广中心的技术指导服务，进而提高了果农采纳绿色防控技术的概率。

第四节　本章小结

本章利用陕西省猕猴桃主产区 603 户猕猴桃种植户调查数据，运用 Ordered Logit 模型实证分析了影响果农采纳猕猴桃绿色防控技术行为的因素，研究结论如下：

第一，经济激励和社会网络是影响果农采纳猕猴桃绿色防控技术行为的关键驱动因素。其中，经济激励通过价格机制和补贴机制显著促进了果农对猕猴桃绿色防控技术的采纳。在市场激励方面，市场预期、质量认证与合同保障通过构建猕猴桃优质优价的市场甄别机制，提升了果农绿色防控技术采纳收益，进而促进了果农对该技术的采纳；在政府激励方面，技术补贴通过降低果农绿色防控技术投资成本，进而促进了果农对该技术的采纳。从整体来看，由于果农更关注猕猴桃市场价值以及绿色防控补贴政策的不完善，使市场激励机制在促进果农绿色防控技术采纳方面的作用明显大于政府激励机制，社会网络通过信息获取机制和社会学习机制显著促进了果农对猕猴桃绿色防控技术的采纳。果农与亲友、农技推广员、农业专家、供应链组织之间的技术交流越频繁，越倾向于采纳绿色防控技术。从整体来看，由于绿色防控技术兼具科学性、系统性和复杂性，使异质性社会网络在促进果农绿色防控技术采纳方面的作用明显大于同质性社会网络。

第二，户主具有风险偏好特征、家庭人均年收入高、果园耕地细碎化程度低，居住在“一村一品”示范村或合作社/龙头企业基地村以及县郊区的果农更倾向于采纳猕猴桃绿色防控技术。

第六章　猕猴桃种植户质量安全追溯体系参与行为分析

猕猴桃质量安全追溯体系是一种用于控制和减少猕猴桃农药残留和氯吡脲残留的重要质量安全管理技术。猕猴桃质量安全追溯体系通过将猕猴桃供应链全过程的信息衔接起来进行监控，增加了猕猴桃供应环节的信息透明度，不仅能够有效降低供应链各成员之间的信息不对称程度，而且能够依据跟踪和追溯信息明确猕猴桃质量安全问题的相关责任人，准确识别猕猴桃质量安全问题的根源并及时采取有效措施，进而达到规范果农农业化学投入品使用行为，减缓果农“道德风险”问题，保障猕猴桃质量安全的目的（Hobbs，2004；王慧敏等，2011；周洁红等，2013；黄彬红等，2015）。在猕猴桃质量安全追溯体系建设过程中，大量分散的小规模果农既是实施猕猴桃质量安全可追溯管理的源头与重要参与者，同时也是实施猕猴桃质量安全可追溯管理的最大难点。从陕西省猕猴桃质量安全追溯体系建设现状来看，目前果农普遍缺乏参与猕猴桃质量安全追溯体系的积极性与主动性，进而影响了猕猴桃质量安全追溯体系的实施效果。那么，是什么因素影响了果农参与猕猴桃质量安全追溯体系的行为决策？如何提升果农参与猕猴桃质量安全追溯体系的积极性？上述问题的答案，对于理解果农参与猕猴桃质量安全追溯体系行为的内在逻辑，提升猕猴桃质量安全追溯体系建设效率具有重要现实意义。因此，有必要对果农参与猕猴桃质量安全追溯体系的行为决策及其影响因素进行深入探讨。

第一节　质量安全追溯体系参与行为的理论分析

猕猴桃种植户质量安全追溯体系参与行为是指猕猴桃种植户为了实现利润最大化目标，根据自身资源禀赋特征，在社会经济环境因素约束条件下，决定是否按照猕猴桃质量安全追溯体系规定的技术标准进行生产操作，并且如实填写果园生产管理档案的一种生产行为。

由于猕猴桃质量安全追溯体系本质上是一种先进的管理技术，因此猕猴桃种植户质量安全追溯体系参与行为也可以理解为是果农的一种技术选择行为（周洁红等，2007）。但需要指出，猕猴桃种植户质量安全追溯体系参与行为与其绿色防控技术采纳行为不同。一方面，猕猴桃绿色防控技术并非单一技术，而是一个包含多项子技术在内的完整技术包；另一方面，绿色防控技术工具相对容易获取，因此果农是否采纳猕猴桃绿色防控技术的行为决策在很大程度上取决于技术需求主体特征。只要果农有技术需求，就可以通过主动学习掌握这项新技术。因此，绝大多数样本户均采纳了猕猴桃绿色防控技术，只不过不同果农对绿色防控技术的采纳程度不同而已。然而，果农要想参与猕猴桃质量安全追溯体系，仅有技术需求是不够的，还必须具备相应的技术供给条件。

首先，由于猕猴桃质量安全追溯体系的最重要参与主体是供应链组织（以猕猴桃专业合作社和猕猴桃企业为代表），因此只有加入供应链组织的果农才有资格参与追溯体系。然而，由于目前陕西省猕猴桃专业合作社和猕猴桃企业非均衡发展现象严重，因此并非所有的供应链组织都有资格和能力参与追溯体系，只有那些已经安装追溯设备并且在陕西省优质农产品质量安全追溯网中注册的供应链组织才有资格和能力为果农提供猕猴桃质量安全可追溯管理服务。除供应链组织以外，政府也是建设猕猴桃质量安全追溯体系的重要主体之一，究其原因，食品质量安全追溯体系具有典型的准公共产品属性（黄彬红等，2015）。猕猴桃质量安全追溯体系通过规范果农农业化学投入品使用行为，不仅有利于保障消费者健康，而且有利于减少农业生态环境污染，因而具有明显的社会效益和环境效益。为了提升猕猴桃质量安全追溯体系建设效率，地方政府采取了诸多配套支持措施，这些措施可能会影响到果农是否参与追溯体系的行为决策。可见，猕猴桃种植户质量安全追溯体系参与行为决策在很大程度上受到技术供给主体特征的影响。

其次，技术需求主体特征也会影响猕猴桃种植户质量安全追溯体系参与行为决策。对果农而言，参与猕猴桃质量安全追溯体系不仅意味着自己的生产行为将要受到严格约束，而且在生产结束后，仍然面临着质量安全追溯风险。一旦将来发生猕猴桃质量安全问题，追溯体系将追溯到发生质量安全问题的具体环节与具体责任人。因此，加入追溯体系对果农意味着约束与风险。谁愿意把自己的手脚捆绑起来，而放弃自由的权利呢？唯一的交换条件是：果农预见到参与追溯体系能够实现更高的经济利益以弥补放弃自由的损失（胡定寰等，2006）。换言之，只有当果农参与追溯体系的预期净收益大于未参与追溯体系以前的净收益时，果农才会选择参与追溯体系（周洁红等，2007）。其中，果农参与追溯体系的预期净收益=果农参与追溯体系的预期收益-果农参与追溯体系的成本。①从果农参与追溯体系的预期收益来看，由于果农更关注猕猴桃市场价值的实现，因此可追溯猕猴桃价格是否明显超过不可追溯猕猴桃价格以及可追溯猕猴桃是否更易销售是果农关注的核心利益点。不同果农对可追溯猕猴桃的价格预期不同，其对参与追溯体系的收益预期也不同。与此同时，不同果农面临的主要猕猴桃销售渠道不同，而不同销售渠道的可追溯性要求不同，因此不同销售渠道果农对参与追溯体系的收益预期也不同。此外，由于猕猴桃质量安全追溯体系是一项新技术，因此果农普遍认为参与追溯体系的收益具有不确定性，即参与追溯体系存在一定风险。不同果农对参与追溯体系的风险预期不同，其对参与追溯体系的收益预期也不同。②从果农参与追溯体系的成本来看，参与追溯体系不仅意味着果农需要学习大量知识与操作技能，同时也意味着果农必须付出更多的劳力与精力，因此反映果农技术学习能力的户主种植经验和文化程度、是否为科技示范户等变量以及反映果农技术投资能力的劳动力资源禀赋、耕地资源禀赋、家庭收入水平与结构等变量都可能会影响到果农参与追溯体系的行为决策。

本书基于农户行为决策理论、农户技术选择理论和信息不对称理论，假定猕猴桃种植户是拥有不完全信息的有限理性经济人，其是否会参与猕猴桃质量安全追溯体系的行为决策不仅取决于技术供给主体特征，同时也取决于技术需求主体特征。在借鉴相关研究成果基础上，结合实地调查情况，本书将影响猕猴桃种植户质量安全追溯体系参与行为的因素归纳为：技术供给主体特征（供应链组织特征、政府支持措施）、技术需求主体特征（户主特征、家庭特征、果农心理认知特征、猕猴桃生产销售特征）和区域变量。据此构建分析猕猴桃种植户质量安全追溯体系参与行为的理论框架（见图6-1）。

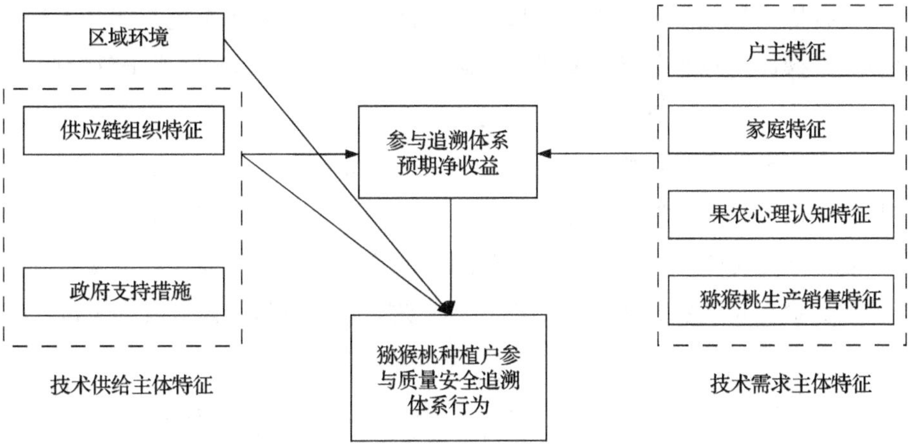

图 6-1　猕猴桃种植质量安全追溯体系参与行为理论分析框架

图 6-1 说明，猕猴桃种植户质量安全追溯体系参与行为是猕猴桃种植户在技术供给主体特征和技术需求主体特征的共同作用下所做出的技术选择行为。此外，猕猴桃种植户所处的区域环境也会影响其技术选择行为。

技术供给主体是指为果农提供猕猴桃质量安全可追溯管理服务的外部主体，包括供应链组织与政府两种类型。技术供给主体特征是影响果农参与猕猴桃质量安全追溯体系行为决策的主要外部环境因素，它不仅决定果农参与追溯体系的“资格”，对果农参与追溯体系施加经济约束与制度约束，同时也会影响果农对参与追溯体系净收益的预期，进而对果农参与追溯体系的行为决策构成影响。技术需求主体是指对猕猴桃质量安全可追溯管理服务产生需求的主体，在本书中特指猕猴桃种植户。技术需求主体特征是影响果农参与猕猴桃质量安全追溯体系行为决策的主要内部因素，它主要通过影响果农对参与追溯体系净收益的预期，进而对果农参与追溯体系的行为决策构成影响。

第二节　质量安全追溯体系参与行为的模型构建与变量选取

一、Binary Logistic 模型构建

本章的因变量为猕猴桃种植户质量安全追溯体系参与行为。从理论上讲，

参与猕猴桃质量安全追溯体系的果农必须严格按照追溯体系规定的技术标准进行生产操作，并如实填写果园生产管理档案，但由于本研究属于事后调查，难以准确获知果农的全过程生产行为，因此在实地调查中仅以果农是否填写果园生产管理档案作为判断其是否参与追溯体系的依据。若果农填写了果园生产管理档案，就认为其参与了追溯体系，则 $Y=1$；若果农没有填写果园生产管理档案，就认为其没有参与追溯体系，则 $Y=0$。由于模型因变量是一个二分类变量，故可采用 Binary Logistic 模型进行实证分析，模型表达式如下：

$$P_i = F(Y) = F(\beta_0 + \sum_{i=1}^{n}\beta_i X_i + \varepsilon) = \frac{1}{1+\exp\left[-\left(\beta_0+\sum_{i=1}^{n}\beta_i X_i+\mu\right)\right]} \tag{6-1}$$

$$\ln\frac{P_i}{1-P_i} = \beta_0 + \sum_{i=1}^{n}\beta_i X_i + \varepsilon \tag{6-2}$$

式中，P_i 代表因变量 Y 取值为 1 的概率，即果农参与猕猴桃质量安全追溯体系的概率，X_i 和 β_i 分别代表影响果农参与追溯体系行为决策的解释变量矩阵及其回归系数，ε 为随机扰动项，代表影响果农参与追溯体系行为决策的不可观测因素。

二、变量选取

在解释变量选取方面，本书借鉴已有的关于农户参与食品质量安全追溯体系行为的研究成果，并结合实地调查情况，假定猕猴桃种植户质量安全追溯体系参与行为决策受到以下 7 大类共 18 个解释变量的影响。各变量定义、赋值及描述性统计如表 6-1 所示。

（1）供应链组织特征。①供应链组织参与情况。由于供应链组织是实施猕猴桃质量安全可追溯管理的最重要主体，因此，那些加入具备追溯资格的供应链组织的果农相当于拿到了参与追溯体系的“资格证”，其参与追溯体系的可能性更大。②供应链组织培训与指导情况。技术培训与指导是提升农户信息获取能力与技术学习能力的最主要方式，因此，接受过供应链组织提供的生产档案记录培训与指导服务的果农更有可能参与追溯体系。③供应链组织检查生产档案情况。供应链组织通过检查果农生产档案记录情况，有利于形成果农记录生产档案的外部压力，因此，经常被供应链组织检查生产档案记录情况的果农更有可能参与追溯体系。④供应链组织收购追溯要求。已有研究表明，下游销售渠道对农产品的追溯要求对农户生产行为选择施加了经济约束，进而构成了农户参与追溯体系的外部压力（周洁红等，2013；黄彬红等，2015）。因此，本书假定所在供应链组织有收购追溯要求的果农更有可能参与追溯体系。

（2）政府支持措施。目前，陕西省猕猴桃质量安全追溯体系建设具有鲜明的“政府导向型”特征。从实践层面来看，目前地方政府主要通过提供生产档案记录培训与指导服务等方式引导果农自愿参与追溯体系。因此，本书选择“政府培训与指导情况”作为政府支持措施的代理变量，并假定该变量正向影响果农参与追溯体系行为。

（3）户主特征。①户主种植经验与②户主文化程度。户主种植经验及其文化程度是反映果农人力资本水平的重要指标，前者反映了果农“边干边学”的能力，后者反映了果农“社会学习”的能力（Genius 等，2014）。由于记录果园生产管理档案不仅要求果农熟练掌握猕猴桃的农事操作要领，而且要求果农具备较强的文字书写能力。因此，户主种植经验丰富和文化程度高的果农更有可能参与追溯体系。③户主是否为村干部或党员。与普通农户相比，村干部和党员普遍具有较高的政治觉悟和广泛的社会资本，其在采纳新技术方面通常比较积极（唐学玉等，2012），因而更有可能参与追溯体系。

（4）家庭特征。①是否为科技示范户。科技示范户不仅具有较强的技术学习能力，同时也是新技术的示范者与传播者，其参与追溯体系的可能性更大。②家庭务农劳力数。家庭务农劳力数反映了果农的劳动力资源禀赋。由于加入追溯体系意味着果农需要投入更多的劳力与精力，因此务农劳力数多的果农更有可能参与追溯体系（李凯等，2013）。③家庭人均年收入。家庭人均年收入的高低不仅直接影响果农采纳新技术的经济可行能力，同时也影响果农采纳新技术的内在动力。因此，本书假定家庭人均年收入越高的果农更有可能参与追溯体系。④家庭收入结构。猕猴桃收入占果农家庭收入比重越大，说明果农对猕猴桃收入的依赖性越强，就越有可能追加农业生产性投资以获取更高的经济利益（韩喜平，2004），其参与追溯体系的可能性更大。

（5）果农心理认知特征。①果农对可追溯猕猴桃价格预期。随着消费者对食品安全诉求的日益走高，可追溯农产品由于向消费者传递了农产品质量安全信号，使其价格普遍高于普通农产品价格（陈红华等，2016）。果农对可追溯猕猴桃价格预期越高，其对参与追溯体系的净收益预期就越高，就越有可能参与追溯体系。②果农对参与追溯体系风险预期。果农在进行生产经营决策时，既要考虑收益，也要考虑风险。对果农而言，参与追溯体系的最大风险在于：一旦将来由于自身的违规操作或过失操作发生猕猴桃质量安全问题，很有可能会面临巨大的赔偿责任。果农对参与追溯体系风险预期越高，其对参与追溯体系的净收益预期就越低，参与追溯体系的可能性就越小。

（6）猕猴桃生产销售特征。①猕猴桃种植规模。种植规模反映了果农的耕地资源禀赋。果农种植规模越大，其参与追溯体系的平均投资成本越小，规模效益越显著，因而更有可能参与追溯体系（王慧敏等，2011）。②猕猴桃质量认证等级。农产品质量认证既是建立农产品"优质优价"市场甄别机制的有效途径（耿宇宁等，2017），同时也是农产品质量安全追溯体系的重要组成部分（黄彬红等，2015）。猕猴桃质量认证等级越高，一方面，相应的猕猴桃市场销售溢价越高；另一方面，相应的猕猴桃质量安全标准要求也越高。为保证认证猕猴桃的可信度，供应链组织通常会要求果农提供果园生产管理档案，因此猕猴桃质量认证等级越高的果农通常更有动力和压力参与追溯体系。③合同保障。合同生产模式是保障农户收入与农产品质量安全的有效途径（胡定寰等，2006）。与合作社/龙头企业等供应链组织签订合同的果农由于获得了销售保障与溢价承诺，因而更有可能参与追溯体系。

（7）区域变量。由于调研区域包括周至县和眉县，两县不仅在自然环境、经济环境和社会文化环境方面存在差异，而且猕猴桃产业发展模式也有较大差异。这些变量可能会影响到不同地区果农参与追溯体系的行为决策，但又常常难以观测。因此，本书设置周至县和眉县两个区域虚拟变量来表示各地区特征，并且假定其对果农参与追溯体系行为的影响方向待定。

表 6-1　变量定义、赋值和统计性描述

变量名称		变量定义及赋值	均值	标准差
被解释变量				
果农质量安全追溯体系参与行为		果农记录果园生产管理档案=1；未记录=0	0.26	0.44
解释变量				
供应链组织特征	供应链组织参与情况	加入具备追溯资格的供应链组织=1；否=0	0.35	0.48
	供应链组织培训与指导情况	接受过供应链组织提供的生产档案记录培训与指导服务=1；否=0	0.32	0.45
	供应链组织检查生产档案情况	所在供应链组织有专员经常检查果农生产档案记录情况=1；否=0	0.19	0.39
	供应链组织收购追溯要求	所在供应链组织在收购猕猴桃时有追溯要求=1；否=0	0.22	0.42
政府支持措施	政府培训与指导情况	接受过政府提供的生产档案记录培训与指导服务=1；否=0	0.38	0.49
户主特征	户主种植经验	户主实际种植猕猴桃年限	13.30	7.16
	户主文化程度	户主实际受教育年限（年）	7.45	3.34
	户主是否为村干部或党员	是=1；否=0	0.10	0.30
	是否为科技示范户	是=1；否=0	0.14	0.35
家庭特征	家庭务农劳力数	家庭农业劳动力人数（人）	2.20	0.76
	家庭人均年收入	农户家庭人均年收入的对数值	8.99	0.86
	家庭收入结构	猕猴桃收入占农户家庭收入比例：>75%=4；50%~75%=3；25%~49%=2；<25%=1	3.39	1.26
果农心理认知特征	果农对可追溯猕猴桃价格预期	价格增幅较大=3；价格增幅较小=2；价格没变化=1	1.73	0.84
	果农对参与追溯体系风险预期	风险较大=3；风险较小=2；没有风险=1	2.42	0.80
猕猴桃生产销售特征	猕猴桃种植规模	农户猕猴桃种植面积（亩）	5.12	3.05
	猕猴桃质量认证等级	有机认证=3；绿色认证=2；无公害认证=1；无认证=0	0.93	0.94
	合同保障	合同农户=1；非合同农户=0	0.53	0.39
区域变量	眉县	眉县=1；周至县=0	0.51	0.50

资料来源：根据调研资料整理。

第三节 质量安全追溯体系参与行为的影响因素分析

在进行回归分析以前，首先，需要对全部解释变量进行多重共线性检验。检验结果表明，除供应链组织培训与指导情况变量（VIF=7.45）以外，其余各解释变量的 VIF 均小于 5。进一步对纳入模型的全部解释变量进行相关分析，结果显示，供应链组织参与情况与供应链组织培训与指导情况变量之间存在显著正相关关系。实地调查发现，通常那些加入具备追溯资格的供应链组织的果农大多接受过供应链组织提供的生产档案记录培训与指导服务，导致两变量间的正相关性。由于本书重点关注供应链组织参与情况对果农参与追溯体系行为的影响，因此为消除变量间多重共线性对结果的影响，将供应链组织培训与指导情况变量删除，并重新进行多重共线性检验，结果显示所有解释变量的 VIF 均小于 5，说明模型不存在严重的多重共线性问题，可以进行进一步的回归分析。本文运用 Stata12.0 软件，对样本数据进行 Binary Logistic 回归处理，结果如表 6-2 所示。从模型估计结果看，Wald 检验的卡方值通过了 1%的显著性检验，且模型的伪可决系数为 0.9529，说明模型整体拟合效果较好。为增强模型解释力，本书通过计算 $\partial pr(Y_i=j)/\partial X_i$ 以解释各自变量对猕猴桃种植户质量安全追溯体系参与程度的边际效应。

表 6-2 Binary Logistic 模型估计结果

解释变量	系数	标准差	Z 值	P 值	边际效应
供应链组织参与情况	5.403**	2.117	2.55	0.011	0.0404
供应链组织检查生产档案情况	2.581***	0.818	3.16	0.002	0.0391
供应链组织收购追溯要求	2.915***	0.833	3.50	0.000	0.0443
政府培训与指导情况	3.751***	1.333	2.81	0.005	0.0280
户主种植经验	0.081**	0.034	2.39	0.017	0.0006
户主文化程度	0.217*	0.128	1.70	0.089	0.0016
户主是否为村干部或党员	1.573	1.443	1.09	0.276	0.0117
是否为科技示范户	5.236**	2.095	2.50	0.012	0.0305
家庭务农劳力数	1.840*	1.019	1.81	0.071	0.0138
家庭人均年收入	0.051	1.595	0.03	0.975	0.0004

续表

解释变量	系数	标准差	Z 值	P 值	边际效应
家庭收入结构	0.695	0.738	0.94	0.346	0.0052
果农对可追溯猕猴桃价格预期	2.834***	1.002	2.83	0.005	0.0212
果农对参与追溯体系风险预期	-2.569**	1.078	-2.38	0.017	-0.0192
猕猴桃种植规模	0.397*	0.224	1.77	0.077	0.0030
猕猴桃质量认证等级	0.781**	0.384	2.03	0.042	0.0118
合同保障	0.783	3.675	0.21	0.831	0.0046
眉县	2.542	0.971	2.62	0.009	0.0385
常数项	-15.583	6.662	-2.34	0.019	
模型整体判别指标	Wald chi^2 (17) = 83.95***; Pseudo R^2 = 0.9529; Log pseudolikelihood = -26.587				
样本数	603				

注：*、**和***分别表示10%、5%和1%的显著性水平。

一、供应链组织特征对质量安全追溯体系参与行为的影响

在供应链组织特征中，供应链组织参与情况、供应链组织检查生产档案情况和供应链组织收购追溯要求均显著正向影响猕猴桃种植户质量安全追溯体系参与行为，这表明供应链组织特征已经成为影响果农参与猕猴桃质量安全追溯体系行为决策的重要外部环境因素。具体而言：①供应链组织参与情况通过了5%的显著性检验且其系数为正，说明那些加入具备追溯资格的供应链组织的果农更倾向于参与追溯体系，与前文预期一致。实地调查发现，在603户样本户中，有339户果农加入了合作社或成为龙头企业基地户，但其中仅有214户果农加入了具备追溯资格的合作社或龙头企业，这些果农获得了参与追溯体系的“资格”，有机会领取到供应链组织发放的果园生产管理档案，进而提高了其参与追溯体系的概率。然而，其余125户果农加入了不具备追溯资格的普通供应链组织。此外，还有264户果农未加入任何供应链组织。上述果农没有机会参与追溯体系。边际效应分析结果表明，加入具备追溯资格的供应链组织的果农参与追溯体系的概率比未加入具备追溯资格的供应链组织的果农高出4.04%。这表明大力发展具备追溯资格与能力的猕猴桃专业合作社和猕猴桃企业是建设猕猴桃质量安全追溯体系的重要前提条件。

②供应链组织检查生产档案情况通过了1%的显著性检验且其系数为正，说明供应链组织通过检查果农生产档案记录情况，提高了果农参与追溯体系的概率，与前文预期一致。边际效应分析结果表明，经常被供应链组织检查生产档案记录情况的果农参与追溯体系的概率比那些没有接受过检查或较少接受检查的果农高出3.91%。这表明供应链组织通过检查果农生产档案记录情况，形成了果农参与追溯体系的外部压力。③供应链组织收购追溯要求通过了1%的显著性检验且其系数为正，说明所在供应链组织有收购追溯要求的果农更倾向于参与追溯体系，与前文预期一致。实地调查发现，目前，一些猕猴桃专业合作社和猕猴桃企业（如齐峰果业公司、金桥果业合作社等）在向果农收购猕猴桃时，往往要求果农同时提交果园生产管理档案，并以此作为规范果农生产行为和保障猕猴桃质量安全的重要依据。果农在经济利益驱动下，往往会主动要求加入具备追溯资格的供应链组织，并认真填写果园生产管理档案。边际效应分析结果表明，所在供应链组织有收购追溯要求的果农参与追溯体系的概率比供应链组织没有收购追溯要求的果农高出4.43%。这表明供应链组织利用猕猴桃收购追溯要求改变了果农对参与追溯体系的净收益预期，形成了果农参与追溯体系的内在动力。

二、政府支持措施对质量安全追溯体系参与行为的影响

政府培训与指导情况通过了1%的显著性检验且其系数为正，说明接受过政府生产档案记录培训与指导服务的果农更倾向于参与猕猴桃质量安全追溯体系，与前文预期一致。在603户样本户中，有388户果农接受过政府提供的猕猴桃种植技术培训与指导服务，但其中仅有229户果农接受过政府提供的生产档案记录培训与指导服务，这些果农通过政府专项技术培训，不仅提高了其对生产档案记录重要性的认知程度，而且充分了解了生产档案记录的基本要求，进而提高了其实际参与追溯体系的概率。边际效应分析结果表明，接受过政府生产档案记录培训与指导服务的果农参与追溯体系的概率比未接受过政府生产档案记录培训与指导服务的果农高出2.80%。这表明政府支持措施是影响果农参与猕猴桃质量安全追溯体系行为决策的又一重要外部环境因素。

通过对比供应链组织特征与政府支持措施在促进果农参与猕猴桃质量安全追溯体系方面的作用，不难发现：供应链组织在促进果农参与追溯体系方面的作用整体大于政府支持措施，前者不仅赋予了果农参与追溯体系的“资格”，而且构成了果农参与追溯体系的外部压力与内在动力。

三、户主特征对质量安全追溯体系参与行为的影响

①户主种植经验通过了5%的显著性检验且其系数为正，说明户主种植经验越丰富的果农越倾向于参与猕猴桃质量安全追溯体系，与前文预期一致。实地调查发现，户主种植经验丰富的果农通常对猕猴桃农事操作要领更了解，这使其在记录果园生产管理档案方面更为轻车熟路，进而提高了其参与追溯体系的概率。边际效应分析结果表明，户主种植经验每增加1年，其参与追溯体系的概率将增加0.06%。②户主文化程度通过了10%的显著性检验且其系数为正，说明户主文化程度越高的果农越倾向于参与猕猴桃质量安全追溯体系，与前文预期一致。实地调查发现，户主文化程度为小学及以下学历的果农由于文化水平较低，因而在记录果园生产管理档案方面的难度很大，这些果农大多不愿意参与追溯体系。边际效应分析结果表明，户主受教育年限每增加1年，其参与追溯体系的概率将增加0.16%。上述结果表明，培育具有较高人力资本水平的猕猴桃种植户，是建设猕猴桃质量安全追溯体系的重要前提条件。③户主是否为村干部或党员正向影响果农参与追溯体系行为，但未能通过显著性检验。实地调查发现，户主为村干部或党员的果农通常具有较高的政治觉悟，能够意识到建设猕猴桃质量安全追溯体系的重要性，因而更倾向于参与追溯体系。但由于村干部或党员通常会兼任行政工作，进而影响其投入猕猴桃种植的时间与精力，导致该变量未能通过显著性检验。

四、家庭特征对质量安全追溯体系参与行为的影响

①是否为科技示范户通过了5%的显著性检验且其系数为正，说明科技示范户比普通果农更倾向于参与猕猴桃质量安全追溯体系，与前文预期一致。边际效应分析结果表明，科技示范户参与追溯体系的概率比普通果农高出3.05%。这表明科技示范户在参与猕猴桃质量安全追溯体系方面更加积极，

起到了技术先锋和示范作用。②家庭务农劳力数通过了 10%的显著性检验且其系数为正，说明果农家庭务农劳力数越多，就越倾向于参与猕猴桃质量安全追溯体系，与前文预期一致。实地调查发现，由于记录果园生产管理档案需要耗费一定的人工成本，因此家庭务农劳力数少的果农普遍缺乏参与追溯体系的内在积极性。边际效应分析结果表明，果农家庭务农劳力数每增加 1 人，其参与追溯体系的概率将增加 1.38%。这表明劳动力资源禀赋是影响果农参与追溯体系行为决策的重要内部因素之一。在农业劳动力成本持续走高的现实背景下，日趋短缺的农业劳动力将日益成为制约猕猴桃质量安全追溯体系建设的关键“掣肘”之一。③家庭人均年收入与④家庭收入结构正向影响果农参与追溯体系行为，但未能通过显著性检验。这表明尽管家庭人均年收入高和猕猴桃专业化经营程度高的果农更有可能参与追溯体系，但家庭收入水平与结构不是影响果农参与追溯体系行为决策的关键因素。

五、果农心理认知特征对质量安全追溯体系参与行为的影响

①果农对可追溯猕猴桃价格预期通过了 1%的显著性检验且其系数为正，说明果农对可追溯猕猴桃价格预期越高，就越倾向于参与猕猴桃质量安全追溯体系，与前文预期一致。边际效应分析结果表明，果农对可追溯猕猴桃价格预期每提高一个等级，其参与追溯体系的概率将增加 2.12%，说明市场需求是诱导果农参与追溯体系的重要驱动力。②果农对参与追溯体系风险预期通过了 5%的显著性检验且其系数为负，说明果农对参与追溯体系风险预期越低，就越倾向于参与猕猴桃质量安全追溯体系，与前文预期一致。边际效应分析结果表明，果农对可追溯猕猴桃风险预期每降低一个等级，其参与追溯体系的概率将增加 1.92%，说明风险规避倾向是阻碍果农参与追溯体系的重要因素之一。

六、猕猴桃生产销售特征对质量安全追溯体系参与行为的影响

①猕猴桃种植规模通过了 10%的显著性检验且其系数为正，说明种植规模越大的果农越倾向于参与猕猴桃质量安全追溯体系，与前文预期一致。实地调查发现，与中小果农相比，猕猴桃种植大户面临的销售压力更大，更希

望通过参与追溯体系以促进猕猴桃顺利销售和提高猕猴桃销售净利润。边际效应分析结果表明，果农种植规模每增加 1 亩，其参与追溯体系的概率将增加 0.30%。这表明耕地资源禀赋是影响果农参与追溯体系行为决策的重要内部因素之一。②猕猴桃质量认证等级通过了 5%的显著性检验且其系数为正，说明猕猴桃质量认证等级越高的果农参与猕猴桃质量安全追溯体系的概率更高，与前文预期一致。实地调查发现，在 603 户样本户中，有 378 户果农种植认证猕猴桃。其中，有 66 户果农种植有机猕猴桃且全部参与了追溯体系；有 48 户果农种植绿色猕猴桃，但其中仅有 36 户果农参与了追溯体系；有 264 户果农种植无公害猕猴桃，但其中仅有 54 户果农参与了追溯体系。显然，有机猕猴桃种植户参与追溯体系的比例显著高于绿色猕猴桃种植户和无公害猕猴桃种植户。边际效应分析结果表明，猕猴桃质量认证标识每提高一个等级，则果农参与追溯体系的概率将提高 1.18%。这表明通过建设与完善猕猴桃质量认证制度，提高猕猴桃质量认证等级，有利于构建猕猴桃优质优价的市场甄别机制，进而诱导猕猴桃果农主动参与追溯体系。③合同保障正向影响果农参与追溯体系行为，但未能通过显著性检验。实地调查发现，在 603 户样本户中，有 322 户果农与合作社/龙头企业签订了合同。但由于目前调研区域猕猴桃专业合作社和猕猴桃企业非均衡发展现象严重，使部分合作社已经异化成单纯的猕猴桃收购者，与果商无异，甚至部分合作社本身就是由果商成立的。这些合作社往往注重猕猴桃的外观品质，而忽略了其内在安全性，也很少监督指导果农生产过程。因此，尽管这些合作社与果农签订了合同，但不会影响果农参与追溯体系的行为决策。

七、区域变量对质量安全追溯体系参与行为的影响

区域变量通过了 1%的显著性检验且其系数为正，说明与周至县果农相比，眉县农户参与猕猴桃质量安全追溯体系的概率更高。边际效应分析结果表明，眉县果农参与追溯体系的概率比周至县果农高出 3.85%。究其原因，一方面，眉县猕猴桃产业化组织发育程度相对较高，因而在建设猕猴桃质量安全追溯体系方面走在前列。目前，眉县共有 18 家猕猴桃专业合作社和猕猴桃企业实施猕猴桃质量安全可追溯管理，而周至县仅有 9 家猕猴桃专业合作

社和猕猴桃企业实施猕猴桃质量安全可追溯管理。另一方面，在传统猕猴桃优势产区周至县，猕猴桃种植户大多拥有固定的猕猴桃销售渠道，果农普遍反映自家猕猴桃销路好，不愁卖，因而缺乏参与追溯体系的内在动力。

第四节　本章小结

本章利用陕西省猕猴桃主产区 603 户猕猴桃种植户调查数据，运用 Binary Logistic 模型实证分析了影响果农参与猕猴桃质量安全追溯体系行为的因素，研究结论如下：

第一，技术供给主体特征与技术需求主体特征是影响果农参与猕猴桃质量安全追溯体系行为的关键驱动因素。在技术供给主体特征方面，那些加入了具备追溯资格的供应链组织，经常被供应链组织检查生产档案记录情况，所在供应链组织有收购追溯要求和接受过政府生产档案记录培训与指导服务的果农更倾向于参与追溯体系。这表明，供应链组织与政府共同促进了果农参与猕猴桃质量安全追溯体系的行为，但供应链组织在促进果农参与追溯体系方面的作用明显大于政府，前者不仅赋予了果农参与追溯体系的“资格”，而且构成了果农参与追溯体系的外部压力与内在动力；在技术需求主体特征方面，户主种植经验丰富，文化程度高，拥有科技示范户称号，家庭务农劳力数多，对可追溯猕猴桃价格预期高，对参与追溯体系风险预期低，猕猴桃种植规模大和猕猴桃质量认证等级高的果农更倾向于参与猕猴桃质量安全追溯体系。

第二，果农参与猕猴桃质量安全追溯体系的行为存在明显地区差异性。与周至县果农相比，眉县果农更倾向于参与追溯体系，这主要与眉县猕猴桃产业化组织发育程度相对较高等因素有关。

第七章　猕猴桃种植户质量安全控制技术采纳效果评价

技术采纳效果不仅是政府评价新技术推广效果的重要判断依据，同时也是决定农户是否会持续采纳一项新技术的重要判断标准。猕猴桃质量安全控制技术推广与应用的主要目标包括安全目标与经济目标。其中，安全目标是指果农通过运用猕猴桃质量安全控制技术以实现控制和减少猕猴桃农药残留和氯吡脲残留，切实保障猕猴桃质量安全的目标；经济目标是指果农通过运用猕猴桃质量安全控制技术以实现提高果农猕猴桃亩均收入，切实保障果农种植收益的目标。其中，安全目标是政府和市场关注的焦点，而经济目标是农户关注的焦点。理想的技术推广效果应兼顾安全目标与经济目标。那么果农在采纳猕猴桃质量安全控制技术以后，能否实现安全目标？能否实现经济目标？为回答上述问题，本章将分别对果农采纳不同类型猕猴桃质量安全控制技术的安全效果与经济效果做出评价。

第一节　质量安全控制技术采纳的安全效果评价

一、安全效果评价理论分析

猕猴桃种植户质量安全控制技术采纳的安全效果是指猕猴桃质量安全控制技术在控制和减少猕猴桃农药残留和氯吡脲残留，保障猕猴桃质量安全方面的效果。事实上，猕猴桃质量安全控制技术包括猕猴桃绿色防控技术和猕猴桃质量安全追溯体系两项子技术。由于目前上述两项子技术尚未实现有效融合与统一推广，因此在评价猕猴桃种植户质量安全控制技术采纳的安全效果时，应分别对果农绿色防控技术采纳的安全效果和果农质量安全追溯体系参与的安全效果进行评价。

在果农绿色防控技术采纳的安全效果评价方面，果农通过运用生物防治、物理防治、农业防治、科学用药等多项猕猴桃绿色防控技术措施以实现对病虫害的综合防控，有利于从动态角度提高果农病虫害管理水平，降低果农对化学农药的依赖性，提高果农农药利用效率，最大限度减少果农农药使用量，进而从生产角度控制和减少猕猴桃农药残留（赵连阁等，2012）。作为典型的质量安全生产技术，猕猴桃绿色防控技术主要通过影响和改变果农农药使用行为，从而最大限度减少猕猴桃体内的农药残留量。因此，本书将通过分析果农绿色防控技术采纳对其农药使用量的影响，以此评价果农绿色防控技术采纳的安全效果，重点考察猕猴桃绿色防控技术在减少果农农药使用方面的作用效果。考虑到不同类型农药在成分、毒性、药理等方面的差异，很难直接将不同类型农药的使用剂量进行加总，因此在借鉴相关研究成果基础上，本书选取果农农药施用次数①和果农农药施用成本②两项指标作为表征果农农药使用量的代理变量。一般而言，果农农药施用次数越多、农药施用成本越高，说明果农农药使用量越大，则残留在猕猴桃体内的农药量越大，即果农生产行为更不安全。

在果农质量安全追溯体系参与的安全效果评价方面，果农通过参与猕猴桃质量安全追溯体系，有利于规范其农业化学投入品使用行为，减缓果农“道德风险”问题，进而从管理角度控制和减少猕猴桃农药残留和氯吡脲残留。根据猕猴桃质量安全可追溯管理的基本要求，果农不仅需要按照追溯体系规定的技术标准进行生产操作，特别是严格遵循用药规定与标准，而且必须如实填写果园生产管理档案，详细登记农药（含氯吡脲）购买和使用情况。一旦将来发生猕猴桃质量安全问题（如猕猴桃农药残留超标或氯吡脲残留超标），追溯体系还将追溯到发生质量安全问题的具体环节与具体责任人，届时果农不仅可能面临猕猴桃退货风险，还可能面临巨大的赔偿责任和信誉损失

① 果农农药施用次数是指果农在一个猕猴桃生长周期内施用杀虫剂、杀菌剂和除草剂等各类农药的总次数。

② 果农农药施用成本是指果农在一个猕猴桃生长周期内施用杀虫剂、杀菌剂和除草剂等各类农药的亩均支出。

风险。作为典型的质量安全管理技术，猕猴桃质量安全追溯体系主要通过影响和改变果农农药使用行为和膨大剂使用行为，从而最大限度减少猕猴桃体内的农药残留量和氯吡脲残留量。因此，本书通过分析果农质量安全追溯体系参与对其农药使用行为和膨大剂使用行为的影响，以此评价果农质量安全追溯体系参与的安全效果，重点考察猕猴桃质量安全追溯体系在减少和规范果农农药使用和膨大剂使用方面的作用效果。

需要指出的是，尽管猕猴桃绿色防控技术与猕猴桃质量安全追溯体系都旨在降低猕猴桃体内的农药残留量，但两项新技术的作用机理不同，因此不能相互替代。其中，猕猴桃绿色防控技术侧重于降低果农农药使用量（用多少农药）；猕猴桃质量安全追溯体系不仅影响果农农药使用量（用多少农药），而且影响果农农药使用方法（怎么用农药）。在借鉴相关研究成果基础上，本书选取果农农药施用间隔期①和果农农药施用浓度②两项指标作为表征果农农药使用方法的代理变量。一般而言，果农农药施用间隔期越短、农药施用浓度越高，说明果农农药使用方法越不规范，则残留在猕猴桃体内的农药量越大，即果农生产行为更不安全。

与农药控制相比，膨大剂控制难度更大。这主要是因为：目前在生产技术方面，尚未有完全有效的且经济可行的膨大剂替代型技术。因此，只能单纯依赖管理技术（猕猴桃质量安全追溯体系）以实现降低猕猴桃体内氯吡脲残留量的目的。值得注意的是：目前，我国猕猴桃膨大剂管理采用双重标准。其中，国家标准③属于膨大剂管理的低标准，是对果农膨大剂使用的“度”的约束；陕西省标准④属于膨大剂管理的高标准，是对果农膨大剂使用的

---

① 果农农药施用间隔期是指果农最后一次喷洒农药到猕猴桃采收之间的时间间隔。在猕猴桃生产中，最后一次喷药与猕猴桃采收之间的时间间隔必须大于安全间隔期（自喷药后到农药残留量降到最大允许农药残留量所需时间间隔），非安全间隔期以内不允许采收猕猴桃。

② 果农农药施用浓度是指果农稀释农药的方式，即果农是否按照说明书规定的标准剂量进行农药配比稀释。若果农严格按照说明书标准剂量进行农药配比稀释或者农药配比浓度小于标准剂量，就认为果农农药施用浓度合理。反之，若果农的农药配比浓度高于标准剂量或者农药配比浓度较为随意，就认为果农农药施用浓度不合理。

③ 依据我国《食品安全国家标准》中的《食品中农药最大残留限量》规定，氯吡脲在猕猴桃体内的最大残留限量为 0.05 毫克/千克。

④ 陕西省人民政府办公厅《关于在猕猴桃生产中禁用膨大剂的通知》（陕政办发〔2011〕58 号）中规定：严禁猕猴桃生产者在生产过程中使用膨大剂。

“质”的约束。借鉴上述标准，本书将果农膨大剂使用行为分为两方面：①果农是否使用膨大剂（用不用膨大剂）；②果农膨大剂施用浓度①（怎样用膨大剂）。前者反映了膨大剂管理的高标准。参照这一标准，与未使用膨大剂的果农相比，使用膨大剂的果农生产行为更不安全；后者反映了膨大剂管理的低标准。参照这一标准，猕猴桃氯吡脲残留限量超过 0.05 毫克/千克的果农生产行为更不安全。事实上，果农是否使用膨大剂的行为比较容易识别，但果农是否在氯吡脲最大残留限量范围内使用膨大剂的行为则较难识别。通过咨询相关园艺学专家和植保学专家，本书主要以果农是否严格按照氯吡脲说明书规定的标准剂量进行膨大剂配比稀释作为判断依据。若果农严格按照氯吡脲说明书规定的标准剂量进行膨大剂配比稀释或者膨大剂配比浓度低于标准剂量，就认为果农在氯吡脲最大残留限量范围内使用膨大剂，说明果农膨大剂使用方法较为规范。否则，若果农的膨大剂配比浓度高于标准剂量或者膨大剂配比浓度较为随意，则认为果农在氯吡脲最大残留限量范围外使用膨大剂，说明果农膨大剂使用方法不规范。事实上，猕猴桃质量安全追溯体系不仅影响果农是否使用膨大剂的行为，而且影响果农膨大剂施用浓度是否合理的行为，为此需要着重分析猕猴桃质量安全追溯体系对果农膨大剂使用的“质”与“度”的影响。据此，构建评价猕猴桃种植户质量安全控制技术采纳的安全效果的理论框架（见图 7-1）。

由图 7-1 可知，猕猴桃绿色防控技术主要通过综合防控猕猴桃病虫害进而对果农农药使用量产生影响，猕猴桃质量安全追溯体系主要通过规范果农农业化学投入品使用行为，进而对果农农药使用量、农药使用方法以及膨大剂使用的“质”与“度”产生影响。

二、安全效果评价描述性统计分析

本书首先运用描述性统计分析法分别对果农绿色防控技术采纳的安全效

① 果农膨大剂施用浓度是指果农稀释膨大剂的方式，即果农是否按照说明书规定的标准剂量进行膨大剂配比稀释。若果农严格按照说明书标准剂量进行膨大剂配比稀释或者膨大剂配比浓度小于标准剂量，就认为果农膨大剂施用浓度合理；反之，若果农的膨大剂配比浓度高于标准剂量或者膨大剂配比浓度较为随意，就认为果农膨大剂施用浓度不合理。

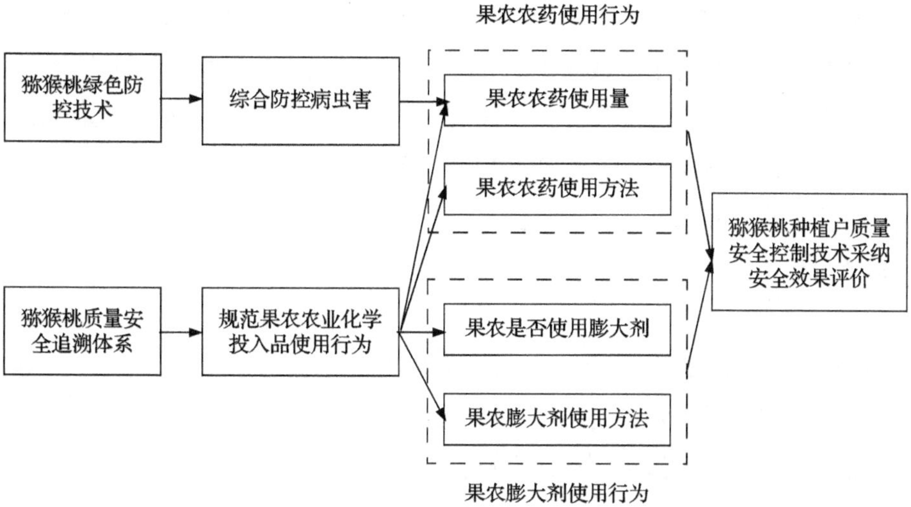

图 7-1　猕猴桃种植户质量安全控制技术采纳安全效果评价的理论分析框架

果和果农质量安全追溯体系参与的安全效果进行评价。

（一）绿色防控技术采纳的安全效果评价

为评价果农绿色防控技术采纳的安全效果，本书按照果农采纳的猕猴桃绿色防控子技术种类，将样本户分为 4 组，即未采纳绿色防控技术包中任何子技术和仅采纳农业防治技术的果农、采纳 2 项子技术（包括农业防治技术和其他任何 1 项子技术）的果农、采纳 3 项子技术（包括农业防治技术和其他任何 2 项子技术）的果农以及同时采纳 4 项子技术的果农。通过对比 4 组样本户的农药施用成本和农药施用次数，以此考察猕猴桃绿色防控技术在减少果农农药使用方面的作用效果（见表 7-1）。

表 7-1　样本户绿色防控技术采纳和农药使用情况对比

	户数（户）	农药施用成本（元/亩）	农药施用次数（次）
未采纳任何子技术和仅采纳农业防治技术	219	132.91	5.57
采纳 2 项子技术	164	120.03	4.90
采纳 3 项子技术	130	111.59	4.60
采纳 4 项子技术	90	102.72	4.52

资料来源：根据调研资料整理。

由表 7-1 可知，果农采纳的猕猴桃绿色防控子技术种类越多，其农药施用成本越低，农药施用次数越少。其中，同时采纳 4 项子技术的果农农药施用成本最低，农药施用次数最少；未采纳任何子技术和仅采纳农业防治技术的果农农药施用成本最高，农药施用次数最多。可见，猕猴桃绿色防控技术的集成采纳有效降低了果农农药使用量，进而实现了控制和减少猕猴桃农药残留的目标。

（二）质量安全追溯体系参与行为效果评价

为评价果农质量安全追溯体系参与的安全效果，本书按照果农是否参与猕猴桃质量安全追溯体系，将样本户分为 2 组，即未参与追溯体系的果农和参与追溯体系的果农。通过对比 2 组样本户的农药施用成本、农药施用次数、农药施用间隔期和农药施用浓度，以此考察猕猴桃质量安全追溯体系在减少和规范果农农药使用方面的作用效果（见表 7-2）。通过对比 2 组样本户是否使用膨大剂和膨大剂施用浓度是否合理的行为，以此考察猕猴桃质量安全追溯体系在减少和规范果农膨大剂使用方面的作用效果（见表 7-3）。

表 7-2 样本户质量安全追溯体系参与和农药使用情况对比

	户数（户）	农药施用成本（元/亩）	农药施用次数（次）	农药施用间隔期（天）	农药施用浓度合理的户数（户）及占比（%）	农药施用浓度不合理的户数（户）及占比（%）
未参与追溯体系	447	139.18	5.82	38.06	196（43.62）	252（56.38）
参与追溯体系	156	97.77	4.06	48.01	156（100.00）	0（0.00）

资料来源：根据调研资料整理。

表 7-2 说明，与未参与猕猴桃质量安全追溯体系的果农相比，参与追溯体系的果农不仅农药施用成本更低，农药施用次数更少，农药施用间隔期更长，而且其农药施用浓度也更加合理。在参与追溯体系的 156 户样本户中，农药施用浓度合理的果农有 156 户，占参与追溯体系样本户总数的 100%；在未参与追溯体系的 447 户样本户中，农药施用浓度合理的果农仅有 196 户，占未参与追溯体系样本户总数的 43.62%。这表明猕猴桃质量安全追溯体系不

仅有效降低了果农农药使用量，而且规范了其农药使用行为。

表 7-3　样本户质量安全追溯体系参与和膨大剂使用情况对比

	户数（户）	未使用膨大剂的户数（户）及占比（%）	膨大剂施用浓度合理的户数（户）及占比（%）	膨大剂施用浓度不合理的户数（户）及占比（%）
未参与追溯体系	447	6（1.34）	205（45.86）	236（52.80）
参与追溯体系	156	66（42.31）	90（57.69）	0（0.00）

资料来源：根据调研资料整理。

表 7-3 说明，与未参与猕猴桃质量安全追溯体系的果农相比，参与追溯体系的果农不仅更少使用膨大剂，而且其膨大剂施用浓度也更加合理。在参与追溯体系的 156 户样本户中，未使用膨大剂的果农有 66 户，膨大剂施用浓度合理的果农有 90 户，各占参与追溯体系样本户总数的 42.31%和 57.69%；在未参与追溯体系的 447 户样本户中，未使用膨大剂的果农仅有 6 户，膨大剂施用浓度合理的果农仅有 205 户，各占未参与追溯体系样本户总数的 1.34%和 45.86%，同时还有 236 户果农的膨大剂施用浓度不合理，占未参与追溯体系样本户总数的 52.80%。这表明猕猴桃质量安全追溯体系不仅有效减少了果农使用膨大剂的现象，而且规范了其膨大剂使用行为，进而实现了控制和减少猕猴桃氯吡脲残留的目标。

上述描述性统计分析结果表明，猕猴桃绿色防控技术的集成采纳在减少果农农药使用方面的作用效果十分显著，而猕猴桃质量安全追溯体系在减少和规范果农农药使用和膨大剂使用方面的作用效果十分显著。

三、安全效果评价模型构建与变量选取

由于描述性统计分析未能考虑到户主特征、家庭特征等控制变量对果农农药使用行为和膨大剂使用行为的影响，其研究结论并不精确。为定量评价猕猴桃种植户质量安全控制技术采纳的安全效果，准确估计猕猴桃绿色防控技术在减少果农农药使用方面的作用效果以及猕猴桃质量安全追溯体系在减少和规范果农农药使用和膨大剂使用方面的作用效果，有必要通过构建经济计量模型（包括果农农药使用行为模型和果农膨大剂使用行为模型）进行实

证分析。

（一）农药使用行为的模型构建与变量选取

为定量评价不同类型猕猴桃质量安全控制技术在减少和规范果农农药使用方面的作用效果，本书拟构建以下四个经济计量模型实证分析影响果农农药使用行为的因素，重点分析猕猴桃绿色防控技术对果农农药使用量（具体表现为果农农药施用成本和果农农药施用次数）的影响以及猕猴桃质量安全追溯体系对果农农药使用量和农药使用方法（具体表现为果农农药施用间隔期和果农农药施用浓度）的影响。

$$PC_i = \alpha_0 + \alpha_1 GT_i + \alpha_2 ZS_i + D'_i\gamma + \varepsilon_{1i} \tag{7-1}$$

$$PN_i = \beta_0 + \beta_1 GT_i + \beta_2 ZS_i + D'_i\eta + \varepsilon_{2i} \tag{7-2}$$

$$PD_i = \theta_0 + \theta_1 ZS_i + D'_i\pi + \varepsilon_{3i} \tag{7-3}$$

$$PT_i = \gamma_0 + \gamma_1 ZS_i + D'_i\zeta + \varepsilon_{4i} \tag{7-4}$$

式中，因变量 PC_i 代表果农农药施用成本，属于连续型变量，故可采用 OLS 模型进行实证分析。PN_i 与 PD_i 分别代表果农农药施用次数与果农农药施用间隔期，两变量均属于非负整数的计数型数据（离散型变量的一种），故可采用泊松回归模型或负二项回归模型进行实证分析。泊松回归与负二项回归的主要区别在于：泊松回归必须满足均等分散条件，即因变量的期望值等于方差。若因变量的方差明显大于期望值，即存在“过度分散”现象，则应选择负二项回归模型（陈强，2013）。对样本果农农药施用次数与农药施用间隔期的描述性统计分析结果表明，前者满足“均等分散”条件，故应采用泊松回归模型，而后者不满足“均等分散”条件，故应采用负二项回归模型。PT_i 代表果农农药施用浓度。若果农农药施用浓度合理（果农严格按照农药说明书规定的标准剂量进行农药配比稀释或农药配比浓度小于标准剂量），则 $PT_i = 1$；若果农农药施用浓度不合理（果农农药配比浓度高于标准剂量或农药配比浓度较为随意），则 $PT_i = 0$。鉴于 PT 属于二分类变量，故可采用 Binary Logistic 回归模型进行实证分析。

在解释变量选取方面，GT_i 代表果农绿色防控技术采纳变量。由于猕猴桃绿色防控技术并非单一技术，而是一个包含生物防治、物理防治、农业防治、科学用药四项子技术在内的完整技术包。果农采纳的技术包中的子技术种类越多，说明对绿色防控技术的采纳程度越高。因此，本书以“果农采纳的猕猴桃绿色防控子技术种类”作为 GT_i 的代理变量。GT_i 是典型的多值变量，其取值分别为 0、1、2、3。若果农未采纳技术包中的任何子技术或仅采纳农业防治技术，则 $GT_i = 0$；若果农采纳技术包中的 2 项子技术，则 $GT_i = 1$；若果农采纳技术包中的 3 项子技术，则 $GT_i = 2$；若果农同时采纳技术包中的全部 4 项子技术，则 $GT_i = 3$；ZS_i 代表果农质量安全追溯体系参与变量。由于果农只有参与追溯体系或未参与追溯体系两种状态，因此本书用“果农是否参与猕猴桃质量安全追溯体系”作为 ZS_i 的代理变量。ZS_i 是典型的二值变量。若果农参与了猕猴桃质量安全追溯体系，则 $ZS_i = 1$；若果农没有参与追溯体系，则 $ZS_i = 0$。根据理论分析框架可知，猕猴桃绿色防控技术与猕猴桃质量安全追溯体系共同影响果农对农药使用量的选择行为，因此模型 1~2 的核心解释变量均为 GT_i 和 ZS_i 。此外，猕猴桃质量安全追溯体系还影响果农对农药使用方法的选择行为，因此模型 3~4 的核心解释变量均为 ZS_i 。D 代表影响猕猴桃种植户农药使用行为的控制变量，ε_{1i}、ε_{2i}、ε_{3i}、ε_{4i} 为各方程随机扰动项。

在控制变量选取方面，借鉴已有的关于农户农药使用行为的研究成果，并结合实地调研情况，将影响果农农药使用行为的控制变量①分为四大类，即户主特征（户主年龄、户主性别）、家庭特征（家庭收入结构）、猕猴桃生产销售特征（果园病虫害严重程度、是否雇工施用农药、销售渠道农药残留检测）、政府干预（政府农药残留检测、政府组织施药技能培训）。各变量定义、赋值及描述性统计结果如表 7-4 所示。

（二）膨大剂使用行为的模型构建与变量选取

实地调研发现，果农膨大剂使用行为决策分为两个阶段：第一阶段，决

① 为了尽可能地消除各解释变量之间多重共线性对结果的影响，本书在选取影响猕猴桃种植户农药施用行为和膨大剂施用行为的控制变量时，未选取与果农绿色防控技术采纳有关的质量认证、合同保障、户主风险偏好特征等变量；未选取与果农质量安全追溯体系参与有关的供应链组织参与情况、户主种植经验、户主文化程度、家庭务农劳力数、种植规模、猕猴桃质量认证等级、区域变量等。

定是否使用膨大剂；第二阶段，决定膨大剂施用浓度。只有使用膨大剂的果农才会做出如何使用膨大剂（确定膨大剂施用浓度）的行为决策。由此可见，果农膨大剂使用行为决策是两个有先后顺序且互为依赖的阶段。如果只选择那些使用膨大剂的果农作为样本而不是随机选择样本总体，容易出现样本选择偏差问题，而采用 Heckman Probit 选择模型可以有效避免样本选择偏差（乔娟等，2017）。因此，本书拟运用 Heckman Probit 两阶段估计法实证分析影响果农膨大剂使用行为的因素。

第一阶段：主要考察影响果农是否使用膨大剂行为决策的因素，模型表达式如下：

$$P(Y_i = 1) = G(\phi_0 + \phi_1 ZS_i + X'_i \pi) \tag{7-5}$$

式中，Y_i 为因变量，代表果农是否使用膨大剂的行为，是典型的二值变量。若果农使用膨大剂，则 $Y_i = 1$；若果农未使用膨大剂，则 $Y_i = 0$。$G(\cdot)$ 为累积分布函数。ZS_i 代表果农质量安全追溯体系参与变量。X 代表影响果农是否使用膨大剂行为的控制变量。

第二阶段：针对已经使用膨大剂的果农，主要考察影响其膨大剂施用浓度是否合理行为决策的因素，模型表达式如下：

$$Y_i^* = \lambda_0 + \lambda_1 ZS_i + W'_i \gamma + \mu_i \tag{7-6}$$

式中，Y_i^* 代表无法观测的潜变量，其与可观测数据 Y_i 之间的关系如下：

$$Y_i = \begin{cases} 0; & Y_i^* \leqslant 0 \\ Y_i^*; & Y_i^* > 0 \end{cases} \tag{7-7}$$

在第二阶段，若果农膨大剂施用浓度合理，即果农严格按照氯吡脲说明书规定的标准剂量进行膨大剂配比稀释或膨大剂配比浓度小于标准剂量，则第二阶段因变量取值为 1；反之，若果农膨大剂施用浓度不合理，即果农膨大剂配比浓度高于标准剂量或膨大剂配比浓度比较随意，则第二阶段因变量取值为 0。ZS_i 代表果农质量安全追溯体系参与变量，W_i 代表影响果农膨大剂施用浓度是否合理行为的控制变量，μ_i 为随机扰动项。

根据理论分析框架可知，猕猴桃质量安全追溯体系不仅影响果农是否使用膨大剂的行为决策，同时也影响其膨大剂施用浓度是否合理的行为决策。因此，在 Heckman Probit 选择模型中，ZS_i 在两阶段中均为核心解释变量。需要指出的是，由于果农膨大剂使用行为的特殊性，因此在 Heckman Probit 选择模型中，第一阶段因变量取值为 0（果农不使用膨大剂）代表果农生产行为更加安全；第二阶段因变量取值为 1（果农膨大剂施用浓度合理）代表果农生产行为更加安全。因此，本书假定果农质量安全追溯体系参与变量在第一阶段的影响方向为负，在第二阶段的影响方向为正。

在控制变量选取方面，目前国内外关于农户膨大剂使用行为的研究较少，且已有研究主要集中在对农户弃用膨大剂意愿的影响因素分析方面（朱阵国等，2014），较少考虑农户膨大剂使用行为的两阶段特点。由于膨大剂属于农业部规定的广义农药范畴，因此本书借鉴已有的关于农户农药使用行为的研究成果，并结合实地调研情况，将影响猕猴桃种植户膨大剂使用行为的控制变量分为四大类：户主特征（户主年龄、户主性别）、家庭特征（家庭收入结构）、猕猴桃生产销售特征（是否雇工施用膨大剂、销售渠道氯吡脲残留检测、销售合同是否设置禁施膨大剂条款）、政府干预（政府氯吡脲残留检测、政府宣传、政府处罚）。其中，“销售合同是否设置禁施膨大剂条款”是影响果农是否使用膨大剂行为的差异化控制变量，其余各变量在 Heckman Probit 模型两阶段中均为共同控制变量（见表 7-4）。

表 7-4　变量定义、赋值和统计性描述

变量名称	变量定义及赋值	均值	标准差
被解释变量			
果农农药施用成本	猕猴桃一个生长周期内果农亩均农药支出（元/亩）	125.84	82.52
果农农药施用次数	猕猴桃一个生长周期内果农农药施用次数（次）	5.16	2.56
果农农药施用间隔期	果农最后一次喷洒农药到猕猴桃采收的间隔天数（天）	43.28	21.58
果农农药施用浓度	果农农药施用浓度合理=1；不合理=0	0.58	0.49
果农是否使用膨大剂	果农使用膨大剂=1；未使用膨大剂=0	0.88	0.32
果农膨大剂施用浓度	果农膨大剂施用浓度合理=1；不合理=0	0.49	0.50
果农猕猴桃亩均收入	果农每亩猕猴桃销售收入（元/亩）	5845.00	3775.36
解释变量			
核心变量			

续表

变量名称		变量定义及赋值	均值	标准差
果农绿色防控技术采纳		果农采纳的猕猴桃绿色防控子技术种类：采纳4项子技术=3；采纳3项子技术=2；采纳2项子技术=1；未采纳任何子技术或仅采纳农业防治技术=0	1.15	1.07
果农质量安全追溯体系参与		果农是否参与猕猴桃质量安全追溯体系：参与=1；未参与=0	0.26	0.44
控制变量				
户主特征	户主年龄	户主实际年龄（岁）	53.45	10.07
	户主性别	男性户主=1；女性户主=0	0.86	0.35
家庭特征	家庭收入结构	猕猴桃收入占农户家庭收入比例：>75%=4；50%~75%=3；25%~49%=2；<25%=1	2.97	1.04
猕猴桃生产销售特征	果园病虫害严重程度	非常严重=3；比较严重=2；不太严重=1	2.06	0.74
	是否雇工施用农药	是=1；否=0	0.57	0.42
	是否雇工施用膨大剂	是=1；否=0	0.73	0.39
	销售渠道农药残留检测	接受过收购商的农药残留检测=1；否=0	0.28	0.45
	销售渠道氯吡脲残留检测	接受过收购商的膨大剂残留检测=1；否=0	0.22	0.37
	销售合同是否设置禁施膨大剂条款	是=1；未签订销售合同或销售合同不设置禁施膨大剂条款=0	0.11	0.32
	劳动投入	果农在猕猴桃生产中投入的每亩用工量（天/亩）	32.60	10.18
	资本投入	果农在猕猴桃生产中投入的各项货币支出总额（不含雇工支出）（元/亩）	2487.54	1396.15
	是否拥有自主猕猴桃品牌	是=1；否=0	0.15	0.36
	猕猴桃销售渠道类型	全部销往现代销售渠道=3；部分销往现代销售渠道，部分销往传统销售渠道=2；全部销往传统销售渠道=1	1.86	0.72

续表

变量名称		变量定义及赋值	均值	标准差
政府干预	政府农药残留检测	接受过政府的农药残留检测=1；否=0	0.12	0.32
	政府氯吡脲残留检测	接受过政府的膨大剂残留检测=1；否=0	0.08	0.27
	政府组织施药技能培训	接受过政府组织的农药施用技能培训=1；否=0	0.74	0.44
	政府宣传	当地政府宣传过膨大剂的危害性=1；否=0	0.98	0.14
	政府处罚	因违规使用膨大剂被政府处罚=1；否=0	0.05	0.31

资料来源：根据调研资料整理。

四、安全效果评价实证结果与分析

（一）农药使用行为的影响因素分析

在进行回归分析以前，首先对纳入猕猴桃种植户农药使用行为模型1~4的全部解释变量进行多重共线性检验。检验结果表明，模型1~4中所有解释变量的VIF均小于5，说明变量间不存在严重的多重共线性问题，可以进行进一步的回归分析。

根据陕西省猕猴桃主产区603户猕猴桃种植户调查数据，运用Stata12.0软件分别对模型1（果农农药施用成本模型）进行普通最小二乘（OLS）估计；对模型2（果农农药施用次数模型）进行泊松回归估计；对模型3（果农农药施用间隔期模型）进行负二项回归估计；对模型4（果农农药施用浓度模型）进行Binary Logistic回归估计，同时为应对可能存在的异方差使用了稳健标准差，模型估计结果如表7-5所示。从模型1的估计结果看，模型可决系数为0.698，且F检验值通过了1%的显著性检验，说明模型1具有较好的解释力；从模型2的估计结果看，Wald检验的卡方值通过了1%的显著性检验，对数似然值为-584.36，说明模型2具有较好的解释力；从模型3的估计结果看，alpha=0.079，其95%的置信区间为（0.063，0.101），故可在5%的显著性水平上拒绝过度分散参数“alpha=0”的原假设，说明使用负二项回归模型较为合理。此外，模型3的Wald检验卡方值通过了1%的显著性检验，对数似然值为-1209.54，说明模型3具有较好的解释力；从模型4的估计结果看，伪可决系数为0.468，且似然比检验的卡方值通过了1%的显著性检验，对数似然值为-303.42，说明模型4具有较好的解释力。

表7-5 农药使用行为影响因素分析结果

解释变量	模型1 农药施用 成本模型 （OLS）	模型2 农药施用 次数模型 （泊松回归）	模型3 农药施用 间隔期模型 （负二项回归）	模型4 农药施用 浓度模型 （Binary Logistic）
果农绿色防控技术采纳	-44.110*** (8.306)	-0.476** (0.035)	—	—
果农质量安全追溯体系参与	-23.554*** (8.858)	-0.057** (0.024)	0.508*** (0.077)	4.314*** (0.563)
户主年龄	0.047 (0.403)	0.001 (0.001)	-0.003* (0.002)	-0.044** (0.019)
户主性别	18.576* (11.073)	0.135* (0.070)	-0.112* (0.068)	-0.718** (0.320)
家庭收入结构	-1.010 (4.112)	0.007 (0.014)	0.002 (0.017)	0.818*** (0.314)
果园病虫害严重程度	9.288* (5.412)	0.058** (0.025)	-0.033 (0.026)	0.062 (0.446)
是否雇工施用农药	-1.289** (0.550)	0.025 (0.179)	0.004 (0.005)	0.054 (0.477)
销售渠道农药残留检测	-6.138** (2.560)	-0.469* (0.255)	0.019** (0.009)	1.689* (0.896)
政府农药残留检测	-1.118 (0.973)	-0.009 (0.007)	0.002 (0.005)	0.103 (0.089)
政府组织施药技能培训	-4.191** (2.105)	-0.181** (0.090)	0.212** (0.108)	0.040* (0.021)
常数项	164.055*** (47.768)	2.029*** (0.233)	3.399*** (0.162)	-4.665*** (1.654)
模型整体判别指标	R^2 = 0.698; F=84.65***	Wald chi^2 = 254.07***; Log pseudo-likelihood = -584.36	Alpha=0.079**; Waldchi^2=445.29***; Log pseudo-likelihood= -1209.54	Pseudo R^2 = 0.468LRchi^2 = 355.34*** Log likelihood = -303.42
样本数	603	603	603	603

注：*、**和***分别表示10%、5%和1%的显著性水平，括号内为回归系数的标准差。

1. 果农绿色防控技术采纳对农药使用行为的影响

在模型1~2中，果农绿色防控技术采纳变量分别通过了1%和5%的显著性检验且其系数为负，说明果农采纳的猕猴桃绿色防控子技术种类显著负向影响其农药施用成本和农药施用次数，即果农采纳的猕猴桃绿色防控子技术种类越多，其农药使用量越低。究其原因，猕猴桃绿色防控技术包中不同子技术的作用机理不同，其能够有效防控的猕猴桃病虫害种类也不同。因此，果农采纳的技术包中的子技术种类越多，就越有利于充分发挥技术包中各项子技术之间的互补效应，增强病虫害防治效果，进而减少了果农对化学农药的依赖性并提升了果农农药利用效率，并进一步导致果农农药使用量减少。这表明猕猴桃绿色防控技术的集成采纳有效减少了果农农药使用量，即猕猴桃绿色防控技术在减少果农农药使用方面的作用效果十分显著。

2. 果农质量安全追溯体系参与对农药使用行为的影响

在模型1~2中，果农质量安全追溯体系参与变量分别通过了1%和5%的显著性检验且其系数为负，说明与未参与猕猴桃质量安全追溯体系的果农相比，参与追溯体系的果农农药施用成本越低，农药施用次数越少，即果农通过参与猕猴桃质量安全追溯体系有效减少了其农药使用量；在模型3~4中，果农质量安全追溯体系参与变量均通过了1%的显著性检验且其系数为正，说明与未参与猕猴桃质量安全追溯体系的果农相比，参与追溯体系的果农农药施用间隔期更长，农药施用浓度合理的概率更高，即果农通过参与猕猴桃质量安全追溯体系有效规范了其农药使用方法。这表明猕猴桃质量安全追溯体系在减少和规范果农农药使用方面的作用效果十分显著。

3. 户主特征对农药使用行为的影响

①户主年龄在模型1~2中未能通过显著性检验，但在模型3~4中分别通过了10%和5%的显著性检验且其系数为负，说明户主年龄对果农农药使用量的影响不显著，但对其农药使用方法有显著负向影响。具体而言，户主年龄越大，则果农农药施用间隔期更短，农药施用浓度合理的概率更低。究其原因，户主年龄越大，不仅体力和精力下降，而且对化学农药的路径依赖性更强，这使其农药使用行为的规范性更差、随意性更强。②户主性别在模型1~2中均通过了10%的显著性检验且其系数为正，在模型3~4中分别通过了

10%和5%的显著性检验且其系数为负。说明与女性户主相比，男性户主不仅农药使用量更多，而且其农药使用行为更不规范。具体而言，与户主为女性的果农相比，户主为男性的果农农药施用成本更高，农药施用次数更多，农药施用间隔期更短，农药施用浓度合理的概率更低。究其原因，一方面，女性户主通常比男性户主更加精打细算，因而在喷施农药时更加细致和节俭，这使其农药使用量更少；另一方面，女性户主由于长期担负子女抚养重责，因而通常比男性户主更加关注食品安全，这使其农药使用方法更加规范。这表明户主性别是影响果农农药使用行为的重要因素。

4. 家庭特征对农药使用行为的影响

家庭收入结构仅在模型4中通过了1%的显著性检验且其系数为正，但在模型1~3中均未通过显著性检验，说明猕猴桃收入占家庭收入比重越大的果农，其农药施用浓度合理的概率更高。究其原因，猕猴桃收入占家庭收入比重越大的果农，其对猕猴桃收入的依赖性越强，因而越有动力学习科学病虫害防治知识，同时也更担心猕猴桃农药残留超标带来的经济损失，因而在施用农药时特别关注农药配比浓度是否合理合规。这表明猕猴桃专业化经营程度的提高有助于规范果农农药使用行为。

5. 猕猴桃生产销售特征对农药使用行为的影响

①果园病虫害严重程度在模型1~2中分别通过了10%和5%的显著性检验且其系数为正，但在模型3~4中未能通过显著性检验，说明果园病虫害越严重，则果农农药施用成本越高，农药施用次数越多。这表明猕猴桃病虫害的多发与高发是导致果农过量使用农药的主要诱因之一。②是否雇工施用农药仅在模型1中通过了1%的显著性检验且其系数为负，但在模型2~4中未能通过显著性检验，说明雇工施用农药的果农，其农药施用成本更少。究其原因，与自己施药相比，雇工大多专门从事农药喷施业务，其农药施用经验更加丰富，并且大多拥有专业的高效施药器械，其农药施用效率往往更高，进而降低了果农亩均农药支出。这表明病虫害防治外包服务有利于减少果农农药使用量。③销售渠道农药残留检测在全部模型中通过了显著性检验。其中，该变量在模型1~2中分别通过了5%和10%的显著性检验且其系数为负，说明接受过销售渠道农药残留检测的果农，其农药施用成本更低，农药施用次

数更少；该变量在模型3~4中分别通过了5%和10%的显著性检验且其系数为正，说明接受过销售渠道农药残留检测的果农，其农药施用间隔期更长，农药施用浓度合理的概率更高。究其原因，销售渠道农药残留检测能够有效解决由于猕猴桃质量的信任品特性所引致的信息不对称问题，进而减缓果农“道德风险”问题，有效保障猕猴桃质量安全。这表明销售渠道农药残留检测在减少和规范果农农药使用方面的作用效果十分显著。

6. 政府干预对农药使用行为的影响

①政府农药残留检测在全部模型中未能通过显著性检验，说明政府农药残留检测在减少和规范果农农药使用方面的作用效果并不明显，这与销售渠道农药残留检测的显著作用形成鲜明对比。究其原因，一方面，政府受到人员与财政资金的双重约束很难对众多分散小规模果农的全过程生产行为进行完全有效监管。为提高食品安全监管效率，目前地方政府将猕猴桃农药残留检测的重心放在了流通端，而非生产端，这导致政府对果农的实际农残检测比例偏低。实地调研发现，接受过政府农药残留检测的样本户仅占样本总数的11.94%，而接受过销售渠道农药残留检测的样本户占比高达28.03%。另一方面，由于果农更关注猕猴桃市场价值的实现，因此销售渠道农残检测的可置信威胁更大，收购方一旦发现果农供应的猕猴桃农药残留超标，将拒收果农的全部猕猴桃，并停止与果农的后续合作，进而给果农带来巨大经济损失，而政府农残检测的可置信威胁较小，政府很少对农残检测超标的果农予以严厉惩罚，这导致政府农药残留检测在减少和规范果农农药使用方面的作用相对较小。②政府组织施药技能培训在全部模型中通过了显著性检验。其中，该变量在模型1~2中均通过了5%的显著性检验且其系数为负，说明接受过政府组织施药技能培训的果农，其农药施用成本更低，农药施用次数更少；该变量在模型3~4中分别通过了5%和10%的显著性检验且其系数为正，说明接受过政府组织施药技能培训的果农，其农药施用间隔期更长，农药施用浓度合理的概率更高，这表明政府组织施药技能培训在减少和规范果农农药使用方面的作用效果十分显著。

（二）膨大剂使用行为的影响因素分析

在进行回归分析以前，首先对纳入猕猴桃种植户膨大剂使用行为模型的全部解释变量进行多重共线性检验，结果显示，全部解释变量的 VIF 均小于 5，说明变量间不存在严重的多重共线性问题，可以进行进一步的回归分析。根据陕西省猕猴桃主产区 603 户猕猴桃种植户调查数据，运用 Stata12.0 软件对影响猕猴桃种植户膨大剂使用行为的因素进行 Heckman Probit 两阶段回归分析，模型估计结果如表 7-6 所示。结果表明，Rho 值显著不为 0 且通过了 5%的显著性检验，Wald 检验的卡方值为 135.49 且通过了 5%的显著性检验，说明样本存在选择性偏差，即果农是否使用膨大剂的行为决策与其膨大剂施用浓度是否合理的行为决策存在相互依赖关系，适宜采用 Heckman Probit 模型进行回归分析。

表 7-6 膨大剂使用行为影响因素分析结果

解释变量	第一阶段 是否使用膨大剂 （使用=1；未使用=0）	第二阶段 膨大剂施用浓度 （合理=1；不合理=0）
果农质量安全追溯体系参与	-0.808** （0.407）	0592*** （0.059）
户主年龄	0.003 （0.007）	-0.030** （0.014）
户主性别	-0.053 （0.553）	0424 （0.325）
家庭收入结构	-0.203 （0.198）	0.057** （0.024）
是否雇工施用膨大剂	0.004 （0.005）	0.024 （0.101）
销售渠道氯吡脲残留检测	-1.641*** （0.378）	0.355** （0.161）
销售合同是否设置禁施膨大剂条款	-3.455*** （1.138）	—
政府氯吡脲残留检测	0.079 （0.232）	0.006 （0.014）
政府宣传	0.212 （0.308）	0.144* （0.075）
政府处罚	0.002 （0.004）	0.005 （0.009）
常数项	2.303*** （0.856）	0.744*** （0.144）
模型整体判别指标	Rho=0.532**；Wald chi^2=135.49**	
样本数	603	

注：*、**和***分别表示 10%、5%和 1%的显著性水平，括号内为回归系数的标准差。

1. 果农质量安全追溯体系参与对膨大剂使用行为的影响

果农质量安全追溯体系参与变量在第一阶段通过了 5%的显著性检验且其系数为负，说明与未参与猕猴桃质量安全追溯体系的果农相比，参与追溯体系的果农使用膨大剂的概率更低，即果农通过参与猕猴桃质量安全追溯体系有效减少了其使用膨大剂的现象；果农质量安全追溯体系参与变量在第二阶段通过了1%的显著性检验且其系数为正，说明与未参与猕猴桃质量安全追溯体系的果农相比，参与追溯体系的果农膨大剂施用浓度合理的概率更高，即果农通过参与猕猴桃质量安全追溯体系有效规范了其膨大剂使用方法。这表明猕猴桃质量安全追溯体系在减少和规范果农膨大剂使用方面的作用效果十分显著。

2. 户主特征对膨大剂使用行为的影响

①户主年龄在第一阶段未能通过显著性检验，但在第二阶段通过了5%的显著性检验且其系数为负，说明户主年龄越大，则果农膨大剂施用浓度合理的概率更高。究其原因，户主年龄越大，不仅体力和精力下降，而且对膨大剂的路径依赖性更强，这使其膨大剂使用行为的规范性更差、随意性更强。②户主性别在两阶段中均未通过显著性检验，说明户主性别不是影响果农膨大剂使用行为决策的主要因素。实地调查发现，由于果农蘸果（给猕猴桃蘸取膨大剂）时间较为集中，大约在3~5天，因此果农家中无论男女都会参与到蘸果的工作中。是否使用膨大剂以及确定膨大剂施用浓度的决策通常是由果农全家做出的，因而户主性别未能影响果农膨大剂使用行为决策。

3. 家庭特征对膨大剂使用行为的影响

家庭收入结构在第一阶段未能通过显著性检验，但在第二阶段通过了5%的显著性检验且其系数为正，说明猕猴桃收入占家庭收入比重越大的果农，其膨大剂施用浓度合理的概率更高。究其原因，猕猴桃收入占家庭收入比重越大的果农，其猕猴桃专业化经营程度和面向市场化程度更高，这使果农在进行生产经营决策时会更多地考虑市场需求。近年来，随着消费者日趋关注食品安全以及新闻媒体对猕猴桃膨大剂使用现象的过度宣传，导致消费者对膨大剂话题十分敏感。由于猕猴桃单果重量会随着氯吡脲处理浓度的提高而显著增加（朱杰丽等，2014），因此越来越多的消费者开始偏好小果形猕猴桃。市场需求的改变使猕猴桃专业化经营程度高的果农不再通过提高膨大剂施用浓度的方式去增加猕猴桃单果重量，而是更加关注猕猴桃的内在品质，因而在膨大剂使用方面更加规范。这表明猕猴桃专业化经营程度的提高有助于规范果农膨大剂使用行为。

4. 猕猴桃生产销售特征对膨大剂使用行为的影响

①是否雇工施用膨大剂变量在两阶段中均未通过显著性检验。实地调查发现，样本果农蘸果时间较为集中，短期用工量较大。在 603 户样本户中，73.13%的样本户存在雇工施用膨大剂现象，果农间差异很小，导致该变量未能通过显著性检验。②销售渠道氯吡脲残留检测变量在第一阶段通过了 1%的显著性检验且其系数为负，在第二阶段通过了 5%的显著性检验且其系数为正，说明销售渠道氯吡脲残留检测不仅降低了果农使用膨大剂的概率，而且提高了果农膨大剂施用浓度合理的概率。究其原因，销售渠道氯吡脲残留检测的可置信威胁大，能够有效解决由于猕猴桃质量的信任品特性所引致的信息不对称问题，进而减缓果农“道德风险”问题，有效保障猕猴桃质量安全。这表明销售渠道氯吡脲残留检测在减少和规范果农膨大剂使用方面的作用效果十分显著。③销售合同是否设置禁施膨大剂条款变量在第一阶段中通过了 1%的显著性检验且其系数为负，说明与收购商签订的销售合同中设置禁施膨大剂条款的果农使用膨大剂的概率更低。实地调查发现，在 72 户未使用膨大剂的样本户中，有 69 户果农签订的销售合同中设置了禁施膨大剂条款，其中有 66 户果农为有机猕猴桃种植户，其签订合同的对象为供应链组织。根据有机猕猴桃生产技术标准规定，果农在种植有机猕猴桃过程中不得使用化学类激素。因此，有机猕猴桃生产与销售合同中通常明文规定：禁止猕猴桃生产者施用膨大剂。同时，由于有机猕猴桃的亩产较低，平均仅为普通猕猴桃亩产的 1/3~1/2。因此，为弥补果农损失，有机猕猴桃生产与销售合同通常规定，有机猕猴桃的收购价格比普通猕猴桃收购价格高出至少 50%。此外，还有 3 户果农签订了的销售合同，但这 3 户果农并非有机猕猴桃种植户。实地调查发现，这 3 户果农拥有丰富的猕猴桃种植经验，其生产出的猕猴桃口感佳，因此受到相熟消费者的信任和欢迎。一些经济条件优越且注重食品安全的消费者为了吃到安全放心的猕猴桃，与这 3 户果农签订了销售合同，要求果农每年提供一定数量的未施用过膨大剂的猕猴桃。同时，作为经济补偿，合同规定的猕猴桃收购价格超出普通猕猴桃价格 1 倍以上。综上所述，果农通过与供应链组织/消费者签订设置禁施膨大剂条款的销售合同，有效保障了果农经济利益与猕猴桃质量安全。这表明合同保障在减少果农膨大剂使用方

面的作用效果十分显著。

5. 政府干预对膨大剂使用行为的影响

①政府宣传在第一阶段未能通过显著性检验，但在第二阶段通过了 10%的显著性检验且其系数为正，说明政府通过多年的食品安全教育和膨大剂危害性宣传提高了果农的质量安全生产意识，特别是让果农充分意识到膨大剂过量施用对猕猴桃品质的损害以及对果园可持续生产力的破坏，从而提高了果农膨大剂施用浓度合理的概率。这表明政府宣传有助于规范果农膨大剂使用行为，但未能对果农是否使用膨大剂的行为决策构成影响。②政府氯吡脲残留检测和政府处罚在两阶段中均未通过显著性检验，这表明政府利用抽检和处罚等强制性手段难以起到减少和规范果农膨大剂使用的作用。究其原因，一方面，政府受到人员与财政资金的双重约束很难对众多分散小规模果农的全过程生产行为进行完全有效监管，氯吡脲残留检测实际覆盖面较小，只有7.96%的样本户接受过政府的氯吡脲残留检测，这导致政府氯吡脲残留检测对果农膨大剂使用行为的影响不显著；另一方面，政府很少对违规使用膨大剂的果农予以严厉处罚，因此果农违规使用膨大剂的成本相对较低，这导致政府处罚对果农膨大剂使用行为的影响不显著。事实上，早期地方政府也曾经试图采用过严厉的监管措施去禁止果农使用膨大剂①，但在目前大量分散小规模果农和大量分散果商为主导的猕猴桃市场结构下，严厉的政府监管不仅可能收效甚微，而且还会严重损害果农利益。因此，在广大果农的销售渠道没有发生根本转变以前，单纯依靠政府干预难以起到减少和规范果农膨大剂使用的目的。

综上所述，猕猴桃绿色防控技术在减少果农农药使用方面的作用效果十分显著，而猕猴桃质量安全追溯体系在减少和规范果农农药使用和膨大剂使用方面的作用效果十分显著。这表明猕猴桃质量安全控制技术具有显著的安全效果，即果农通过应用猕猴桃质量安全控制技术有利于实现其安全目标。

---

① 2000 年 5~6 月，周至县政府组织了一场声势空前的“绿色品牌保卫战”，严厉查禁猕猴桃种植户使用果实膨大剂。通过政府工作人员 50 多天的全天候集中检查，使全县 80%的猕猴桃成为了真正的“绿色健康食品”。但在当年的猕猴桃收获时节，少量蘸过膨大剂的劣质猕猴桃早早就被果商高价买走，而大部分没有蘸过膨大剂的优质安全猕猴桃则无人问津，从而出现了严重的滞销局面，极大挫伤了农户禁施膨大剂的信心。

第二节　质量安全控制技术采纳的经济效果评价

一、经济效果评价理论分析

猕猴桃种植户质量安全控制技术采纳的经济效果是指猕猴桃质量安全控制技术在提高果农猕猴桃亩均收入，保障果农种植收益方面的作用效果。由于猕猴桃绿色防控技术与猕猴桃质量安全追溯体系的作用机理不同，因此本书在评价猕猴桃种植户质量安全控制技术采纳的经济效果时，应分别对果农绿色防控技术采纳的经济效果和果农质量安全追溯体系参与的经济效果进行评价。

在果农绿色防控技术采纳的经济效果评价方面，作为典型的质量安全生产技术，猕猴桃绿色防控技术主要通过运用生物防治、物理防治、农业防治、科学用药等多项技术措施以实现对病虫害的综合防控，有利于从动态角度提高果农病虫害管理水平，从而最大限度降低病虫害对猕猴桃产量的负面影响，改善猕猴桃品质，提高猕猴桃商品坐果率，进而对猕猴桃产量和销售价格产生积极影响。由此可见，猕猴桃绿色防控技术主要通过影响猕猴桃产量和价格，进而对果农种植收益产生影响。考虑到猕猴桃亩均收入能够综合反映产量与价格，因此本书将通过分析果农绿色防控技术采纳对猕猴桃亩均收入的影响，以此评价果农绿色防控技术采纳的经济效果。需要指出的是，由于不同品种猕猴桃的亩产和价格差异较大，进而导致猕猴桃亩均收入的差异性，因此为保持统计口径的一致性，仅以调研地区猕猴桃主栽品种海沃德为例，603 户样本户全部种植海沃德品种（其中，有 335 户果农单一种植海沃德品种，其余 268 户果农兼种海沃德品种和其他品种）。

在果农质量安全追溯体系参与的经济效果评价方面，作为典型的质量安全管理技术，猕猴桃质量安全追溯体系要求果农严格按照追溯体系规定的技术标准进行生产操作，即参与追溯体系的果农采用了标准化生产方式，这对于提高猕猴桃产量有所助益。此外，已有研究表明，食品质量安全追溯体系具有质量信号传递功能，能够有效缓解由于食品质量的信任品属性所导致的“逆向选择”问题，进而促进农产品优质优价的实现（周洁红等，2013；黄彬红等，2015）。在农产品市场上，可追溯农产品的市场价格通常明显高于不可追溯农产品的市场价格（王慧敏等，2011），这既是吸引果农参与追溯体系的主要经济诱因，同时也是果农参与追溯体系的主要经济收益来源。由此可见，猕猴桃质量安全追溯体系主要通过影响猕猴桃产量和价格，进而对果农种植收益产生影响。考虑到猕猴桃亩均收入能够综合反映产量和价格，因此，本书将通过分析果农质量安全追溯体系参与对猕猴桃亩均收入的影响，以此评价果农质量安全追溯体系参与的经济效果。据此，构建评价猕猴桃种植户质量安全控制技术采纳的经济效果的理论框架（见图 7-2）。

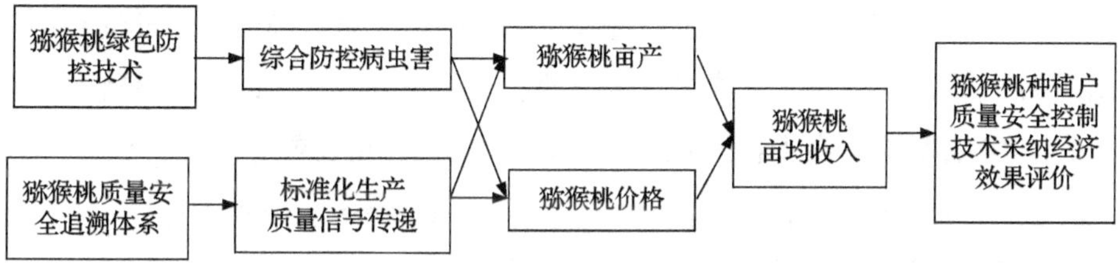

图 7-2 猕猴桃种植户质量安全控制技术采纳经济效果评价的理论分析框架

二、经济效果评价描述性统计分析

（一）绿色防控技术采纳的经济效果评价

为评价果农绿色防控技术采纳的经济效果，本文按照果农采纳的猕猴桃绿色防控子技术种类，将样本户分为 4 组，即未采纳绿色防控技术包中任何子技术和仅采纳农业防治技术的果农、采纳 2 项子技术的果农、采纳 3 项子技术的果农以及同时采纳 4 项子技术的果农。通过对比 4 组样本户的猕猴桃亩均收入，以此考察猕猴桃绿色防控技术在提高果农猕猴桃亩均收入方面的作用效果（见表 7-7）。

表 7-7 果农绿色防控技术采纳和猕猴桃亩均收入情况对比

	户数（户）	猕猴桃亩均收入（元/亩）
未采纳任何子技术和仅采纳农业防治技术	219	5533.29
采纳 2 项子技术	164	5810.17
采纳 3 项子技术	130	5889.79
采纳 4 项子技术	90	6599.20

资料来源：根据调研资料整理。

由表 7-7 可知，果农采纳的猕猴桃绿色防控子技术种类越多，其猕猴桃亩均收入越高。其中，同时采纳 4 项子技术的果农猕猴桃亩均收入最高；未采纳任何子技术和仅采纳农业防治技术的果农猕猴桃亩均收入最低。可见，猕猴桃绿色防控技术的集成采纳显著提高了果农猕猴桃亩均收入，切实保障了果农种植收益。

（二）质量安全追溯体系参与的经济效果评价

为评价果农质量安全追溯体系参与的经济效果，本书按照果农是否参与猕猴桃质量安全追溯体系，将样本户分为 2 组，即未参与追溯体系的果农和参与追溯体系的果农。通过对比 2 组样本户的猕猴桃亩均收入，以此考察猕猴桃质量安全追溯体系在提高果农猕猴桃亩均收入方面的作用效果（见表 7-8）。

表 7-8　果农质量安全追溯体系参与和猕猴桃亩均收入情况对比

	户数（户）	猕猴桃亩均收入（元/亩）
未参与追溯体系	447	5528.21
参与追溯体系	156	6700.14

资料来源：根据调研资料整理。

表 7-8 说明，与未参与猕猴桃质量安全追溯体系的果农相比，参与追溯体系的果农猕猴桃亩均收入更高，这表明猕猴桃质量安全追溯体系显著提高了果农猕猴桃亩均收入，切实保障了果农种植收益。

三、经济效果评价模型构建与变量选取

由于上述描述性统计分析未能考虑到农户特征、猕猴桃生产销售特征等控制变量的影响，其研究结论并不精确。为定量评价猕猴桃种植户质量安全控制技术采纳的经济效果，准确估计果农绿色防控技术采纳和果农质量安全追溯体系参与对猕猴桃亩均收入的影响，本书拟构建以下模型进行实证分析，模型表达式如下：

$$\ln R_i = \beta_0 + \beta_1 GT_i + \beta_2 ZS_i + \beta_3 \ln L_i + \beta_4 \ln K_i + \beta_5 B_i + \beta_6 S_i + \beta_7 age_i + \beta_8 sex_i + \beta_9 incstr_i + \upsilon_i \quad (7-8)$$

式（7-8）为猕猴桃收入模型。因变量 R_i 代表果农猕猴桃亩均收入，即果农每亩猕猴桃销售收入。由于猕猴桃亩均收入=猕猴桃销售量×猕猴桃销售价格。因此，凡是影响猕猴桃销售量和销售价格的因素都可能会影响到猕猴桃亩均收入。其中，猕猴桃销售量=猕猴桃产量×猕猴桃商品果率，说明猕猴桃销售量反映了猕猴桃产量和品质两方面。

根据已有的关于农作物产量的研究成果，农作物产量主要受到要素投入和技术选择的影响（林毅夫，1993；赵连阁等，2013）。在要素投入方面，劳动投入与资本投入是影响猕猴桃产量的两类重要投入要素。本书选取果农在猕猴桃生产过程中投入的用工量表示劳动投入，包括农户家庭成员用工量与雇佣劳动力用工量；选取果农在猕猴桃生产过程中投入的各项货币支出总额表示资本投入，包括种苗、肥料、农药、灌溉、花粉、果袋等费用（不含雇工支出）；在技术选择方面，生产技术和管理技术是影响猕猴桃产量的两类重要技术，前者以猕猴桃绿色防控技术为代表，后者以猕猴桃质量安全追溯体系为代表。根据已有的关于农产品价格的研究成果，农产品价格主要受到农产品供需关系的影响（胡定寰等，2006）。不同品牌、不同销售渠道类型的猕猴桃所面临的市场供需关系不同，其价格也所差异。此外，根据前文理论分析，猕猴桃绿色防控技术和猕猴桃质量安全追溯体系也在以不同方式和路径影响猕猴桃价格。

根据上述分析，本书选取果农绿色防控技术采纳变量 GT_i 和果农质量安全追溯体系参与变量 ZS_i 作为猕猴桃收入模型的核心解释变量；选取要素投入（劳动投入 L_i 、资本投入 K_i ）、销售特征（是否拥有自主猕猴桃品牌 B_i 、猕猴桃销售渠道类型 S_i ）以及常规变量（户主年龄 age_i 、户主性别 sex_i 、家庭收入结构 $incstr_i$ ）作为模型的控制变量。各变量定义、赋值及统计性描述如表 7-4 所示。需要指出的是，模型中的因变量 R_i 和自变量劳动投入 L_i 、资本投入 K_i 均采用对数形式，这主要是因为，猕猴桃投入产出之间一般存在非线性关系（常见的生产函数为 Cobb-Doglas 函数形式），因此通过对数化可以使因变量与自变量之间建立起线性关系，以便于开展回归分析。v_i 为随机扰动项。

四、经济效果评价实证结果与分析

为准确估计果农质量安全控制技术采纳的经济效果，本书利用陕西省猕猴桃主产区 603 户猕猴桃种植户调查数据，运用 Stata12.0 软件对猕猴桃收入模型进行普通最小二乘估计（OLS 估计）。在进行回归分析以前，首先对纳入猕猴桃收入模型的全部解释变量进行多重共线性检验，结果显示，全部解释变量的 VIF 均小于 5，说明变量间不存在严重的多重共线性问题，可以进行进一步的回归分析，同时为减少异方差的影响，采用稳健标准差。模型估计结果如表 7-9 所示。其中，模型 1 只设置了核心解释变量，模型 2 同时设置了核心解释变量和控制变量。模型估计结果表明，果农绿色防控技术采纳变量和果农质量安全追溯体系参与变量在模型 1 和模型 2 中均通过了显著性检验，揭示了研究结果的稳健性。但与模型 1 相比，模型 2 的可决系数更高，说明在引入控制变量后，提高了模型 2 的解释力，因此本书主要依据模型 2 回归结果展开分析。

表 7-9　经济效果评价的 OLS 回归结果

解释变量	模型 1		模型 2	
	系数	标准差	系数	标准差
果农绿色防控技术采纳	0.055**	0.028	0.052**	0.024
果农质量安全追溯体系参与	0.032**	0.015	0.029**	0.013
劳动投入	—	—	0.131**	0.053
资本投入	—	—	0.008	0.005
是否拥有自主猕猴桃品牌	—	—	0.396***	0.148
猕猴桃销售渠道类型	—	—	0.175***	0.050
户主年龄	—	—	0.005	0.003
户主性别	—	—	0.012	0.009
家庭收入结构	—	—	0.057**	0.028
常数项	8.385***	0.054	8.318***	0.206
F	26.070***		82.510***	
R^2	0.2835		0.5560	
样本数	603		603	

注：*、**和***分别表示 10%、5%和 1%的显著性水平。

（一）果农绿色防控技术采纳对猕猴桃亩均收入的影响

果农绿色防控技术采纳变量通过了5%的显著性检验且其系数为正，说明果农采用的猕猴桃绿色防控子技术种类越多，则猕猴桃亩均收入越高，即猕猴桃绿色防控技术在提高果农猕猴桃亩均收入方面的作用效果十分显著。究其原因，果农综合运用生物防治、物理防治、农业防治、科学用药等多项猕猴桃绿色防控技术措施有效防控了病虫害，最大限度降低了病虫害对猕猴桃产量的负面影响，因而对提高猕猴桃产量有所助益。此外，猕猴桃绿色防控技术的应用还极大改善了猕猴桃品质，提高了猕猴桃商品果率，这使应用绿色防控技术的猕猴桃更受收购商和消费者欢迎，其销售价格通常更高。综上，猕猴桃绿色防控技术通过提高猕猴桃产量与价格，从而显著提高了果农猕猴桃亩均收入，切实保障了果农种植收益。

（二）果农质量安全追溯体系参与对猕猴桃亩均收入的影响

果农质量安全追溯体系参与变量通过了5%的显著性检验且其系数为正，说明与未参与猕猴桃质量安全追溯体系的果农相比，参与追溯体系的果农猕猴桃亩均收入更高。这表明猕猴桃质量安全追溯体系在提高果农猕猴桃亩均收入方面的作用效果十分显著。究其原因，一方面，参与追溯体系的果农由于采用了标准化生产方式，因而其生产出的猕猴桃不仅产量高，而且品质好，更受收购商和消费者欢迎；另一方面，由于猕猴桃质量安全追溯体系所具有的质量信号传递功能，使参与追溯体系的果农可以获得可追溯猕猴桃超出不可追溯猕猴桃的市场溢价收益。综上，猕猴桃质量安全追溯体系通过提高猕猴桃产量与价格，从而显著提高了果农猕猴桃亩均收，切实保障了果农种植收益。

（三）要素投入对猕猴桃亩均收入的影响

在要素投入特征中，劳动投入变量通过了5%的显著性检验且其系数为正，说明果农在猕猴桃生产过程中投入的劳动越多，越有利于提高猕猴桃亩均收入。究其原因，猕猴桃种植具有典型的劳动力密集型特征，果农投入劳动越多，通常猕猴桃产量越高、品质越好，从而显著提高了果农猕猴桃亩均收入。

（四）销售特征对猕猴桃亩均收入的影响

在销售特征中，是否拥有自主猕猴桃品牌和猕猴桃销售渠道类型均通过了1%的显著性检验且其系数为正，说明拥有自主猕猴桃品牌的果农和主要面向现代渠道销售猕猴桃的果农其亩均收入更高，这表明销售特征是决定果农猕猴桃亩均收入的关键因素。究其原因，与小麦、水稻等同质性较强的农产品不同，猕猴桃属于异质性较强的农产品，这使猕猴桃市场更多具有垄断竞争市场特征。在这样的市场中，果农不是单纯的价格接受者，其既可以利用品牌战略获得高于普通猕猴桃的市场溢价收益，也可以利用不同销售渠道的价格差获得市场溢价收益。自主品牌是一种竞争策略，旨在将自家猕猴桃与普通猕猴桃区别开来。品牌本身传递的是产品的高品质。因此，拥有自主品牌的猕猴桃通常可以获得品牌溢价，进而提高果农猕猴桃亩均收入；与传统销售渠道相比，现代销售渠道面对的消费者收入层次更高，食品安全诉求更加强烈，其愿意为安全优质猕猴桃支付更高价格，这使主要面向现代渠道销售猕猴桃的果农可以获得更高的亩均收入。

（五）农户特征对猕猴桃亩均收入的影响

在农户特征中，家庭收入结构通过了5%的显著性检验且其系数为正，说明猕猴桃收入占家庭收入比重越大的果农，其猕猴桃亩均收入越高。究其原因，猕猴桃收入占家庭收入比重越大，说明果农猕猴桃专业化经营程度更高，因而果农更有精力和动力提高猕猴桃产量，改善猕猴桃品质，进而显著提高了猕猴桃亩均收入。

第三节 本章小结

本章利用陕西省猕猴桃主产区603户猕猴桃种植户调查数据，运用多种经济计量模型对猕猴桃种植户质量安全控制技术采纳的安全效果和经济效果进行了定量评价，研究结论如下：

第一，猕猴桃质量安全控制技术具有显著的安全效果。一方面，猕猴桃绿色防控技术在减少果农农药使用方面的作用效果十分显著。果农通过综合运用生物防治、物理防治、农业防治、科学用药等多项猕猴桃绿色防控技术措施有效控制了病虫害，降低了果农对化学农药的依赖性，提高了果农农药利用效率，从而显著降低了果农农药施用成本和农药施用次数，实现了减少果农农药使用量的目的，切实保障了猕猴桃质量安全。果农采纳的猕猴桃绿色防控子技术种类越多，其农药使用量越少。这表明猕猴桃绿色防控技术的集成采纳有效降低了果农农药使用量。另一方面，猕猴桃质量安全追溯体系在减少和规范果农农药使用和膨大剂使用方面的作用效果十分显著。果农通过参与猕猴桃质量安全追溯体系，不仅规范了其农业化学投入品使用行为，而且减缓了果农“道德风险”问题，从而显著降低了果农农药施用成本、农药施用次数以及果农使用膨大剂的概率，延长了果农农药施用间隔期，提高了果农农药施用浓度合理的概率和膨大剂施用浓度合理的概率，进而实现了减少和规范果农农药使用和膨大剂使用的目的，切实保障了猕猴桃质量安全。

第二，猕猴桃质量安全控制技术具有显著的经济效果。猕猴桃绿色防控技术和猕猴桃质量安全追溯体系在提高果农猕猴桃亩均收入方面的作用效果十分显著。一方面，果农通过综合运用生物防治、物理防治、农业防治、科学用药等多项猕猴桃绿色防控技术措施有效防控了病虫害，最大限度降低了病虫害对猕猴桃产量的负面影响，极大改善了猕猴桃品质，从而显著提高了果农猕猴桃亩均收入，切实保障了果农种植收益；另一方面，果农通过参与猕猴桃质量安全追溯体系，不仅实现了标准化生产，而且获得了可追溯猕猴桃超出不可追溯猕猴桃的市场溢价收益，从而显著提高了果农猕猴桃亩均收入，切实保障了果农种植收益。

第八章　结论与政策建议

第一节　研究结论

本书以猕猴桃种植户为研究对象，以猕猴桃种植户质量安全控制技术采纳行为为研究主题，在借鉴国内外学者相关研究成果基础上，立足农户行为决策理论、农户技术选择理论和信息不对称理论，构建了猕猴桃种植户质量安全控制技术采纳行为的理论分析框架，并利用陕西省猕猴桃主产区 603 户猕猴桃种植户调查数据，采用规范分析与实证分析相结合的方法，对猕猴桃种植户的质量安全控制技术采纳意愿、质量安全控制技术采纳决定以及质量安全控制技术采纳效果进行了深入剖析，得出以下研究结论：

一、猕猴桃种植户质量安全控制技术采纳现状

对调研区域 603 户样本猕猴桃种植户调查数据的描述性统计分析结果表明：①样本户普遍存在过量和不规范使用农药和膨大剂的现象，其质量安全生产现状不容乐观，亟待规范猕猴桃种植户的农药使用行为和膨大剂使用行为；②样本户对猕猴桃绿色防控技术的整体采纳情况并不理想，特别是对除农业防治技术以外的其他防治技术（包括生物防治技术、物理防治技术和科学用药技术）采纳比例相对偏低，仅有 14.92%的样本户同时采纳了猕猴桃绿色防控技术包中的全部四项子技术，这表明猕猴桃种植户普遍缺乏采纳全套猕猴桃绿色防控技术的积极性；③样本户参与猕猴桃质量安全追溯体系的比例相对较低，仅有 25.87%的样本户记录了果园生产管理档案，这表明猕猴桃种植户普遍缺乏参与猕猴桃质量安全追溯体系的积极性。

二、猕猴桃种植户质量安全控制技术采纳意愿

本书在分析猕猴桃种植户质量安全控制技术采纳意愿时，重点关注了果农对全套猕猴桃质量安全控制技术的认知及其采纳意愿。首先，通过核算和分析果农采纳猕猴桃质量安全控制技术的投资成本与预期收益，得出果农采纳猕猴桃质量安全控制技术的理论“政府补偿”额度。其次，基于603户样本猕猴桃种植户调查数据，运用条件估值法和Heckman样本选择模型揭示果农采纳全套猕猴桃质量安全控制技术的受偿意愿、受偿金额及其影响因素，结果表明：①果农采纳全套猕猴桃质量安全控制技术的总投资成本约为487~702元/亩·年。其中，果农采纳全套猕猴桃绿色防控技术的投资成本约为352~514元/亩·年；果农参与猕猴桃质量安全追溯体系的投资成本约为135~188元/亩·年。然而，果农采纳全套猕猴桃质量安全控制技术的预期市场收益平均仅为300元/亩·年。显然，市场收益不足以弥补果农采纳全套猕猴桃质量安全控制技术的总投资成本，因此亟待运用政府补贴政策调动果农采纳新技术的积极性。理论上，果农采纳全套猕猴桃质量安全控制技术的“政府补偿”额度应为200~400元/亩·年，这是厘定猕猴桃质量安全控制技术推广补贴标准的基础。②调研区域大多数样本户对于猕猴桃质量安全控制技术推广补贴政策持支持态度，样本户愿意采纳全套猕猴桃质量安全控制技术的平均受偿金额介于249.32~311.92元/亩·年，其可以作为政府制定猕猴桃质量安全控制技术推广补贴标准的决策依据。③影响果农采纳全套猕猴桃质量安全控制技术受偿意愿与受偿金额的因素存在一定差异。其中，户主年龄、家庭人均年收入、新技术提升猕猴桃价格作用预期、果农对新技术风险预期、果农对政府补贴作用预期、猕猴桃质量认证等级、是否接受过政府相关技术推广服务和区域变量是影响果农受偿意愿和受偿金额的共同因素，而信息获取难易程度、果园是否有租赁地、猕猴桃销售渠道类型是影响果农受偿意愿的差异化因素，户主文化程度、种植规模、是否加入合作社/龙头企业是影响果农受偿金额的差异化因素。

三、猕猴桃种植户质量安全控制技术采纳决定

本书在分析猕猴桃种植户质量安全控制技术采纳决定时，重点关注了果农采纳不同类型猕猴桃质量安全控制技术的实际行为与采纳程度，分别运用Ordered Logit模型和Binary Logistic模型实证分析了影响果农采纳猕猴桃绿色防控技术行为和影响果农参与猕猴桃质量安全追溯体系行为的因素，结果表明：

（1）经济激励和社会网络是影响果农采纳猕猴桃绿色防控技术行为的关键驱动因素。其中，经济激励通过价格机制和补贴机制显著促进了果农对猕猴桃绿色防控技术的采纳，但由于果农更关注猕猴桃市场价值以及绿色防控补贴政策的不完善，使市场激励机制在促进果农绿色防控技术采纳方面的作用明显大于政府激励机制；社会网络通过信息获取机制和社会学习机制显著促进了果农对猕猴桃绿色防控技术的采纳，但由于绿色防控技术兼具科学性、系统性与复杂性，使异质性社会网络在促进果农绿色防控技术采纳方面的作用明显大于同质性社会网络。此外，户主具有风险偏好特征、家庭人均年收入高、土地细碎化程度低，居住在示范村或合作社/龙头企业基地村以及县郊区的果农更倾向于采纳猕猴桃绿色防控技术。

（2）技术供给主体特征与技术需求主体特征是影响果农参与猕猴桃质量安全追溯体系行为的关键驱动因素。在技术供给主体特征方面，那些加入了具备追溯资格的供应链组织，经常被供应链组织检查生产档案记录情况，所在供应链组织有收购追溯要求和接受过政府生产档案记录培训与指导服务的果农更倾向于参与猕猴桃质量安全追溯体系。这表明供应链组织与政府共同促进了果农参与猕猴桃质量安全追溯体系的行为。但相对而言，供应链组织在促进果农参与追溯体系方面的作用明显大于政府，前者不仅赋予了果农参与追溯体系的“资格”，而且构成了果农参与追溯体系的外部压力与内在动力；在技术需求主体特征方面，户主种植经验丰富，文化程度高，拥有科技示范户称号，家庭务农劳力数多，对可追溯猕猴桃价格预期高，对参与追溯体系风险预期低，猕猴桃种植规模大以及猕猴桃质量认证等级高的果农更倾向于参与猕猴桃质量安全追溯体系。此外，果农参与追溯体系的行为还存在

明显地区差异性，眉县果农参与追溯体系的比例显著高于周至县，这主要与眉县猕猴桃产业化组织发育程度相对较高等因素有关。

四、猕猴桃种植户质量安全控制技术采纳效果

本书在评价猕猴桃种植户质量安全控制技术采纳效果时，重点关注了果农采纳不同类型猕猴桃质量安全控制技术的安全效果和经济效果，运用OLS回归模型、泊松回归模型、负二项回归模型、Binary Logistic回归模型、Heckman Probit等经济计量模型对猕猴桃种植户质量安全控制技术采纳的安全效果进行了定量评价，运用OLS回归模型对猕猴桃种植户质量安全控制技术采纳的经济效果进行了定量评价，结果表明：

（1）猕猴桃质量安全控制技术具有显著的安全效果。其中，猕猴桃绿色防控技术在减少果农农药使用方面的作用效果十分显著。果农通过综合运用生物防治、物理防治、农业防治、科学用药等多项猕猴桃绿色防控技术措施有效控制了病虫害，降低了果农对化学农药的依赖性，提高了果农农药利用效率，从而显著降低了果农农药施用成本和农药施用次数，实现了减少果农农药使用量的目的，切实保障了猕猴桃质量安全。果农采纳的猕猴桃绿色防控子技术种类越多，其农药使用量越少。这表明猕猴桃绿色防控技术的集成采纳有效降低了果农农药使用量；猕猴桃质量安全追溯体系在减少和规范果农农药使用和膨大剂使用方面的作用效果十分显著。果农通过参与猕猴桃质量安全追溯体系，不仅规范了其农业化学投入品使用行为，而且减缓了果农"道德风险"问题，从而显著降低了果农农药施用成本、农药施用次数以及果农使用膨大剂的概率，延长了果农农药施用间隔期，提高了果农农药施用浓度合理的概率和膨大剂施用浓度合理的概率，实现了减少和规范果农农药使用和膨大剂使用的目的，切实保障了猕猴桃质量安全。

（2）猕猴桃质量安全控制技术具有显著的经济效果。猕猴桃绿色防控技术和猕猴桃质量安全追溯体系在提高果农猕猴桃亩均收入方面的作用效果十分显著。一方面，果农通过综合运用生物防治、物理防治、农业防治、科学用药等多项猕猴桃绿色防控技术措施有效防控了病虫害，最大限度降低了病虫害对猕猴桃产量的负面影响，极大改善了猕猴桃品质，从而显著提高了果

农猕猴桃亩均收入，切实保障了果农种植收益；另一方面，果农通过参与猕猴桃质量安全追溯体系，不仅实现了标准化生产，而且获得了可追溯猕猴桃超出不可追溯猕猴桃的市场溢价收益，从而显著提高了果农猕猴桃亩均收入，切实保障了果农种植收益。

第二节　政策建议

在上述研究结论基础上，为进一步提升我国广大猕猴桃种植户的质量安全控制技术采纳积极性，促进猕猴桃绿色防控技术的顺利推广和提升猕猴桃质量安全追溯体系建设效率，提出以下政策建议：

一、构建猕猴桃种植户质量安全控制技术采纳的经济激励机制

作为市场经济条件下的“理性经济人”，猕猴桃种植户从事生产经营的主要目的是获取最大利润，因此经济激励机制是影响猕猴桃种植户质量安全控制技术采纳行为决策的根本驱动力。作为激励机制的重要组成部分，经济激励机制主要强调运用价格、补贴等经济手段去诱导果农主动采纳先进的猕猴桃质量安全控制技术，进而提升其质量安全管理水平。依据经济激励机制作用机理的差异，可以将经济激励机制分为市场激励机制与政府激励机制。其中，市场激励机制以“价格机制”为核心，强调构建猕猴桃优质优价的市场甄别机制以解决由于猕猴桃质量安全信息不对称所诱发的“逆向选择”问题，进而提升果农质量安全生产能力与生产动力；政府激励机制以“补贴机制”为核心，强调运用政府补贴政策降低果农采纳猕猴桃质量安全控制技术的投资成本以弥补“市场补偿”不足的问题，进而提升果农质量安全生产能力与生产动力。前者反映了“无形的手”对猕猴桃种植户质量安全控制技术采纳行为决策的作用；后者反映了“有形的手”对猕猴桃种植户质量安全控制技术采纳行为决策的作用。在促进猕猴桃种植户质量安全控制技术采纳方面，“无形的手”与“有形的手”均扮演着重要角色，但相对而言，“无形的手”在促进果农质量安全控制技术采纳方面的作用更大，其构成了果农质量安全控制技术采纳行为选择的经济约束，而“有形的手”则构成了果农质量安全

控制技术采纳行为选择的制度约束。据此，分别构建猕猴桃种植户质量安全控制技术采纳的市场激励机制与政府激励机制，其具体内容如下：

（一）构建猕猴桃种植户质量安全控制技术采纳的市场激励机制

围绕构建猕猴桃优质优价的市场甄别机制，本书主要从以下三方面提出构建猕猴桃种植户质量安全控制技术采纳的市场激励机制的设想：

（1）努力培育合格供应链组织，重点发展“合作社/龙头企业+农户”模式。以猕猴桃专业合作社和猕猴桃龙头企业为代表的供应链组织既是推广猕猴桃绿色防控技术的主要技术供给方，同时也是建设猕猴桃质量安全追溯体系的主要参与者，因而是构建猕猴桃优质优价市场甄别机制的最重要主体。然而，目前调研区域猕猴桃类供应链组织非均衡发展现象严重，主要表现在：部分猕猴桃专业合作社形同虚设，与果商无异，未能真正起到监督与保障果农质量安全生产的作用，而猕猴桃龙头企业尽管在管理上相对规范，但更倾向于采用“企业自有基地”生产模式，但该模式不仅提高了企业的投资成本，而且难以维护果农经济利益，这就导致真正具备追溯资格与追溯能力且主要采用“合作社/龙头企业+农户”模式的供应链组织数量有限①，进而限制了果农参与猕猴桃质量安全追溯体系的行为。

因此，要想构建猕猴桃优质优价的市场甄别机制，首先，必须努力培育数量众多的合格供应链组织，引导更多供应链组织参与到猕猴桃质量安全追溯体系中，从而为果农参与追溯体系创造良好的外部环境。对于已经获得追溯资格的供应链组织，应进一步扩大其参与追溯体系的果农数量，加强对果农生产档案记录过程的指导、监督与管理，同时将猕猴桃销售与生产档案记录挂钩，从而形成果农记录生产档案的外部压力与内在动力。其次，重点发展“合作社/龙头企业+农户”模式，引导更多果农与猕猴桃专业合作社/龙头企业签订猕猴桃生产订单合同，使果农与供应链组织之间形成相对稳定的供应链合作关系（重复博弈关系），这不仅有利于克服果农的机会主义倾向，而

---

① 周至县和眉县参与猕猴桃质量安全追溯体系的供应链组织（猕猴桃专业合作社和猕猴桃企业）共计27家。

且能够激励果农增加资产专用性投资，提高果农采纳猕猴桃质量安全控制技术的积极性。

（2）继续完善猕猴桃质量认证制度。猕猴桃质量认证制度是构建猕猴桃优质优价市场甄别机制的重要手段之一。猕猴桃质量认证体系通过向消费者传递猕猴桃质量安全信号，有利于消除生产者与消费者之间的信息不对称现象，进而有效缓解猕猴桃市场上的“逆向选择”问题。目前，调研区域猕猴桃质量认证情况良好，认证猕猴桃的种植面积逐年增加，但在猕猴桃质量认证等级方面，主要以无公害认证猕猴桃为主，绿色认证猕猴桃和有机认证猕猴桃的种植面积相对较小。然而，无论是在猕猴桃质量安全控制水平方面，还是在猕猴桃市场溢价幅度方面，无公害认证猕猴桃都远逊于绿色认证猕猴桃和有机认证猕猴桃。前者代表了低水平的质量认证，而后两者代表了中高水平的质量认证。其中，完全禁用化学农药和化学类激素的有机认证猕猴桃代表着猕猴桃质量安全控制最高水平。目前，来自新西兰、意大利等国的进口猕猴桃多数为有机认证猕猴桃，这是其能够长期占据高端猕猴桃消费市场的主要原因，而国产猕猴桃则主要以无公害认证猕猴桃为主，因而只能长期占据中低端猕猴桃消费市场。因此，要想从根源上解决我国猕猴桃市场上优质不优价的“逆向选择”问题，就必须进一步规范猕猴桃质量认证制度，努力提升猕猴桃质量认证等级，积极扩大绿色认证猕猴桃和有机认证猕猴桃的种植面积。这不仅需要供应链组织本身的努力，而且需要消费者的积极配合。其中，供应链组织是认证猕猴桃的主要申请者与管理者，其代表了认证猕猴桃的市场供给方，而消费者代表了认证猕猴桃的市场需求方。在供应链组织方面，为申请更高级别的猕猴桃质量认证标识，供应链组织必须从产地环境保护、投入品管控、生产过程管理等各个方面进行完善；在消费者方面，只有当数量庞大的消费者意识到绿色认证猕猴桃和有机认证猕猴桃的价值，并且愿意为优质安全猕猴桃支付更高价格时，才有可能真正形成绿色认证猕猴桃和有机认证猕猴桃的巨大市场需求，进而诱导果农主动提升其质量安全管理水平。为此，应进一步加强对消费者的食品安全教育，使其从追求物美价廉的传统观念向追求优质优价的现代观念转变，进而提高其对绿色认证猕猴桃和有机认证猕猴桃的需求。

（3）大力发展现代猕猴桃销售渠道。市场需求是诱导农户采纳农业新技术的重要驱动力（贺梅英等，2014），而市场需求信息主要通过销售渠道传递给农户。与果商/农贸市场/批发市场等传统猕猴桃销售渠道相比，以合作社/企业/超市/互联网为代表的现代猕猴桃销售渠道具有以下几方面优点：①有利于缩短猕猴桃供应链条长度，减少中间环节，实现供应链上下游之间的紧密衔接或无缝衔接，从而最大限度减少由于猕猴桃质量安全信息不对称所诱发的“逆向选择”问题。②对猕猴桃安全性要求更高，更有利于保障猕猴桃质量安全。③经由现代销售渠道销售的猕猴桃价格更高，更有利于提高果农收入。因此，大力发展现代猕猴桃销售渠道是建立猕猴桃优质优价市场甄别机制的重要保障。目前，调研区域的猕猴桃种植户出现了同时利用传统销售渠道与现代销售渠道开展猕猴桃销售的现象，但多数果农仍主要以传统销售渠道为主，这不仅加剧了猕猴桃质量安全信息不对称程度，而且导致果农过度关心猕猴桃的产量与外观品质，而忽略了猕猴桃的内在安全性，这是果农过量和不规范使用农药和膨大剂的主要诱因之一。因此，要想从根源上提升果农质量安全生产能力与动力，就必须大力发展现代猕猴桃销售渠道。首先，应进一步加大对猕猴桃龙头企业的扶持力度，特别是加大对猕猴桃精深加工企业的扶持力度，同时鼓励龙头企业积极开拓国内外市场，从而形成企业对果农猕猴桃的定向需求。其次，应进一步加大对农超对接模式的扶持力度，使猕猴桃专业合作社成为超市与果农对接的主要平台，充分利用超市的营销优势与合作社的管理优势，将众多分散小规模果农的生产与市场需求紧密联系在一起，从而形成超市对果农猕猴桃的定向需求。再次，应进一步加大对猕猴桃电子商务的扶持力度，除积极培育猕猴桃电商企业外，还应加强对果农的互联网销售技能培训，鼓励果农通过淘宝、微信等电商平台销售猕猴桃，从而实现果农与消费者的直接对接以减缓“信息不对称”现象。最后，考虑到传统猕猴桃销售渠道仍占据主导地位的现实，应进一步加强对果商、农贸市场、批发市场的质量安全监管力度，重点加强销售渠道猕猴桃农药残留检测和氯吡脲残留检测力度，从而倒逼果农主动采纳猕猴桃质量安全控制技术以提升其质量安全管理水平。

（二）构建猕猴桃种植户质量安全控制技术采纳的政府激励机制

政府激励机制是对市场激励机制的有益补充。在猕猴桃质量安全控制技术推广前期，政府应通过向果农发放猕猴桃质量安全控制技术推广补贴的方式以降低果农新技术投资成本，提升果农对新技术采纳净收益的预期，从而有效激励果农采纳新技术。目前，调研区域现有的猕猴桃绿色防控技术推广补贴政策主要采用实物补贴方式，具有“补贴范围有限、后期维护困难、易导致资源浪费”等缺点；现有的猕猴桃质量安全追溯体系建设补贴政策主要针对猕猴桃专业合作社和猕猴桃企业，尚未出台面向农户的相关补贴政策。因此，有必要将猕猴桃绿色防控技术和猕猴桃质量安全追溯体系进行有效融合与统一推广，并制定以猕猴桃种植户为发放对象、以现金补贴方式为主的猕猴桃质量安全控制技术推广补贴政策。在补贴标准制定方面，应综合考虑猕猴桃质量安全控制技术的投资成本、“市场补偿”情况以及果农受偿意愿三方面因素进行权衡。本书研究指出，在猕猴桃质量安全控制技术总投资成本为487~702元/亩·年以及平均“市场补偿”额度为300元/亩·年的前提下，基于果农受偿意愿的猕猴桃质量安全控制技术推广补贴标准应介于249.32~311.92元/亩·年，这可以作为政府制定猕猴桃质量安全控制技术推广补贴标准的参考依据。然而，与实物补贴方式相比，现金补贴方式同样有其缺点，主要表现在政府后续监管难度大等方面。由于政府与果农之间的信息不对称，使政府很难对领取现金补贴后的果农进行有效监管，果农存在“领取了补贴，却不采纳猕猴桃质量安全控制技术”的机会主义倾向。因此，政府在制定猕猴桃质量安全控制技术推广补贴政策时，应重点关注补贴资金的实际运用情况与效果，建立政府补贴监督管理平台，对果农使用补贴资金情况进行实时跟踪与管理。对于领取了补贴却未采纳猕猴桃质量安全控制技术的果农予以警告和处罚，并停止向其发放后续补贴。此外，由于猕猴桃质量安全控制技术包含的子技术种类繁多，不仅加剧了果农技术学习难度，而且提高了政府监管难度。领取了同样补贴额度的果农可能采纳的子技术数量差异很大。因此，一方面，政府在向果农发放猕猴桃质量安全控制技术推广补贴时，应根据果农实际技术采纳程度确定具体的补贴额度；另一方面，应尽快提高猕猴桃质量安全控制技术的集成应用程度，特别是提高猕猴桃绿色防控技术的集成应用程度，以猕猴桃生长全程为主线，根据不同区域的猕猴桃病虫害发生特点，将生物防治、物理防治、农业防治、科学用药等绿色防控技术措施以及生产档案记录技术进行有机配套组合，集成一套操作简便、防治效果佳的猕猴桃质量安全控制技术模式。在此基础上，向采纳整套新技术的果农发放补贴。

二、破解猕猴桃种植户质量安全控制技术采纳的“规模约束”难题

目前，调研区域的猕猴桃种植户普遍面临“规模约束”难题。在周至县和眉县，猕猴桃种植业的主要生产经营主体为大量分散的小规模果农，果农户均种植规模在 5 亩左右，并且土地细碎化现象比较严重，这不仅提高了果农的劳动投入时间与强度，而且导致很多需要大面积连片采用的新技术（如太阳能杀虫灯、大型机动喷雾器）难以推广，同时降低了果农记录果园生产管理档案的积极性。因此，亟待破解猕猴桃种植户质量安全控制技术采纳的“规模约束”难题。首先，应继续完善土地流转政策，加快非农就业户的劳动力转移速度。同时，建立健全土地流转市场，鼓励果农适度规模经营。其次，努力降低土地细碎化程度，通过土地整理、高标准果园建设等方式形成大面积连片标准化果园。最后，考虑到猕猴桃病虫害的发生具有集中性和连片性特点，使同一村庄果农面临的主要猕猴桃病虫害问题通常十分相近。因此，在推广猕猴桃质量安全控制技术过程中，应尽量以村庄为基本推广单元，在村庄内部统一应用猕猴桃质量安全控制技术以克服“规模约束”难题。

三、破解猕猴桃种植户质量安全控制技术采纳的“劳动力约束”难题

目前，调研区域的猕猴桃种植户普遍面临“劳动力约束”难题。在周至县和眉县，猕猴桃种植业劳动力老龄化现象十分突出，从事猕猴桃种植的劳动力主要集中在 45 岁及以上区间，而年轻劳动力或选择外出务工，或选择继续求学，即使是留在家中的年轻劳动力也主要从事猕猴桃销售工作，而很少从事猕猴桃生产工作，这就导致调研区域出现了明显的猕猴桃种植劳动力老龄化现象及年龄断层现象，同时也进一步提高了猕猴桃种植的人工成本。在

调研区域，猕猴桃农忙期的女性用工成本高达 80~120 元/天，男性用工成本高达 100~150 元/天；猕猴桃农闲期的女性用工成本高达 60~80 元/天，男性用工成本高达 100~120 元/天。然而，无论是应用猕猴桃绿色防控技术，还是实施猕猴桃质量安全可追溯管理，都需要果农增加劳动投入，这必然会导致果农人工成本的增加，进而抑制果农采纳上述新技术的积极性。因此，亟待破解猕猴桃种植户质量安全控制技术采纳的“劳动力约束”难题。首先，为破解果农采纳猕猴桃绿色防控技术过程中的“劳动力约束”难题，应为果农提供猕猴桃病虫害专业化防治服务。事实上，猕猴桃病虫害种类繁多，一些病虫害的诊断难度和治理难度很大①，需要果农具备专业病虫害防控知识，但这与调研区域果农文化程度普遍较低的事实相矛盾，因此亟待向果农提供猕猴桃病虫害专业化防治服务。开展猕猴桃病虫害专业化防治服务不仅有利于减轻果农劳动负担与人工成本，而且能够有效提高猕猴桃病虫害防治效率。目前，调研区域提供猕猴桃病虫害专业化防治服务的主体多为个体农户，且其主要采用传统化学农药防治方法控制病虫害，难以保障猕猴桃质量安全。针对上述现状，应尽快由政府植保部门牵头成立一批猕猴桃病虫害专业化防治组织，鼓励乡镇农技站、农村技术员、农资经销大户以及猕猴桃种植大户在各村组建猕猴桃病虫害专业化防治队伍，并配备高效植保施药设备和专业防治人员为果农提供专业的病虫害防治服务。除政府以外，供应链组织也应成为提供猕猴桃病虫害专业化防治服务的重要主体。例如，齐峰果业公司与田家寨村的部分猕猴桃种植户签订有机猕猴桃生产与销售合同，严禁果农在猕猴桃生产过程中使用化学农药和化学类激素，同时由齐峰果业公司统一为果农提供三次病虫害专业化防治服务。政府可以通过与供应链组织合作的方式为果农提供猕猴桃病虫害专业化防治服务。其次，为破解果农参与猕猴桃质量安全追溯体系过程中的“劳动力约束”难题，应进一步精简果园生产管理档案记录内容，改进生产档案记录方式，实现生产档案记录由“纸质”记录方式向“电子”记录方式的转变，同时由供应链组织配备文化素质较高的

① 据调研区域政府农技推广部门和果农反映，目前最难治理的猕猴桃病害是溃疡病，最难治理的猕猴桃虫害是小薪甲，上述病虫害尚未有切实有效的防控措施。

生产档案记录专员以协作果农记录生产档案，从而有效降低果农因记录生产档案所耗费的人工成本。此外，还可引入物联网技术，通过摄像机记录果农生产全程的每一个细节，以实现猕猴桃精细化追溯管理。

四、破解猕猴桃种植户质量安全控制技术采纳的“信息约束”难题

目前，调研区域的猕猴桃种植户普遍面临“信息约束”难题。在周至县和眉县，猕猴桃绿色防控技术和猕猴桃质量安全追溯体系这两项新技术尚处于推广前期，而大多数果农由于信息获取渠道有限，普遍缺乏对新技术的成本收益信息以及技术属性特征的认知，导致果农很难做出基于成本收益分析基础上的个人理性决策，进而抑制了果农对新技术的采纳。因此，亟待破解猕猴桃种植户质量安全控制技术采纳的“信息约束”难题。首先，应进一步加大对果农的技术培训力度，重点提升果农对猕猴桃质量安全控制技术的认知水平。在培训内容上，应重点向果农介绍猕猴桃绿色防控技术和生产档案记录技术的原理及操作要领；在培训主体上，应以政府农技推广部门、高等农业院校和供应链组织作为多元化技术培训主体，发挥不同技术培训主体的协同力量；在培训方式上，除延续专家集中讲座和田间地头指导等传统培训方式外，还应充分发挥以互联网为核心的新媒体在提供农业技术信息方面的作用，例如通过短信、电子邮件、微信、QQ 等方式向果农传递技术信息，了解果农在应用新技术过程中存在的问题，从而为果农提供实时技术培训与指导。其次，应充分发挥“社会网络”在缓解果农信息约束方面的作用。社会网络不仅拓展了果农信息获取渠道，降低了果农技术信息搜寻成本，而且提高了果农技术学习效率，降低了果农技术学习成本。因此，在推广猕猴桃绿色防控技术和建设猕猴桃质量安全追溯体系过程中，应积极培育果农社会网络，拓展果农社会网络范围，提升果农社会网络层次，尤其应注重发挥异质性社会网络对果农新技术采纳的激励作用。建立果农与农技推广员、农业专家之间的常态技术交流机制，同时引导果农加入供应链组织，使供应链组织成为果农获取猕猴桃质量安全控制技术相关信息的重要来源。

参考文献

[1] 卜范达，韩喜平．农户经营内涵的探析［J］．当代经济研究，2003(9)：37-41.

[2] 蔡书凯．农户 IPM 技术采纳行为及其效果分析——基于安徽省水稻种植户调研数据［D］．杭州：浙江大学博士学位论文，2011.

[3] 陈红华，田志宏．企业农产品可追溯系统的成本及定价策略——基于A企业调研数据的分析［J］．中国农业大学学报（社会科学版），2016，33（4）：116-121.

[4] 陈强．高级计量经济学及 stata 应用［M］．北京：高等教育出版社，2013.

[5] 陈永安．猕猴桃 GAP 生产技术［M］．咸阳：西北农林科技大学出版社，2013.

[6] 程国强．中国农业补贴：制度设计与政策选择［M］．北京：中国发展出版社，2011.

[7] 储成兵．农户病虫害综合防治技术的采纳决策和采纳密度研究［J］．农业技术经济，2015（9）：117-127.

[8] 冯小龙，霍学喜．社会网络对农户采用环境友好型技术的激励研究［J］．重庆大学学报（社会科学版），2016，22（3）：72-81.

[9] 管荣．浅谈 IPM 技术与农业可持续发展［J］．中国植保导刊，2009(9)：38-40.

[10] 耿宇宁，郑少锋，王建华．政府推广与供应链组织对农户生物防治技术采纳行为的影响［J］．西北农林科技大学学报（社会科学版），2017，17（1）：116-122.

[11] 韩俊．中国食品安全报告［M］．北京：社会科学文献出版社，2007.

[12] 韩喜平．我国农户投资行为特征分析［J］．长春市委党校学报，

2004（2）：33-35.

［13］韩养贤，冯华．猕猴桃病虫害绿色防控技术［M］．咸阳：西北农林科技大学出版社，2013.

［14］何可，张俊飚．基于农户的农业废弃物资源化补偿标准研究［J］．中国农村观察，2013（5）：46-54.

［15］何可，张俊飚．农业废弃物资源化的生态价值——基于新生代农民与上一代农民支付意愿的比较分析［J］．中国农村经济，2014（5）：62-73.

［16］贺梅英，庄丽娟．市场需求对农户技术采用行为的诱导——来自荔枝主产区的证据［J］．中国农村经济，2014（2）：33-41.

［17］侯建昀，刘军弟，霍学喜．区域异质性视角下农户农药施用行为研究——基于非线性面板数据的实证分析［J］．华中农业大学学报（社会科学版），2013，33（4）：1-8.

［18］华红娟，常向阳．供应链模式对农户食品质量安全生产行为的影响研究——基于江苏省葡萄主产区的调查［J］．农业技术经济，2011（9）：108-117.

［19］胡定寰，陈志钢，孙庆珍，多田稔．合同生产模式对农户收入和食品安全的影响——以山东省苹果产业为例［J］．中国农村经济，2006（11）：17-24.

［20］胡海华．社会网络强弱关系对农业技术扩散的影响——从个体到系统的视角［J］．华中农业大学学报（社会科学版），2016（5）：47-54.

［21］黄彬红，周洁红．农产食品质量安全治理：以追溯体系建设为切入点［M］．杭州：浙江大学出版社，2015.

［22］黄宗智．华北的小农经济与社会变迁［M］．北京：中华书局，1986.

［23］贾蕊，陆迁．信贷约束、社会资本与节水灌溉技术采用——以甘肃张掖为例［J］．中国人口·资源与环境，2017，27（5）：54-62.

［24］蒋小平．周至县猕猴桃生产应注意的问题［J］．山西果树，2010（3）：50-51.

［25］金发忠．关于农产品质量安全几个热点问题的理性思考［J］．农业质量标准，2005（1）：13-19.

［26］孔祥智，方松海，庞晓鹏，马九杰．西部地区农户禀赋对农业技术

采纳的影响分析［J］．经济研究，2004（12）：85-95.

［27］旷浩源．农业技术扩散中信息资源获取模式研究［J］．情报杂志，2014（7）：195-198.

［28］李凯，周洁红．生猪养殖户生产记录行为及其影响因子分析——基于浙江追溯试点城市的调查［J］．中国畜牧杂志，2013，49（24）：21-24.

［29］李凯．农业面源污染与农产品质量安全源头综合治理：以浙江省蔬菜产业为例的机制与推广研究［J］．浙江大学博士学位论文，2015.

［30］李国平，郭江．榆林煤炭矿区生态环境改善支付意愿分析［J］．中国人口·资源与环境，2012，22（3）：137-143.

［31］林毅夫，沈明高．我国农业科技投入选择的探析［J］．农业经济问题，1991（7）：25-32.

［32］林毅夫．制度、技术与中国农业发展［M］．上海：上海三联书店，上海人民出版社，1993.

［33］刘军弟，霍学喜，黄玉祥等．基于农户受偿意愿的节水灌溉补贴标准研究［J］．农业技术经济，2012（11）：29-40.

［34］马文博，李世平，陈昱．基于 CVM 的耕地保护经济补偿探析［J］．中国人口·资源与环境，2010，20（11）：107-111.

［35］麻丽平，霍学喜．农户农药认知与农药施用行为调查研究［J］．西北农林科技大学学报（社会科学版），2015（5）：65-71.

［36］麻丽平，霍学喜．论食品安全生产过程中的自律与他律［J］．华南农业大学学报（社会科学版），2016，15（1）：108-115.

［37］满明俊，周民良，李同昇．技术推广主体多元化与农户采用新技术研究［J］．科学管理研究，2011（6）：100-103.

［38］米建伟，黄季焜，陈瑞剑等．风险规避与中国棉农的农药施用行为［J］．中国农村经济，2012（7）：61-71.

［39］彭建仿．供应链关系优化与农产品质量安全——龙头企业与农户共生视角［J］．中央财经大学学报，2012（6）：48-53.

［40］恰亚诺夫．农民经济组织［M］．北京：中央编译出版局，1996.

［41］乔金杰，穆月英，赵旭强．基于联立方程的保护性耕作技术补贴作

用效果分析［J］．经济问题，2014（5）：86-91.

［42］乔娟，舒畅．养殖场户病死猪处理的实证研究：无害化处理和方式选择［J］．中国农业大学学报，2017，22（3）：179-187.

［43］斯科特．农民的道义经济学：东南亚的生存与反抗［M］．南京：译林出版社，2001.

［44］孙致陆，肖海峰．农户参加猪肉可追溯系统的意愿及其影响因素［J］．华南农业大学学报（社会科学版），2011，10（3）：51-58.

［45］唐学玉，张海鹏，李世平．农业面源污染防控的经济价值——基于安全农产品生产户视角的支付意愿分析［J］．中国农村经济，2012（3）：53-66.

［46］童霞，高申荣，吴林海．农户对农药残留的认知与农药施用行为研究——基于江苏、浙江473个农户的调研［J］．农业经济问题，2014（1）：79-85.

［47］全世文，刘媛媛．农业废弃物资源化利用：补偿方式会影响补偿标准吗［J］．中国农村经济，2017（4）：13-29.

［48］汪普庆，周德翼，吕志轩．农产品供应链的组织模式与食品安全［J］．农业经济问题，2009（3）：8-12.

［49］王常伟，顾海英．市场VS政府，什么力量影响了我国菜农农药用量的选择［J］．管理世界，2013（11）：50-66.

［50］王格玲，陆迁．社会网络影响农户技术采用倒U型关系的检验——以甘肃省民勤县节水灌溉技术采用为例［J］．农业技术经济，2015（10）：92-106.

［51］王慧敏，乔娟，闫逢柱．农户参与食品质量安全追溯体系的意愿与影响因素——以北京市蔬菜种植户为例［J］．财贸研究，2011（1）：19-27.

［52］王建华，马婷，刘茁．农户农产品安全生产意愿的主要影响因素分析［J］．西北农林科技大学学报（社会科学版），2015，15（1）：78-85.

［53］王建华，刘茁，李俏．农产品安全风险治理中政府行为选择及其路径优化［J］．中国农村经济，2015（11）：54-62.

［54］王静，霍学喜．交易成本对农户要素稀缺诱致性技术选择行为影响分析［J］．中国农村经济，2014（2）：20-32.

［55］王静．苹果种植户技术选择行为研究［D］．咸阳：西北农林科技大学博士学位论文，2013.

[56] 王庆，柯珍堂．农民合作经济组织的发展与农产品质量安全 [J]．湖北社会科学，2010（8）：97-100.

[57] 王秀清，孙云峰．我国食品市场上的质量信号问题 [J]．中国农村经济，2002（5）：27-32.

[58] 王永强，朱玉春．启发式偏向、认知与农民不安全农药购买决策 [J]．农业技术经济，2012（7）：48-55.

[59] 王玉环，徐恩波．论政府在农产品质量安全供给中的职能 [J]．农业经济问题，2005（3）：53-57.

[60] 翁贞林．农户理论与应用研究进展与述评 [J]．农业经济问题，2008（8）：93-100.

[61] 吴丽丽，李谷成．农户劳动节约型技术采纳意愿及影响因素研究 [J]．华中农业大学学报（社会科学版），2006（2）：15-22.

[62] 西奥多·W. 舒尔茨．改造传统农业 [M]．梁小民译．北京：商务印书馆，2006.

[63] 谢康，阿克洛夫、斯彭斯和斯蒂格利茨论文精选 [M]．北京：商务印书馆，2012.

[64] 徐家鹏．蔬菜种植户产销环节纵向写作与质量控制研究 [D]．武汉：华中农业大学博士学位论文，2011.

[65] 鄢贞，周洁红．现代农业经营主体实施水产品自检行为研究 [J]．农业技术经济，2015（5）：60-67.

[66] 杨普云．推广绿色防控技术，减少化学农药使用——访农业部全国农业技术推广服务中心研究员杨普云 [J]．中国农资，2014（47）：24.

[67] 姚洋．小农经济未过时，不该背“恶名” [J]．财经界，2017（3）：84-85.

[68] 叶俊焘．猪肉加工企业质量安全可追溯行为及绩效研究——来自浙江、江西两省的实证 [D]．杭州：浙江大学博士学位论文，2012.

[69] 应瑞瑶，朱勇．农业技术培训方式对农户农业化学投入品使用行为的影响——源自实验经济学的证据 [J]．中国农村观察，2015（1）：50-58.

[70] 尤小文．农户：一个概念的探讨 [J]．中国农村观察，1999（5）：

39-40.

［71］喻永红，韩红云．农民健康危害认知与保护性耕作措施采用——对湖北省稻农 IPM 技术采用行为的实证分析［J］．农业技术经济，2012（2）：54-62.

［72］张雷，陈超，展进涛．农户农业技术信息的获取渠道与需求状况分析［J］．农业经济问题，2009（11）：78-84.

［73］张维康，曾扬一，傅新红等．心理参照点、支付意愿与灌溉水价——以四川省 20 县区 567 户农民为例［J］．资源科学，2014（10）：2020-2028.

［74］张文彤，董伟．SPSS 统计分析高级教程［M］．北京：高等教育出版社，2013.

［75］张怡．农户花生生产行为分析——基于河南、山东两省 44 县（市）731 份农户调查数据［J］．农业技术经济，2015（3）：91-98.

［76］张云华，马九杰，孔祥智等．农户采用无公害和绿色农药行为的影响因素分析——对山西、陕西和山东 15 县（市）的实证分析［J］．中国农村经济，2004（1）：41-49.

［77］章力建．现代农业经营主体在农产品质量安全中的作用［EB/OL］．新浪网·国际在线·微博，2013.

［78］赵佳，姜长云．兼业小农抑或家庭农场——中国农业家庭经营组织变迁的路径选择［J］．农业经济问题，2015（3）：11-17.

［79］赵建欣，张忠根．农户安全蔬菜供给决策机制实证分析——基于河北省定州市、山东省寿光市和浙江省临海市菜农的调查［J］．农业技术经济，2009（5）：31-38.

［80］赵连阁，蔡书凯．农户 IPM 技术采纳行为影响因素分析——基于安徽省芜湖市的实证［J］．农业经济问题，2012（3）：50-56.

［81］赵连阁，蔡书凯．晚稻种植农户 IPM 技术采纳的农药成本节约和粮食增产效果分析［J］．中国农村经济，2013（5）：78-86.

［82］郑和斌．水稻病虫绿色防控技术的应用及效益［J］．中国植保导刊，2012（7）：58-60.

［83］郑加强．农药精准使用技术［M］．北京：科学出版社，2006.

［84］钟真，孔祥智．产业组织模式对农产品质量安全的影响：来自奶业的例证［J］．管理世界，2012（1）：79-92.

［85］钟真，孔祥智．农产品质量安全问题产生原因与治理措施［J］．中南民族大学学报（人文社会科学版），2013，33（2）：125-129.

［86］钟真．生产组织方式、市场交易类型与生鲜乳质量安全［J］．农业技术经济，2015（1）：13-23.

［87］周峰，徐翔．政府规制下无公害农产品生产者的道德风险行为分析——基于江苏省农户的调查［J］．南京农业大学学报（社会科学版），2007，7（4）：25-31.

［88］周建华，杨海余，贺正楚．资源节约型与环境友好型技术的农户采纳限定因素分析［J］．中国农村观察，2012（2）：37-43.

［89］周洁红，姜励卿．农产品质量安全追溯体系中的农户行为分析——以蔬菜种植户为例［J］．浙江大学学报（社会科学版），2007，37（2）：118-128.

［90］周洁红，李凯．农产品可追溯体系建设中农户生产档案记录行为的实证分析［J］．中国农村经济，2013（5）：58-67.

［91］周应恒等．现代食品安全与管理［M］．北京：经济管理出版社，2008.

［92］朱杰丽，杨柳，柴振林等．氯吡脲对“徐香”猕猴桃果实品质的影响［J］．福建林业科技，2014（1）：113-115.

［93］朱月季，周德翼，游良志．非洲农户资源禀赋、内在感知对技术采纳的影响——基于埃塞俄比亚奥罗米亚州的农户调查［J］．资源科学，2015，37（8）：1629-1638.

［94］朱阵国，李世平．陕西猕猴桃种植户弃用膨大剂意愿影响因素分析［J］．南方农业学报，2014，45（2）：323-327.

［95］朱淀，张秀玲，牛亮云．蔬菜种植农户施用生物农药意愿研究［J］．中国人口·资源与环境，2014，24（4）：64-70.

［96］左喆瑜．华北地下水超采区农户对现代节水灌溉技术的支付意愿——基于对山东省德州市宁津县的条件价值调查［J］．农业技术经济，2016（6）：32-46.

[97] Abdollahzadeh G, Sharifzadeh M S, Damalas C A. Perceptions of the Beneficial and Harmful Effects of Pesticides among Iranian Rice Farmers Influence the Adoption of Biological Control [J]. Crop Protection, 2015 (75): 124-131.

[98] Antle J M. No Such Thing as a Free Safe Lunch: The Cost of Food Safety Regulation in the Meat Industry [J]. American Journal of Agricultural Economics, 2000, 82 (2): 310-322.

[99] Asfaw S, Mithöfer D, Waibel H. EU Food Safety Standards, Pesticide Use and Farm-level Productivity: The Case of High-value Crops in Kenya [J]. Journal of Agricultural Economics, 2009, 60 (3): 645-667.

[100] Atanu Sara, Love H A, Schwart R. Adoption of Emerging Technologies under Output Uncertainty [J]. American Journal of Agricultural Economics, 1994, 76 (4): 836-846.

[101] Caswell J A. How Labeling of Safety and Process Attributes Affects Markets for Food [J]. Agricultural and Resource Economies Review, 1998 (10): 151-158.

[102] Caswell J A, Bredahl M E, Hooker N H. How Quality Management Metasystems Are Affecting the Food Industry [J]. Review of Agricultural Economics, 1998, 20 (2): 547-557.

[103] Chatzimichasel K, Genius M, Tzouvelekas V. Informational Cascades and Technology Adoption: Evidence from Greek and German Organic Growers [J]. Food Policy, 2014 (49): 186-195.

[104] Chen R, Huang J, Qiao F. Farmers' Knowledge on Pest Management and Pesticide Use in Bt Cotton Production in China [J]. China Economic Review, 2013 (27): 15-24.

[105] Cohen J, Cohen P, West S G, et al. Applied Mulitiple Correlation/Regression Analysis for the Behavior Sciences [J]. Journal of the Royal Statistical Society: Series D, 2003, 52 (4): 691.

[106] Colette W A, Almas L K, Schuster G L. Evaluating the Impact of Integrated Pest Management on Agriculture and the Environment in the Taxas Panhan-

dle [M] . Logan, Utah, 2001.

[107] Conley T G, Udry C R. Learning about a New Technology: Pineapple in Ghana [J] . American Economic Review, 2010, 100 (1): 35-69.

[108] Cooper J, Dobson H. The Benefits of Pesticides to Mankind and the Environment [J] . Crop Protection, 2007, 26 (9): 1337-1348.

[109] Cuyno L, Norton G, Rola A. Economic Analysis of Environmental Benefits of Integrated Pest Management: A Philippine Case Study [J] . Agricultural Economics, 2001, 25 (2-3): 227-233.

[110] Darby M R, Karni E. Free Competition and the Optimal Amount of Fraud [J] . Journal of Law & Economics, 1973, 16 (1): 67-88.

[111] Eeden M V, Korsten L. Factors Determining Use of Biological Disease Control Measures by the Avocado Industry in South Africa [J] . Crop Protection, 2013, 51 (3): 7-13.

[112] Foster A, Rosenzweig M R. Learning by Doing and Learning from Others: Human Capital and Technical Change in Agriculture [J] . The Journal of Political Economy, 1995, 103 (6): 1176-1209.

[113] Fred D Davis. Perceived Usefulness, Perceived Ease of Use, and User Acceptance of Information Technology [J] . MIS Quarterly, 1989, 13 (3): 319-340.

[114] Genius M, Koundouri P, Nauges C, Tzouvelekas V. Information Transmission in Irrigation Technology Adoption and Diffusion: Social Learning, Extension Services and Spatial Effects [J] . American Journal of Agricultural Economics, 2014, 96 (1): 328-344.

[115] George A Akerlof. The Market for "Lemons": Quality Uncertainty and the Market Mechanism [J] . The Quarterly Journal of Economics, 1970, 84 (3): 488-500.

[116] Goldberger J R, Lehrer N. Biological Control Adoption in Western U. S. Orchard Systems: Results from Grower Surveys [J] . Biological Control, 2015 (9): 1-11.

[117] Goodhue R E, Klonsky K, Mohapatra S. Can an Education Program Be a Substitute for a Regulatory Program That Bans Pesticides? Evidence from a

Panel Selection Model [J] . American Journal of Agricultural Economics, 2010, 92 (4): 956-971.

[118] Griliches Z. Hybrid Corn: An Exploration in the Economics of Technological Change [J] . Econometrica, Journal of the Econometric Society, 1957, 25 (4): 501-522.

[119] Hakansson H. Industrial Technological Development: A Network Approach [M] . London: Routledge 1987.

[120] Hashemi S M, Rostami R, Hashemi M K, Damalas C A. Pesticide Use and Risk Perceptions among Farmers in Southwest Iran [J] . Human & Ecological Risk Assessment International Journal, 2012, 18 (2): 456-470.

[121] Hobbs J E. Information Asymmetry and the Role of Traceability Systems [J] . Agribusiness, 2004, 20 (4): 397-415.

[122] Nelson P. Information and Consumer Behavior [J] . Journal of Political Economy, 1970, 78 (2): 311-329.

[123] Keener L, Nicholson-Keener S M, Koutchma T. Harmonization of Legislation and Regulations to Achieve Food Safety: US and Canada Perspective [J] . Journal of the Science of Food and Agriculture, 2014, 94 (10): 1947-1953.

[124] Liao P A, Chang H H, Chang C Y. Why is the Food Traceability System Unsuccessful in Taiwan? Empirical Evidence from a National Survey of Fruit and Vegetable Farmers [J] . Food Policy, 2011, 36 (5): 686-693.

[125] Lipton M. The Theory of the Optimizing Peasant [J] . Journal of Development Studies, 1968, 4 (3): 138-158.

[126] Kahneman D. New Challenges to the Rationality Assumption [J] . Journal of Institutional and Theoretical Economics, 1994, 150 (1): 18-25.

[127] Maria M, Jeffrey A, George N, et al. Effectiveness of Integrated Pest Management Dissemination Techniques: A Case Study of Potato Farmers in Carchi, Ecuador [J] . Journal of Agricultural & Applied Economics, 2007, 39 (3): 765-780.

[128] Matsuo M. Restructuring Japanese Food Safety Governance: Institutional Changes and Future Challenges [J] . European Food & Feed Law Review, 2013,

8 (4): 250-258.

[129] Mengistie B T, Mol A P J, Oosterveer P. Pesticide Use Practices among Smallholder Vegetable Farmers in Ethiopian Central Rift Valley [J]. Environment Development & Sustainability, 2017, 19 (1): 301-324.

[130] Moe T. Persepectives on Traceability in Food Manufacture [J]. Trends in Food Science & Technology, 1998, 9 (5): 211-214.

[131] Muriithi B W, Affognon H D, Diiro G M, et al. Impact Assessment of Integrated Pest Management (IPM) Strategy for Suppression of Mango-infesting Fruit Flies in Kenya [J]. Crop Protection, 2016, 81 (1): 20-29.

[132] Nam C W, Parsche R, Radulescu D M and Schope M. Taxation of Fertilizers, Pesticides and Energy Use for Agricultual Production in Selected EU Countries [J]. European Environmental, 2007, 17 (4): 267-284.

[133] Narrod C, Roy H, Okello M, Avendano L, Rich N, Thorat K. Public-private Partnerships and Collective Action in High Value Fruit and Vegetable Supply Chains [J]. Food Policy, 2009, 34 (7): 8-15.

[134] Philip C, C Huang. The Past and Present of Peasant Economy in China: The Rights and Wrongs of Schultz's Theory [J]. Rural China, 2009, 6 (1): 267-287.

[135] Pietola K S, Lansink A O. Farmer Response to Policies Promoting Organic Farming Fechnologies in Finland [J]. European Review of Agricultural Economics, 2001, 28 (1): 1-15.

[136] Pingali L, Pierre A. Impact of Pesticides on Farmer Health and the Rice Environment [M]. Philippines: Kluwer Academic Publishers, 1995.

[137] Ramirez A. The Influence of Social Networks on Agricultural Technology Adoption [J]. Social and Behavioral Sciences, 2013, 79 (6): 101-116.

[138] Robinson E J Z, Das S R, Chancellor T B C. Motivations behind Farmers' Pesticide Use in Bangladesh Rice Farming [J]. Agriculture & Human Values, 2007, 24 (3): 323-332.

[139] Rogers. Diffusion of Innovations [M]. New York: Free Press of

Glencoe, 1962.

[140] Samiee A, Rezvanfar A, Faham E. Factors Influencing the Adoption of Integrated Pest Management by Wheat Growers in Varamin County, Iran [J] . Arican Journal of Agricultural Research, 2009, 4 (5): 491-497.

[141] Simon H A. An Empirically Based Microeconomics [M] . Cambridge: Cambridge University Press, 1997.

[142] Simon H A. On Simulating Simon: His Monomania, and its Sources in Bounded Rationality, and its Sources in Bounded Rationality [J] . Studies in the History and Philosophy of Science, 2001, 32 (3): 501-502.

[143] Smyth S, Phillips W B. Product Differentiation Alternatives: Identity Preservation, Segregation and Traceability [J] . Journal of Agrobiotechnology Management & Economics, 2002 (5): 30-42.

[144] Thaler R H. Mental Accounting Matters [J] . Journal of Behavioral Decision Making, 1999, 12 (3): 183-206.

[145] Timprasert S, Datta A, Ranamukhaarachchi S L. Factors Determining Adoption of Integrated Pest Management by Vegetable Growers in Nakhon Ratchasima Province, Thailand [J] . Crop Protection, 2014 (62): 32-39.

[146] Warner K D. Agroecology in Action: Extending Alternative Agriculture through Social Networks [M] . Cambridge, MA: MIT Press, 2007.

[147] Yang P, Iles M, Yan S, Jolliffe F. Farmers' Knowledge, Perceptions and Practices in Transgenic Bt Cotton in Small Producer Systems in Northern China [J] . Crop Protection, 2005 (24): 229-239.

[148] Yudelman M, Ratta A, Nygaard D. Pest Management and Food Production: Looking to the Future [R] . Washington D. C: Food Policy Research Institute (IFPRI), 1998.

[149] Zhou J, Jin S. Safety of Vegetables and the Use of Pesticides by Farmers in China [J] . Food Control, 2009, 20 (11): 1043-1048.

[150] Zhu H H , Wang X Q. Literature Review on Contract Farming [J] . China Agricultural Economic Review, 2006, 4 (2): 195-207.

附录　猕猴桃种植户质量安全控制技术采用状况调查问卷

尊敬的果农朋友：

您好，我们是西北农林科技大学经济管理学院的研究生，为了深入了解本区域猕猴桃种植户质量安全生产状况以及质量安全控制技术采用情况，进而为政府制定相关政策提供决策依据，因此开展本次问卷调查。调查结果仅用于学术研究以及向政府有关部门提交研究报告，调查采取匿名形式，且绝不外流。请您配合。谢谢您的参与合作。

西北农林科技大学·经济管理学院

调查地点：陕西省______县______镇______村

本村是否为“一村一品”示范村？(　　)

A. 是　B. 否

本村是否为合作社/龙头企业基地村？(　　)

A. 是　B. 否

本村位置属于以下哪种类型？(　　)

A. 一般村庄　B. 乡镇郊区　C. 县郊区

一、户主及家庭基本情况

1. 请填写户主基本情况。

	性别（A. 男　B. 女）	年龄（岁）	受教育年限（年）	猕猴桃种植年限（年）	是否为村干部/党员（A. 是　B. 否）
户主					

2. 您家总共______人，家中务农的劳动力有______人，外出打工和经商的劳动力有______人。

3. 您家总共有______亩耕地，猕猴桃种植总面积为______亩，其中挂果园为______亩，猕猴桃果园分了______个地块。地块分散程度如何？（　　）

A. 集中连片　B. 零星分布、相距较近　C. 零星分布、相距较远

4.（1）种猕猴桃的这几亩地都是您自己家的地吗，有没有租别人家的地？（　　）

A. 有租入地　B. 没有租入地

（2）如果有租入地，请问租入地为__________亩。2015 年每亩土地流转费用是________元。约定租期是______年。您家在租地过程中遇到过哪些问题？__________________

5. 2015 年您家种植猕猴桃的纯收入为______元，除猕猴桃以外，您家是否还有其他农业收入来源（①粮食作物；②蔬菜；③其他水果；④养殖业/水产业）？

A. 是，2015 年您家的其他农业纯收入为__________元

B. 否，2015 年您家的打工收入和做买卖收入为__________元，家庭总收入为__________元，家庭人均年收入为__________元。

6. 2015 年您家的猕猴桃收入占家庭总收入的比例大约是以下哪一区间？（　　）

A. 25%以下　B. 25%~49%　C. 50%~75%　D. 75%以上

7. 请问您是否获得过用于猕猴桃生产经营的贷款？（　　）

A. 是　　　B. 否

8. 您家向金融机构申请生产性贷款的难度如何？（　　）

A. 难度较大　B. 难度较小　C. 没有难度

二、猕猴桃种植和销售情况

1. 请填写下列有关猕猴桃种植的基本信息。

品种	①	②	③	④	⑤	⑥
2015 年亩产（斤）						
2015 年每亩销售量（斤）						
2015 年商品果价格（元/斤）						
2015 年每亩销售收入（元）						

常见品种：海沃德、红阳、徐香、秦美、哑特、黄金果、金魁、华优、陕猕1号等。

2. 2015年您家在猕猴桃生产全程投入的劳动用工天数是______天（每个工折合8小时），其中，自家用工天数______天，雇工天数__________天。

3. 2015年您家在猕猴桃生产全程投入的亩均雇工支出是__________元。雇工主要用于以下哪些环节？（多选）

环节	授粉	套袋	膨大剂蘸果	疏花疏果	剪枝	施肥	摘果	打药	其他（ ）
雇工日单价（元/天）									
雇工人数（人）									
雇工天数（天）									

4. 2015年您家在猕猴桃生产全程投入的货币支出总额是__________元（主要包括种苗、肥料、农药、灌溉、花粉、果袋等费用，不含雇工支出）。

5. 2015年您家在猕猴桃生长全程投入的亩均肥料支出是__________元。

	化肥	成品有机肥	农家肥	生物菌肥
使用量（公斤/亩）				
成本（元/亩）				

6. 2015年您家在猕猴桃生长全程投入的亩均农药（含杀虫剂、杀菌剂、除草剂等）支出是__________元，亩均膨大剂支出是__________元。

7. 您家生产的猕猴桃是否通过下列质量认证？（　　）

A. 有认证（①无公害认证；②绿色认证；③有机认证；④其他认证__________）；

B. 没有认证。

8. 2015年您家将猕猴桃销往以下哪些渠道？（多选）

销售渠道	合作社	龙头企业	超市	互联网	果商	农贸市场	批发市场
销售量（斤）							
销售比例（%）							

如果果农选择两种及以上的销售渠道，请问价格最高的渠道是________，

价格最低的渠道是__________，价格最高的渠道与价格最低的渠道，每斤相差__________元/斤。

9. 请问您对猕猴桃的市场前景持哪种预期？（　　）

A. 乐观预期　B. 悲观预期

10. 请问您家的猕猴桃是否拥有自主品牌？（　　）

A. 是　B. 否

三、农药和膨大剂使用情况

1. 近3年内，您家是否在猕猴桃生长过程中使用过下列农药？（请在使用过的农药名称下面打钩）

六六六、滴滴涕、毒杀芬、二溴氯丙烷、杀虫脒、二溴乙烷、除草醚、艾氏剂、狄氏剂、贡制剂、氟乙酰胺、甘氟、铅类、敌枯双、砷类、氟乙酰胺、毒鼠强、氟乙酸钠、毒鼠硅、甲胺磷、甲基对硫磷、对硫磷、久效磷、磷胺、特丁硫磷、磷化钙、磷化镁、磷化锌、苯线磷、地虫硫磷、甲基硫环磷、硫线磷、蝇毒磷、治螟磷、氯磺隆、福美胂、福美甲胂、胺苯磺隆单剂、甲磺隆单剂、百草枯水剂、甲拌磷、甲基异柳磷、内吸磷、克白威、涕灭威、灭线磷、硫环磷、氯唑磷、氟虫腈

2. 2015年，您家在猕猴桃生长全程，打了__________次农药（含杀虫药+杀菌药+除草剂）。

3. 2015年，您家从最后一次打药到下桃间隔了__________天（农药施用安全间隔期）。

4. 请问您家在施用农药时，怎样确定农药配比浓度？（　　）

A. 严格按照说明书规定标准剂量进行农药配比　B. 农药配比浓度高于标准剂量　C. 农药配比浓度低于标准剂量　D. 农药配比浓度比较随意

5. 近3年内，您家在出售猕猴桃时，是否有收购商进行过农药残留检测？（　　）

A. 是　B. 否

6. 近3年内，政府是否对您家的猕猴桃进行过农药残留检测？（　　）

A. 是　B. 否

7. 近3年内，您是否接受过政府组织的农药施用技能培训？（　　）

A. 是　B. 否

8. 2015 年您家相邻其他果农的亩均农药支出大约为________元/亩·年。

9. 2015 年您家相邻其他果农的农药施用次数大约为________次。

10. 2015 年您家相邻其他果农的农药施用间隔期大约为________天。

11. 2015 年您家相邻其他果农农药施用浓度合理（农药配比浓度严格按照说明书规定的标准剂量或者比标准剂量低）的比例大约为_________%。

12. 2015 年，您家在猕猴桃生长全程用了__________支膨大剂（如果未使用膨大剂，请填写 0 支）。您家使用膨大剂的最主要原因是（　）。

A. 满足收购商要求　B. 提高猕猴桃产量　C. 周围农户都在用　D. 其他原因______

13. 请问您家在施用膨大剂时，怎样确定膨大剂配比浓度？（　）

A. 严格按照说明书规定标准剂量进行膨大剂配比

B. 膨大剂配比浓度高于标准剂量

C. 膨大剂配比浓度低于标准剂量

D. 膨大剂配比浓度比较随意

14. 关于膨大剂的危害性，您是否同意下列观点？A. 同意　B. 不同意

①连年使用膨大剂，将导致果树超载、营养跟不上，病害增加。（　）

②过量使用膨大剂，对猕猴桃含糖量和干物质有影响，影响猕猴桃品质。（　）

15. 近 3 年内，您家在出售猕猴桃时，是否有收购商进行过膨大剂残留检测？（　）

A. 是　B. 否

16. 近 3 年内，政府是否对您家的猕猴桃进行过膨大剂残留检测？（　）

A. 是　B. 否

17. 近 3 年内，当地政府是否宣传过膨大剂的危害性？（　）

A. 是　B. 否

18. 近 3 年内，您是否因为违规使用膨大剂被政府处罚？（　）

A. 是　B. 否

19. 2015 年您家相邻其他果农使用膨大剂的比例大约为_________%。

20. 2015 年您家相邻其他果农膨大剂施用浓度合理（膨大剂配比浓度严

格按照说明书规定的标准剂量或者比标准剂量低）的比例大约为__________%。

四、果农采纳猕猴桃种植技术情况

1. 请问您在采纳新技术时通常如何确定技术采用时机？（　）

A. 自己率先采用（风险偏好型）

B. 小面积试用后再决定（风险中立型）

C. 风险厌恶型（看别人采用的情况再决定）

2. 请问您家是科技示范户吗？（　）

A. 是　B. 否

3. 请问您与家人经常交流技术心得吗？（　）

A. 经常交流　B. 偶尔交流　C. 很少交流

4. 请问您与亲友经常交流技术心得吗？（　）

A. 经常交流　B. 偶尔交流　C. 很少交流

5. 请问您与邻里经常交流技术心得吗？（　）

A. 经常交流　B. 偶尔交流　C. 很少交流

6. 请问您与农技推广员经常交流技术心得吗？（　）

A. 经常交流　B. 偶尔交流　C. 很少交流

7. 请问您与农业专家经常交流技术心得吗？（　）

A. 经常交流　B. 偶尔交流　C. 很少交流

8. 请问您与合作社/龙头企业经常交流技术心得吗？（　）

A. 经常交流　B. 偶尔交流　C. 很少交流

9. 近3年内，您是否参加过猕猴桃种植技术培训？（　）

A. 是（请回答（1）~（2））　B. 否

（1）培训的组织者包括（多选）？（　）

A. 村委会或县、乡政府　B. 农技站/园艺站/植保站　C. 大学/研究所

D. 合作社　E. 企业　F. 农资经销商　G. 其他__________

（2）是否有专家到您家地头进行指导？（　）

A. 是　B. 否

五、果农采纳猕猴桃质量安全控制技术的意愿调查

1. 为解决日趋严重的猕猴桃质量安全问题，目前政府正大力推广猕猴桃绿色防控技术和建设猕猴桃质量安全追溯体系。其中，猕猴桃绿色防控技术综合利用生物防治、物理防治、农业防治和科学用药等多项技术措施实现对猕猴桃病虫害的综合防控，进而降低果农对化学农药的依赖性，提高果农农药利用效率，最终实现减少果农农药使用量和保障猕猴桃质量安全的目的；猕猴桃质量安全追溯体系要求果农严格按照追溯体系规定的技术标准进行生产操作，并如实记录果园生产管理档案，进而减少和规范果农对农药和膨大剂的使用，保障猕猴桃质量安全。以上两项新技术统称为猕猴桃质量安全控制技术。经过专家测算，果农采纳全套猕猴桃质量安全控制技术的总投资成本（含设备购置成本+人工成本）大约在 500~700 元/亩·年。此外，由于可追溯猕猴桃的市场价格高于普通猕猴桃价格，因此果农在采纳这套新技术以后，平均每年每亩地可以获得至少 300 元的额外市场收益。

请问在无政府补贴条件下，您是否愿意采纳这套新技术？（　　）

A. 愿意　B. 不愿意

如果果农回答不愿意，请果农回答原因：____________________

假设政府为激励果农采纳全套猕猴桃质量安全控制技术，拟向果农发放一定的猕猴桃质量安全控制技术推广补贴作为回报。请问在有政府发放补贴条件下，您是否愿意采纳这套新技术？（　　）

A. 愿意　B. 不愿意

如果受访果农回答“不愿意”，请果农回答原因：____________________

如果受访果农回答“愿意”，继续向果农提问与政府补贴标准有关的问题：“如果政府将猕猴桃质量安全控制技术推广补贴标准设定为 400 元/亩·年，您愿意采纳这套新技术吗？”（　　）

A. 愿意　B. 不愿意

如果受访果农回答“愿意”，则由调查员继续降低投标值（每次投标值降低 100 元/亩·年），直到果农表示不愿接受为止，由此确定果农的最小受偿

金额。如果受访果农在100元/亩·年的政府补贴标准下仍然愿意采纳这套新技术，则直接询问果农能够接受的最低政府补贴额度是多少？反之，如果受访果农回答“不愿意”，则由调查员继续提高投标值（每次投标值提高100元/亩·年），直到引导出果农愿意接受的最小受偿金额。由于700元/亩·年是果农采纳全套猕猴桃质量安全控制技术的总投资成本上限，因此如果受访果农在700元/亩·年的政府补贴标准下仍然不愿意采纳这套新技术，则直接询问果农能够接受的最低政府补贴额度是多少？

经过上述询问步骤，获得的果农最小受偿金额（果农愿意采纳全套猕猴桃质量安全控制技术的最低政府补贴额度）为__________元/亩·年。

2. 请问您觉得学习和掌握猕猴桃质量安全控制技术的难度大吗？(　　)

A. 难度较大　B. 难度较小　C. 没有难度

3. 请问您获取猕猴桃质量安全控制技术相关信息的难度大吗？(　　)

A. 难度较大　B. 难度较小　C. 没有难度

4. 您觉得应用猕猴桃质量安全控制技术对提升猕猴桃价格的作用大吗？(　　)

A. 作用较大　B. 作用较小　C. 没有作用

5. 您觉得应用猕猴桃质量安全控制技术对节省农药（含膨大剂）支出的作用大吗？(　　)

A. 作用较大　B. 作用较小　C. 没有作用

6. 您觉得应用猕猴桃质量安全控制技术的风险大吗？(　　)

A. 风险较大　B. 风险较小　C. 没有风险

7. 请问您对传统猕猴桃生产与管理技术（以化学农药防治技术和膨大剂使用技术为核心）的满意度如何？(　　)

A. 满意　B. 一般　C. 不满意

8. 您觉得政府补贴政策在促进农户新技术采用方面的作用大吗？(　　)

A. 作用较大　B. 作用较小　C. 没有作用

9. 请问您是否接受过政府提供的猕猴桃绿色防控技术或猕猴桃可追溯管理技术推广服务？(　　)

A. 是　B. 否

六、果农采纳猕猴桃绿色防控技术情况和参与猕猴桃质量安全追溯体系情况

1. 近3年内，您家果园中的猕猴桃病虫害严重吗？（　　）

A. 不太严重　B. 比较严重　C. 非常严重

其中，危害较大的猕猴桃病害有哪些？____________________

危害较大的猕猴桃虫害有哪些？____________________

2. 除了打药，您家是否采用过下列猕猴桃绿色防控技术措施防治病虫害？

猕猴桃绿色防控技术名称		技术说明	是否使用 1=是 0=否	病虫害防治效果 A. 效果很好 B. 效果一般 C. 效果较差	使用过程中遇到的问题
生物防治	人工释放天敌	通过在果园中释放捕食螨等害虫天敌以扩充自然天敌数量，进而实现对害虫的有效制衡			
	果园生草	通过在果园内种植三叶草、毛苕子等优质草种以提高土壤有机质含量、改善土壤保墒功能、调节果园小气候以减少根腐病和日灼病的发生概率，同时保护害虫天敌栖息地，扩充自然天敌数量以实现对害虫的自然制衡			
	生物农药	通过在猕猴桃生长全程使用EM菌、枯草芽孢杆菌、乳酸菌、苦参碱、苦楝素、大蒜素、春雷霉素等生物农药以减少猕猴桃体内的农药残留量			
物理防治	杀虫灯	通过在果园内安装太阳能杀虫灯以灭杀金龟子、卷叶蛾等害虫			

续表

猕猴桃绿色防控技术名称		技术说明	是否使用 1=是 0=否	病虫害防治效果 A. 效果很好 B. 效果一般 C. 效果较差	使用过程中遇到的问题
农业防治	植物检疫	通过对猕猴桃种苗进行严格的病虫害检疫以从根源上减少根结线虫、溃疡病等病虫害的传染概率			
	健身栽培	通过定量挂果、科学修建保证果树合理负载，同时通过加强水肥管理、增施有机肥为果树提供充足营养以增强树体抗逆性			
	冬季清园	通过在果树休眠期及时剪除病、残、死枝蔓，彻底清除果园杂草、落叶、枯枝等，并将清除的废弃物全部进行无害化处理以减少虫口基数和病源			
	果实套袋	通过在猕猴桃幼果期进行果实套袋以减少猕猴桃果面的农药残留量			
科学用药	优化农药品种组合	通过对猕猴桃不同生长阶段主要病虫害的有效识别与田间监测，做到对症下药、适期防治，同时根据病虫害发生规律、气候条件和农药药理，优先使用高效低毒低残留的环保型化学农药，形成最佳农药品种组合			
	植物免疫诱导	通过将植物免疫诱抗剂与农药进行合理配制、适期使用以诱导果树产生抗逆性，提高猕猴桃果实品质			
	高效植保施药器械	通过使用电动式喷雾器、机动式喷雾器等高效植保施药器械，以减少农药浪费现象，提高农药利用效率，减轻果农劳动强度			

3. 您家使用猕猴桃绿色防控技术的主要原因包括哪些？（　　）（多选）

A. 政府推广　　　　　B. 合作社/龙头企业推广

C. 看到其他村民采用　D. 其他__________

4. 您家是否领取过政府发放的绿色防控技术补贴？（　　）（包括实物补贴和现金补贴）

A. 是　B. 否

5. 请问您家是否为合作社社员或龙头企业基地户？(　　)

A. 是，加入的合作社/龙头企业名称是____________________（根据合作社/龙头企业名称判断其是否为具备追溯资格的供应链组织）

B. 否

6. 请问您家与该组织签订合同了吗？(　　)

A. 签订合同　　　　B. 未签订合同

7. 如果签订合同，请问您签订的合同属于以下哪种类型？(　　)

A. 生产与销售合同　B. 销售合同　C. 其他类型__________

8. 合同中是否设置了禁止果农施用膨大剂的条款？(　　)

A. 是　B. 否

9. 请问您家是否记录果园生产管理档案？(　　)

A. 是　B. 否

10. 请问您家是否接受过合作社/龙头企业提供的生产档案记录培训与指导服务？(　　)

A. 是　B. 否

11. 所在合作社/龙头企业是否有专员经常检查您家的生产档案记录情况？(　　)

A. 是　B. 否

12. 所在合作社/龙头企业在收购您家猕猴桃时是否有追溯要求？(　　)

A. 是　B. 否

13. 请问您对可追溯猕猴桃的价格预期（与普通猕猴桃价格相比）如何？(　　)

A. 价格增幅较大　B. 价格增幅较小　C. 价格没变化

14. 请问您对参与猕猴桃质量安全追溯体系的风险预期如何？(　　)

A. 风险较大　B. 风险较小　C. 没有风险

后　记

本书是在我博士毕业论文的基础上加工而成的，在本书付梓之际，心中五味杂陈、感慨万千。不知不觉中，我在西北农林科技大学（简称西农）度c过了第十一个年头。在西农，我经历了本科、硕士和博士。在这里，我不仅收获了知识，更重要的是培养了诚、朴、勇、毅的品格。在我的内心深处，西农不仅是我的第二故乡，而且是我灵魂的皈依。将来无论我走到哪里，都将永远热爱西农——我的母校。我要特别感谢关心我的老师、同学和亲人，正是你们一直以来的鼓励与支持，我才能坚持走到今天，在此一一表示衷心感谢！

衷心感谢我的博士学位导师郑少锋教授。初识郑老师，是在我攻读硕士学位期间。当时郑老师给我们讲授中级计量经济学课程，老师不仅课讲得极好，而且对待学生和蔼可亲，给我留下了深刻印象。工作五年以后，我有幸被郑老师收为弟子攻读博士学位，对此我感激万分。读博期间，导师无论是在学习方面，还是在生活方面，都给予了我极大的关心与帮助。在学习方面，从论文选题、开题、调研到论文撰写及定稿，都是在导师的悉心指导及其课题支持下完成的，无不凝聚着导师的汗水与心血。导师的指导有一个特点就是高屋建瓴，他很少拘泥于细节，而是更多着眼于论文的整体架构以及逻辑的严谨性和一致性。正是导师的这种独特指导方式，让我在科研道路上少走了很多弯路。导师不仅是一个在学术上极为严谨的人，而且十分善于激励学生。让我印象最为深刻的是，在论文开题前夕，我对自己的开题报告完全没有信心，甚至一度出现了放弃开题的想法，但导师却认为：博士论文不是一蹴而就的，本身就需要一个不断积累、试验、反思、创新的过程，况且你能够意识到自己开题报告中的问题，本身就说明你已经开窍和入门了。导师的鼓励让我豁然开朗，重拾信心，最终通过了论文开题。类似的感动瞬间还有很多，恕不能一一列举。在生活方面，导师总是给予我无私关心，得知我的孩子尚且年幼，导师不仅经常让我回家看看，而且十分关心孩子的健康与教育。对于导师一直以来的谆谆教诲与悉心关怀，我已无法用言语表达我的谢意与敬意，唯有在今后的工作中再接再厉，定不辜负导师对我的殷切期望。

衷心感谢我的硕士学位导师杨立社教授。杨老师不仅是我在科研道路上的启蒙老师，而且一直在生活上关心着我，在职业规划方面给我提了很多宝贵意见，在做人做事方面对我谆谆教诲，是我一生难忘的良师益友，在此表示深深的感谢与诚挚的敬意。

衷心感谢攻读博士学位期间所有指导过我、关心过我的教授和老师。衷心感谢陆迁教授在我论文选题和撰写过程中的悉心指导。陆老师不仅学术严谨，而且为人谦和，是我人生道路上的良师益友。衷心感谢罗剑朝教授、王征兵教授、刘天军教授对我开题报告的指导。在我本科、硕士和博士期间，一直有幸得到罗老师的悉心指导。王老师不仅教会了我农业经济学理论，而且提示我研究猕猴桃质量安全问题一定要关注膨大剂问题。刘老师不仅教会了我计量软件的运用，而且在我调研过程中积极帮我联系眉县农业局的领导和相关猕猴桃企业/合作社的负责人。衷心感谢王静教授、夏显力教授在我论文中期考核过程中的指导。正是这两位老师的点拨，让我及时发现了论文撰写过程中存在的问题，使我得以朝正确的道路前进。衷心感谢姚顺波教授、孔荣教授、朱玉春教授在我论文预答辩过程中的悉心指导。姚老师是我的同门师兄，读博期间，他不仅一直在学术上指导我，而且在生活上关心我。孔老师不仅教会了我课题申请和论文写作的技巧，而且总是给予我孜孜鼓励。朱老师经常向我们传授高级计量经济模型建构技巧以及论文发表技巧。衷心感谢王礼力教授、李世平教授在我论文答辩过程中的悉心指导。两位老师对待学术的严谨精神以及对待生活的热情态度深深感染了我。衷心感谢霍学喜教授、赵敏娟教授、李桦教授在课堂内外的指导。霍老师不仅教会了我科学研究方法，而且他孜孜不倦、不断进取的学术精神一直激励着我。赵老师不仅教会了我高级微观经济学理论和 CVM 基本理念，而且始终关心着我的成长。李老师是我的同门师姐。读博四年，李老师无论在学术上，还是在生活上，都给予了我春风细雨般的关怀，令我终生难忘。此外，衷心感谢曾经指导过我本科毕业论文的吕德宏教授，感谢曾经担任过我班主任的赵凯教授以及担任过我辅导员的牛荣老师、刘海英老师、张静老师、白晓红老师、朱敏老师、杨维老师、吴春生老师对我在学习和生活上的帮助。

衷心感谢浙江大学周洁红教授、中国农业大学郭沛教授对我开题报告的指导。周洁红老师在研究农产品质量安全问题方面颇有建树，她的论文和书籍对我启发很大。在开题报告会上，我有幸得到了周老师的指导。她认为研究猕猴桃质量安全问题一定要结合猕猴桃的生物学特点进行跨学科研究，要了解清楚猕猴桃的安全生产技术构成及其成本收益情况等。周老师对我的指导有如醍醐灌顶，让我豁然开朗。感谢郭沛老师对我论文框架和调查问卷设计的指导，郭老师对我的鼓励坚定了我深入研究的信心与决心。

衷心感谢西北农林科技大学眉县猕猴桃试验站站长刘占德教授对我在试验站学习期间的悉心指导；感谢我校植保学院李建军老师为我介绍猕猴桃病虫害特点及其绿色防控技术措施；感谢园艺学院贺浩浩同学为我讲解猕猴桃相关知识；衷心感谢我的师兄——杨凌百恒有机果园有限公司董事长王小铁为我介绍有机猕猴桃种植要领；感谢眉县农业局周主任，眉县果业技术推广中心屈主任，周至县果业局丁局长，齐峰果业有限责任公司齐峰董事长、何经理、王主任，金桥果业专业合作社韩经理、李主任，军寨猕猴桃专业合作社主要负责人陶主任，周一有机猕猴桃专业合作社主要负责人孙主任在我调研过程中给予的无私帮助。

衷心感谢我的博士同学袁雪霈、孟樱、段培、梁凡经常陪我一起聊天散心、锻炼身体；感谢赵越云同学陪我一起去周至县和眉县调研；感谢张珩同学多次帮我修改论文；感谢何学松同学对我开题报告的指导；感谢李昊、尤亮同学向我推荐专业书籍；感谢王文略、张炜、刘小童同学经常组织大家一起聚餐；感谢穆文超、郝一帆同学对我的开导与鼓励；感谢我的舍友李敏同学对我在学习和生活上的帮助；感谢乔丹、徐涛同学对我论文投稿的指点。感谢与我一起参加答辩的张颖同学对我的关心与帮助。我永远忘不了你们对我的鼓励与支持。

衷心感谢我的博士同门李赵盼同学对我在学习和生活上的帮助，我永远忘不了我们一起调研、一起讨论论文选题和论文结构安排的那些日子；感谢孔令成博士帮我修改论文框架，教会我很多高级计量经济学方法；感谢张彦军博士、程杰贤博士、邸玉玺博士和丁山博士对我在学习上的帮助；感谢我的师弟师妹李朋轩、郑寒松、冯中鹏、陈祥民、姚华超、陈雅莎、闫迪、王清清、谭丹协助我完成调研；感谢师妹康诗佳、焦小萌和肖大悦对我在生活上的关心。我们“郑家大院”是一个非常温暖、团结的大家庭。

衷心感谢曾经与我一起攻读硕士但后来先于我读博的同学刘婧、马文博、常亮、华春林、王建华、张学会向我传授论文写作经验和求职经验；衷心感谢我在山西大学商务学院工作时的经济系主任靳共元教授对我一直以来的信任、鼓励和支持，感谢经济系全体同事对我一直以来的关心和鼓励。正是在商务学院的积淀才有了我的今天。

最后特别感谢我的父母、公婆、爱人、孩子、姑姑以及其他亲朋好友对我一直以来的鼓励和支持。读博期间，我的父母一直默默忍受身体上的疾病，不仅在经济上全力支持我完成博士学业，而且从不给我任何精神压力，总是无条件地信任我；我的公婆一直帮我照顾年幼的孩子，让我无后顾之忧，可以安心读博；我的爱人独自挑起家庭重担，时刻给予我关心和鼓励，没有他的宽容与支持，我很难顺利完成学业；我的姑姑们不仅一直帮我照顾父母，让我减少了很多后顾之忧，而且一直在职业发展规划上给予我指导。读博期间，我最对不起的是我年幼的孩子。在他年仅 1 岁 7 个月的时候，我就离开他远赴异地读博，但他从不埋怨我，每次见到我总是给我温暖的拥抱，他是我一路前行的最大动力。对于所有关心和支持我的亲人，在此表示深深的感谢，千言万语尽在不言中。

耿宇宁

2019 年 5 月 21 日于杨凌

发表论文

［1］闫莹，孙亚蓉，耿宇宁．环境规制政策下创新驱动工业绿色发展的实证研究——基于扩展的 CDM 方法［J］．经济问题，2020（8）：86-94.

［2］燕志鹏，顾新莲，耿宇宁．焦煤期货价格发现功能的影响因素研究［J］．价格理论与实践，2020（8）：116-119.

［3］刘玉强，耿宇宁，史敏．新兴科技治理中社会组织参与能力的构建——以欧盟 NANOCAP 项目为例［J］．未来与发展，2020（7）：14-21.

［4］耿宇宁，燕志鹏，史敏．数字科技进步对中国金融生态环境的机遇与挑战［J］．中北大学学报（社会科学版），2020（6）：63-70.

［5］耿宇宁，周娟美，燕志鹏等．科技金融发展能否促进中小制造业企业技术创新？——基于中介效应检验模型［J］．科技和产业，2020（6）：1-8.

［6］耿宇宁，周娟美，张克勇等．科技金融发展对科技型中小企业创新产出的异质性影响研究——来自中部六省的证据［J］．武汉金融，2020（4）：62-67.

［7］耿宇宁，刘婧．劳动力转移与技术进步对粮食产量的门槛效应分析［J］．经济问题，2019（12）：102-109.

［8］耿宇宁，郑少锋，刘婧．农户绿色防控技术采纳的经济效应与环境效应评价——基于陕西省猕猴桃主产区的调查［J］．科技管理研究，2018，38（2）：245-251.

［9］耿宇宁，郑少锋，陆迁．经济激励、社会网络对农户绿色防控技术采纳行为的影响——来自陕西猕猴桃主产区的证据［J］．华中农业大学学报（社会科学版），2017（6）：59-69.

［10］耿宇宁，郑少锋，王建华．政府推广与供应链组织对农户生物防治技术采纳行为的影响［J］．西北农林科技大学学报（社会科学版），2017（1）：116-122.

[11] 耿宇宁．我国信托业发展的瓶颈因素与对策——基于原生型信托制度与移植型信托制度的比较分析［J］．经济师，2013（4）：58-59.

[12] 耿宇宁．山西省城乡居民收入差距的金融影响因素研究——基于协整检验与脉冲响应的实证分析［J］．生产力研究，2012（3）：74-75.

[13] 耿宇宁．中小企业板市场波动性研究——基于 ARMA-EGARCH-M 模型的实证分析［J］．证券与期货，2011（9）：14-15.

[14] 耿宇宁．山西省农村基础设施建设的开发性金融支持研究［D］．西北农林科技大学，2009.

[15] 耿宇宁，杨立社．走出农村公共基础设施融资的困境［J］．中国统计，2008（8）：53-54.